“十二五”普通高等教育规划教材·经管系列

主　编/苗雨君
副主编/李亚民　孟　岩　李喜云

ERP沙盘模拟教程

（第2版）

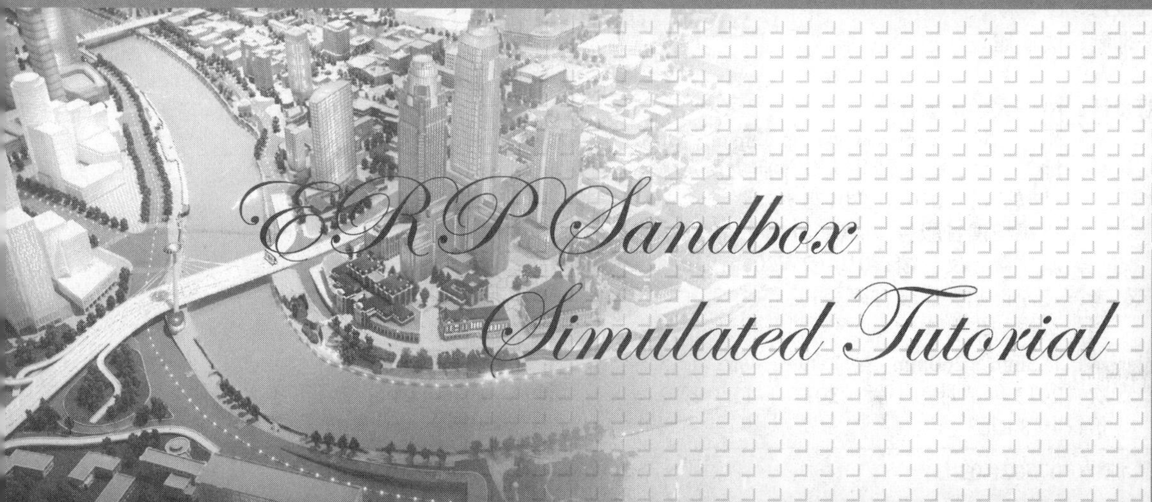

ERP Sandbox Simulated Tutorial

清华大学出版社
北　京

内 容 简 介

本书专为应用型人才培养编写，注重实践教学和案例教学；本书围绕一条主线展开，即“基本理论—实训操作—实践分析”，将理论与实训结合，达到满足应用型人才培养的需要。本书每章在内容体系安排上按照“章前导读—教学目标—知识要点—学习内容—复习思考题—管理游戏”的顺序进行写作，融合理论与实践于一体、集角色扮演与岗位体验于一身的设计思路新颖独到，使学习者在参与、体验中完成了从知识到技能的转化。

本书编写分为三篇：第一篇为基本理论篇，第二篇为实训操作篇，第三篇为实践分析篇。本书从体例安排到内容设置，从知识点的归纳到教学方法的运用，都进行了大胆探索和尝试。本书第一版获得了齐齐哈尔大学重点教材立项资助，被评为黑龙江省高等教育学会21届优秀教育科研成果三等奖。

本书适合用作经济管理类专业本科教材，也可用作企业岗位培训的教科书。

图书在版编目（CIP）数据

ERP沙盘模拟教程 / 苗雨君主编. —2版. —北京：清华大学出版社，2017（2021.7重印）
（“十二五”普通高等教育规划教材 · 经管系列）
ISBN 978-7-302-48668-8

Ⅰ. ①E… Ⅱ. ①苗… Ⅲ. ①企业管理-计算机管理系统-高等学校-教材 Ⅳ. ①F270.7

中国版本图书馆CIP数据核字（2017）第266463号

责任编辑：杜春杰
封面设计：康飞龙
版式设计：楠竹文化
责任校对：王　颖
责任印制：沈　露

出版发行：清华大学出版社
网　　址：http：//www.tup.com.cn，http：//www.wqbook.com
地　　址：北京清华大学学研大厦A座　　邮　　编：100084
社 总 机：010-62770175　　邮　　购：010-62786544
投稿与读者服务：010-62776969，c-service@tup.tsinghua.edu.cn
质 量 反 馈：010-62772015，zhiliang@tup.tsinghua.edu.cn
印 装 者：三河市龙大印装有限公司
经　　销：全国新华书店
开　　本：185mm×260mm　　**印　　张：**17.5　　**字　　数：**350千字
版　　次：2013年7月第1版　2017年11月第2版　　**印　　次：**2021年7月第4次印刷
定　　价：49.80元

产品编号：077021-02

第2版前言

ERP 沙盘模拟教学已经被许多高校经济管理类专业教学接受并引进，其独特的教学形式独树一帜。该课程以其科学、简易、实用、趣味的设计为大家所关注，其体验式教学方式成为继传统教学及案例教学之后教学创新的典范。

ERP 沙盘模拟教程第 1 版 2013 年出版以来，2015 年 9 月获黑龙江省高等教育学会 21 届优秀教育科研成果三等奖，更是得到了各校师生们的使用和关爱，这是对我们作者的最大激励。ERP 沙盘模拟通过游戏模拟展示企业经营和管理的全过程，采用 ERP 沙盘情境模拟教学模式、商战电子沙盘，建立 ERP 沙盘模拟经营对抗平台，展示企业经营和管理的全过程，使学习者参悟科学的管理规律，提升企业管理能力，培养高素质、应用型人才。本书编写由三篇构成：第一篇为基本理论篇，第二篇为实训操作篇，第三篇为实践分析篇。第一篇为基础理论篇，主要内容是 ERP 沙盘模拟课程概述、ERP 沙盘模拟教学内容与实训准备；第二篇为实训操作篇，主要内容是 ERP 实物沙盘模拟实战、商战电子沙盘模拟实战；第三篇为实践分析篇，主要内容是 ERP 沙盘模拟实践战略与战术技巧和 ERP 沙盘模拟经营管理分析与评价。

本书系齐齐哈尔大学教材建设基金资助出版教材，本书由苗雨君担任主编，李亚民、孟岩、李喜云担任副主编。全书框架由苗雨君（齐齐哈尔大学）设计，并总纂、统稿，并编写了第一章、第二章、第三章、各篇开篇语和附录部分；李亚民（东北农业大学）编写了第四章；孟岩（东北石油大学）编写了第五章；李喜云（齐齐哈尔大学）编写了第六章。本书的编写得到了有关学校领导和学者、教授的大力支持，并引用了有关作者的部分资料，在此一并致谢。由于水平有限，疏漏和不足甚至是错误在所难免。希望广大教师、读者多提宝贵意见，以便日后充实与完善。

本书实用性强，集知识性、实践性和趣味性于一体，体现了寓教于乐、实用创新的特点。本书适合用作经济管理类专业本科教材，也可用作企业岗位培训的教科书。

编　者

2017年5月于齐齐哈尔大学逸夫楼

第 1 版前言

ERP 沙盘模拟教学已经被许多高校经济管理类专业教学接受并引进，其独特的教学形式独树一帜。该课程以其科学、简易、实用、趣味的设计为大家所关注，其体验式教学方式成为继传统教学及案例教学之后教学创新的典范。

ERP 沙盘模拟通过游戏模拟展示企业经营和管理的全过程，采用 ERP 沙盘情境模拟教学模式、创业者电子沙盘和供应链沙盘，建立 ERP 沙盘模拟经营对抗平台，展示企业经营和管理的全过程，使学习者参悟科学的管理规律，提升企业管理能力，培养高素质、应用型人才。本书编写由三篇构成。第一篇为基本理论篇，第二篇为实训操作篇，第三篇为实践总结篇。第一篇为基础理论篇，主要内容是 ERP 沙盘模拟概述、ERP 沙盘模拟教学内容与实训准备；第二篇为实训操作篇，主要内容是 ERP 实物沙盘模拟实战、创业者电子沙盘模拟实战和供应链管理沙盘模拟实战；第三篇为实践总结篇，主要内容是 ERP 沙盘模拟实践技巧和 ERP 沙盘模拟成绩考核与总结。

本书由苗雨君任主编，李亚民、孟岩、李喜云担任副主编。全书框架由苗雨君（齐齐哈尔大学）设计，并总纂、统稿，并编写了第一章、第二章、第三章和第六章；李亚民（东北农业大学）编写了第五章；孟岩（东北石油大学）编写了第四章、各篇开篇语；李喜云（齐齐哈尔大学）编写了第七章和附录部分。本书在编写过程中得到了柯明、李英琦、王天明等多人的启发和帮助。另外，感谢参加“用友杯”沙盘模拟经营大赛的参赛学生提供的参赛总结。本书的编写，得到了有关学校领导和学者、教授的大力支持，并引用了有关作者的部分资料，在此一并致谢。由于水平有限，疏漏和不足甚至是错误在所难免。希望广大教师、读者多提宝贵意见，以便日后充实与完善。

本书实用性强，集知识性、实践性和趣味性于一体，体现了寓教于乐、实用创新的特点。本书适合用作经济管理类专业本科教材，也可用作企业岗位培训的教科书。

编　者

2012年12月于齐齐哈尔

目 录

第一篇 基本理论篇

第二篇　实训操作篇

第三篇　实践分析篇

第一篇　基本理论篇

思路决定出路，格局决定结局。

企业为什么需要战略？根本原因是资源有限。

战略没有好坏，只有适合和不适合，适合自己的战略就是最好的战略。

开篇语

在进行模拟企业的实际操作前，你和你的团队要弄清楚三个问题：一是 ERP 沙盘模拟实践课程学习规划，ERP 沙盘模拟实践模拟企业概况，团队的组建和职责分工，这是成功的保障；二是 ERP 沙盘模拟实践的运营规则与企业成长历程，这是企业有效运营的基础；三是根据所提供的市场预测，制定企业的发展战略，明确企业的发展方向和目标，这是取胜的关键。本篇主要包括两部分内容：ERP 沙盘模拟概述、ERP 沙盘模拟教学内容与实训准备。

第一章 ERP 沙盘模拟课程概述

章前导读

ERP 沙盘模拟培训源自西方军事上的战争沙盘模拟推演。最早的沙盘是基于战争中指挥部队作战的需要，根据实地的地形、地貌及双方军事装备的部署情况按一定比例缩小而成，通过模拟推演红、蓝两军在战场上的对抗与较量，发现双方战略战术上存在的问题以提高指挥员的作战能力。这种方法在军事上获得了极大的成功，受到世界各国的普遍运用。商场如战场，英、美知名商学院和管理咨询机构意识到这种方法同样适用于企业管理人才的培养，最终开发出了企业沙盘实战模拟培训这一新型现代化教学模式。

ERP 是英文 Enterprise Resource Planning（企业资源计划）的简写。ERP 沙盘体现了 ERP 的核心管理思想，ERP 沙盘模拟采用沙盘情境教学模式，通过游戏模拟展示企业经营和管理的全过程，其体验式教学方式成为继传统教学及案例教学之后教学创新的典范。

教学目标

本章主要学习 ERP 沙盘模拟课程简介、ERP 沙盘模拟课程体系与教学优势，主要了解和掌握 ERP 沙盘模拟的含义与起源、ERP 沙盘模拟的教学方式、ERP 沙盘模拟的教学目的与意义、ERP 沙盘模拟课程体系、ERP 沙盘模拟教学优势等内容。

知识要点

ERP 沙盘模拟　ERP 沙盘模拟的教学方式　ERP 沙盘模拟的教学意义　ERP 沙盘模拟的课程体系

第一节 ERP 沙盘模拟课程简介

ERP？沙盘？模拟？ERP 沙盘模拟？看到这个书名，大家往往疑惑：这是一门什么课？在这一节里，首先让我们澄清这些概念，理解“ERP 沙盘模拟”所蕴含的内容，学习这门课程能够从哪些方面获益，了解“如何学习”才能深得其中的精髓。

一、ERP 沙盘模拟的含义与起源

1. ERP 沙盘模拟的含义

提到“沙盘”，很容易使人联想到战争年代的军事作战指挥沙盘或房地产开发商销售楼盘时的小区规划布局沙盘。它们都清晰地模拟了真实的地形地貌，不必让其所为之服务的对象亲临现场，也能对所关注的位置了然于胸，从而运筹帷幄，制定经营决策。

管理学大师彼得 • 德鲁克说：“管理是一种实践，其本质不在于知而在于行；其验证不在于逻辑，而在于成果，其唯一权威就是成就。”可见管理实践教学的重要性，但是多年来一直缺乏有效的教学手段。

ERP 是企业资源计划的缩写。ERP 有四个含义：第一，ERP 是一个先进的管理思想；第二，ERP 是一个复杂的管理信息系统；第三，ERP 是一个复杂的系统工程；第四，ERP 是一个大型软件。它实现零库存、准时制生产。通过大量科学计算，提高效率，使企业资源达到最合理的配置，从而将企业的效能发挥到极致。

2. ERP 沙盘模拟的起源

沙盘，是根据地形图或实地地形，按一定的比例尺用泥沙、兵棋等各种材料堆制而成的模型。在军事上，常供研究地形、敌情、作战方案、组织协调动作和实施训练时使用。

沙盘在我国已有悠久的历史。据《后汉书 • 马援列传》记载，公元 32 年，汉光武帝征讨陇西的隗嚣，召名将马援商讨进军战略。马援对陇西一带的地理情况很熟悉，就用米堆成一个与实地地形相似的模型，从战术上做了详尽的分析。光武帝刘秀看后，高兴地说：“敌人尽在我的眼中了！”这就是最早的沙盘作业。

1811 年，普鲁士国王腓特烈 • 威廉三世的文职军事顾问冯 • 莱斯维茨，用胶泥制作了一个精巧的战场模型，用颜色把道路、河流、村庄和树林表示出来，用小瓷块代表军队和武器，陈列在波茨坦皇宫里，用来进行军事游戏。后来，莱斯维茨的儿子利用沙盘、地图表示地形地貌，用各种标志表示军队和武器的配置情况，按照实战方式进行策略谋划。这种“战争博弈”就是现代沙盘作业的雏形。

19 世纪末和 20 世纪初，沙盘主要用于军事训练。20 世纪中叶，美国哈佛大学经过长期研究表明：财商提高的最有效方法是实践。但人们一般很少有机会去实践，因为实践需要金钱的投入。于是哈佛大学创建了模拟沙盘，希望学生在模拟的财经实践活动中，逐步完成财商的提高。

21 世纪初，用友软件公司率先将沙盘实验引入中国高校 ERP 教学实验中，将其命名为用友 ERP 沙盘企业经营模拟仿真对抗实验，而后国内一些知名软件厂商也开始积极探索沙盘模拟，并在推出相应的“ERP 沙盘模拟”工具。

由于 ERP 沙盘模拟教学完全不同于传统的灌输式授课方式，它通过模拟企业系统运营，使学生在模拟企业各项经营管理活动的训练过程中体验得失，总结成败，进而领悟科学管理规律，提高经营管理能力。

二、ERP 沙盘模拟的教学方式

1. 体验式的教学方式

ERP 沙盘模拟课程将理论与实践融为一体，能让学生把自己的想法和经营理念在企业模拟经营中来充分体验，通过亲自动手模拟企业运营，将角色扮演与岗位体验集于一身，使每一位学生都会完全融入实训中，各尽其职、各尽其责，体验企业经营管理过程，在参与、体验中完成了从知识到技能的转化。这种体验式教学方式完全不同于传统理论教学及案例教学，是教学方式的一大创新。ERP 沙盘模拟课程采用了体验式教学方式，在体验教学过程中实现了学生对所学知识的巩固与应用。ERP 沙盘模拟课程作为一种全新的体验式教学手段与方法，既调动了学生的主观能动性，又让学生身临其境，真正感受一个企业经营者直面市场的精彩与残酷，承担经营风险，培养学生的责任感。

2. 实战性的教学方式

ERP 沙盘模拟课程是让学生在参与中学习，学生的学习过程接近企业的运行现状，身临其境，切实感受市场竞争的精彩与残酷，体验承担经营与责任。在学习过程中，会经常遇到企业经营中出现的各种典型问题。学生们必须一起去寻找市场机会，分析规律，制定策略，实施全面管理。在各种决策的成功和失败的体验中，学习管理知识，掌握管理技巧，提高管理素质。ERP 沙盘模拟课程将企业结构和管理的操作全部展示在模拟沙盘上，把复杂、抽象的经营管理理论以最直观的方式让学生体验、学习。帮助学生培养制订企业计划，实时控制、协调生产的能力。充分体现出团队对环境的应变能力。面临风云突变的市场与彼此竞争的企业，如何才能在市场竞争中立于不败的位置，就需要树立现代化企业经营管理的理念，具备现代企业要求的企业精神。ERP 沙盘模拟课程通过学生组建团队、讨论等特色的实战性教学方式，大大增强了团队的合作精神。

3. 趣味性的教学方式

ERP 沙盘模拟课程以其科学、简易、实用、趣味的设计为大家所关注，其体验式教学方式成为继传统教学及案例教学之后教学创新的典范。ERP 沙盘模拟课程可以强化学习者的管理知识、训练管理技能、全面提高学习者的综合素质。传统教育划分了多个专业方向，学习者只能择其一选修，专业壁垒禁锢了学习者的发展空间和思维方式。通过沙盘模拟增强了学习的娱乐性，使枯燥的课程变得生动有趣。通过游戏过程可以激发参与者的竞争热情，让他们有学习的动机——获胜！

4. 互动式的教学方式

ERP 沙盘模拟课程通过组织“沙盘模拟对抗演练—ERP 理论学习—软件学习与操作—情境教学”等系列教学活动，将学生置身于企业的虚拟环境之中，并通过模拟企业的主要运作过程，使学生了解、认识企业所处的复杂多变的环境，熟悉企业的业务流程，亲身体验企业的团队建设、经营决策、经营管理、营销策略、企业间的竞争与协作关系等，变被动学习为主动学习，最大限度地调动学生的学习积极性，实现教与学的有机结合，形成教师与学生的良性互动。ERP 沙盘模拟课程通过争取订单、购买原材料与设备、申请贷款、出售产成品等一系列的企业运作活动，促进教师与学生互动。在互动过程中激发学生的学习热情，调动学生的学习兴趣，充分发挥学生的聪明才智，锻炼学生的应变能力、规划能力。

5. 综合性的教学方式

ERP 沙盘模拟课程实际上是一门综合性课程，涉及整体战略、产品研发、设备投资改造、生产能力规划与排程、物料需求计划、资金需求计划、市场与销售、财务经济指标分析、团队沟通与建设等多个方面。ERP 沙盘模拟课程对于扩大学生的视野、提高学生的综合素质都具有重要意义，让学生在分析市场、制定战略、组织生产、整体营销和财务结算等一系列活动中体会企业经营运作的全过程，认识到企业资源的有限性，从而深刻理解 ERP 的管理思想，领悟科学的管理规律，提升管理能力。

可见，通过实战性的 ERP 沙盘模拟教学可以全面提高学生的综合素质，使学生树立共赢理念、亲自感受团队精神、体验全局观念、体会诚信、个性与职业定位等综合素质在企业中的重要性。

三、ERP 沙盘模拟的教学目的与意义

1. ERP 沙盘模拟的教学目的

ERP 沙盘模拟课程综合运用了案例教学、模拟教学和角色扮演等教学方式，将抽象的企业管理过程模型化、可视化，可以极大地调动学生参与的积极性。

ERP 沙盘模拟学习内容是帮助学习者更好地领会和掌握企业战略、运行的知识，提高经营管理能力，学习者可以获得：

（1）亲身体验企业经营管理的完整流程，包括物流、资金流、信息流以及分工合作、知识管理、技能培训等人力资源管理的重要性。

（2）认知企业现金流控制的重要性，了解企业财务管理流程、融投资能力、资产回报率、权益回报率、速动比率等因素对绩效考核的作用。

（3）掌握企业在接受订单、原材料采购、生产、库存、销售等物流管理中相互协调，以及产销排程、成本控制、JIT（看板管理）等理论和方法。

（4）理解国际化进程、营销战略、需求预测、竞争环境的重要性。找准市场切入点，合理投资。重视信息流对决策的关键作用，深刻剖析竞争对手，出其不意，攻其不备。

通过操作贷款、融资、投资等财务过程认识其在经营活动中的重要作用，以及现金流量和存量、资产回报率（ROA）、权益回报率（ROE）、速动比率等指标对经营业绩的反映，理解企业的财务系统。

通过销售订单、原材料采购、产品销售、生产、库存等物流管理环节的操作，以及产销排程、成本控制、合理开支、JIT 生产等理论的具体应用理解企业的生产系统。

通过分析与预测企业营销环境、寻找合理的市场切入点、安排市场品牌建设的投入，在与对手的竞争中理解企业的市场营销战略。

通过采集、加工和报送各种财务的和非财务的数据，实际演练会计报表的生成过程，体会信息对决策的支持作用，理解企业的信息系统。

CEO 在很大程度上影响着企业的风格，其日常职责主要是考虑企业的发展战略，从企业全局的视角协调各个岗位的抉择并协调各部门主管的思路。

ERP 沙盘模拟课程强调师生之间的互动沟通效果。在这种体验式的教学模式中，教师将在不同阶段扮演不同角色，如银行、客户、供应商、股东以及股评师、注册会计师

等。指导教师根据学生在教学现场的实际决策及其结果数据，动态地分析成败的原因和关键因素，使实验过程中的感性体验上升到理性认识。

ERP 沙盘模拟正是基于这一目的开发的一套企业经营管理实战模拟工具。类似战争中的沙盘模拟推演，它运用独特直观的教具，融入市场变数，结合角色扮演、情境模拟、讲师点评，使学习者在虚拟的市场竞争环境中，体会企业数年的经营管理过程。

2. ERP 沙盘模拟的教学意义

（1）ERP 沙盘模拟课程促进高校教学改革。ERP 沙盘模拟课程以实践性教学改革作为教学改革的核心，改造整合职业课程和学术课程，使二者有机融合，增强了学术教育的职业性，有利于加强教育与学生未来工作之间的联系，提高学生的学习动机。目前，大家都普遍认识到实践性教学的重要性是由它的职业性决定的，因此实践性教学方式有其独特的功能与价值。从这个意义上看，它的重要性超过了其他教学，也符合高校教学改革的核心，以实践教学改革为核心，突出应用性，从而体现高校的职业性，使教学课程内容服务于职业领域的岗位要求。作为高校教育工作者，促进这一新的教学手段在教学领域中的应用，还必须深刻认识、研究、应用沙盘模拟实践这种教学方式，尽最大的努力提高其在学生学习中的效果与效率。

（2）ERP 沙盘模拟是一种全新的人才培养模式。ERP 沙盘模拟课程是一种体验式的互动学习。企业结构和管理操作全部展示在模拟沙盘上，每个学生都能直接参与模拟的企业运作，体验复杂、抽象的经营管理理论。ERP 沙盘模拟课程互动式的教学方式融角色扮演、案例分析和专家诊断于一体，充分体现了“以学为主，以教为辅”的全新教学方式。体验式学习的过程极大地提高了学生学习的积极性和学习效率，学生的潜能也得到了激发。ERP 沙盘模拟课程融合理论与实践于一体、集角色扮演与岗位体验于一身的设计思路，通过模拟企业的经营，使学习者在分析市场、制定战略、组织生产、财务管理等一系列活动中，强化学习者的管理知识、训练管理技能，使学习者在参与、体验中完成了从知识到技能的转化，参悟科学的管理规律，全面提升管理能力。

（3）ERP 沙盘模拟课程的教学在实战中培育精英。ERP 沙盘模拟课程的教学提供现场的实战气氛，在实战中培育精英。它不同于一般的以理论和案例为主的管理课程，它涉及整体战略、产品研发、设备投资改造、生产能力规划、物料需求计划、资金需求计划、市场与销售、财务经济指标分析、团队沟通与建设等多方面的内容。ERP 沙盘模拟课程使学生身临其境，真正感受到市场竞争的精彩与残酷。在成功与失败的体验中，学生学到了管理知识，掌握了管理技巧，感受到了管理真谛；同时，能启发学生进行换位思考，加强学生之间的沟通与交流，体验团队协作精神，从而全面提高学生经营管理的素质与能力。

第二节 ERP 沙盘模拟课程体系与教学优势

我国高校教学在 20 世纪 80 年代初期开始采用沙盘模拟，最初主要是应用于 MBA 教学中，另有一些培训公司也进行类似的沙盘培训。21 世纪初，用友软件股份有限公司率先将沙盘实验引入 ERP 教学中，向高等院校的本科教学推广。由此，ERP 沙盘模拟被正式引入高校企业管理类课程的实验教学中。

一、ERP 沙盘模拟课程体系

ERP 沙盘模拟教学是以一套沙盘教学用具为载体的教学，它通过直观的沙盘模拟企业实际运行状况。ERP 沙盘教学不同于一般的以理论和案例为主的课程，它是一种融角色扮演、案例分析和专家诊断为一体，充分体现“学生学为主，教师教为辅”的全新的教学方式。

1. ERP 沙盘模拟系列实训组成

以用友 ERP 沙盘为例，ERP 沙盘模拟系列实训由以下三类实训组成。

（1）体验企业类实训（用友 ERP 沙盘 V4.0）——主要用于体验企业管理流程、角色与岗位等。

（2）经营管理类实训（用友创业者企业模拟经营系统，简称“用友电子沙盘”）——主要训练如何从战略规划到战略执行的各个层面理性运作企业。

（3）专项技能类实训（用友 ERP 沙盘+U8 管理软件）——主要训练企业管理的专项方法，如全面预算管理、信息化管理等。

2. ERP 沙盘模拟系列训练目的

用友 ERP 沙盘系列实训的对象是那些缺乏实践经验、缺乏为成果而工作的思维习惯的本科、高职的学生。训练达到的目的有以下几个。

（1）提升遇到问题时的分析能力——能否将问题背后的客观原因找出来。

（2）提升执行能力——能否将既定的战略或规划执行到位。

（3）提升学习能力——能否及时总结经验，并用于下一次行动。

（4）提升沟通协调能力——学会与人相处，学会说服他人的技巧。

（5）增强以结果为导向的管理和责任意识。

建议的训练安排按照图1-1所示的阶段安排。

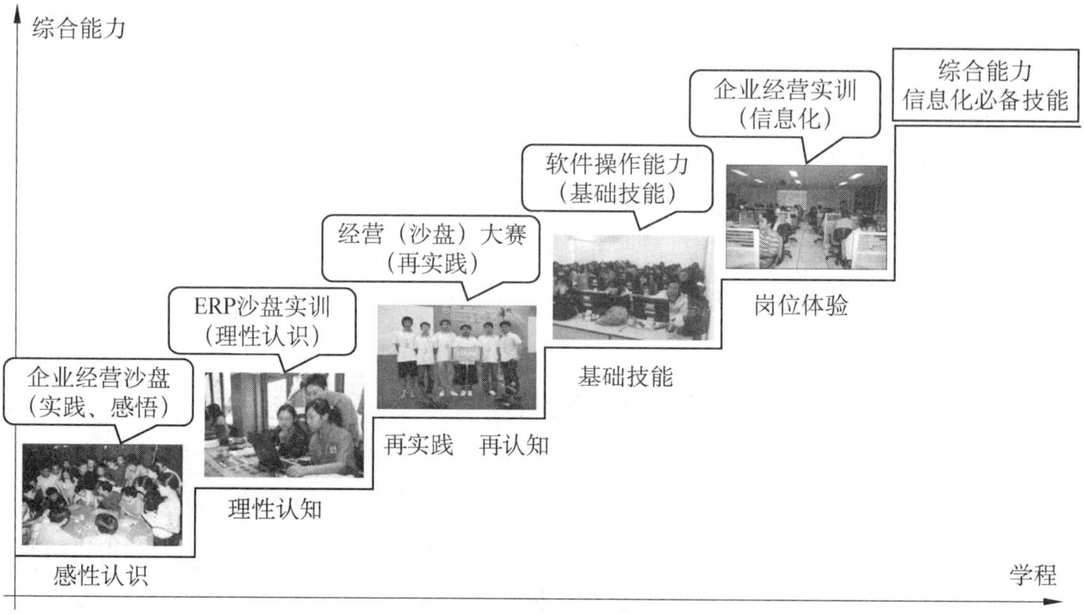

图1-1　训练阶段安排

二、ERP沙盘模拟课程的教学优势

ERP沙盘模拟课程现在正被各类院校的相关专业认可和接受。该课程也因其自观性、动手操作性、团队合作性而深受学生的喜欢，已经成为高校经济管理类实践教学的首选课程。在ERP沙盘模拟课程的学习中，学生深刻感受到了其优势所在。其优势具体可以表述为以下几个方面。

1. 团队精神的体现

通过学习ERP沙盘模拟课程，学生由衷地体会到团队协作的重要性。在企业运营过程中，每一个角色要各负其责，否则企业将经不起风浪的冲击。

2. 哲学思维的运用

哲学是各门学科的基础，哲学思维在ERP沙盘模拟对抗课程中，尤其是在ERP的思维理念中充分体现了“中庸之道”“全局观念”“稳扎稳打”“出奇制胜”等哲学与军事理念的应用。这也意味着在市场情况不明朗的情况下，不要去生产风险与投入太大的产品；

同时做好各种准备，一旦其他企业已经证明某种产品利润可观，则迅速进入该产品市场。

3. 个性能力的渗透

在学习中，学生性格特点的差异使 ERP 沙盘模拟课程异彩纷呈。有的团队轰轰烈烈，有的团队稳扎稳打，还有的团队则不知何去何从。学生个性能力的不同深深渗透到企业的运营管理过程中。此外，学生还认识到做人的道理以及个性特点与角色胜任的关联性。在市场竞争的残酷与失败风险的面前，是轻言放弃还是坚持到底，这不仅是一个企业可能面临的问题，更是我们在人生旅途中常常需要做出的抉择。

4. 个性与职业定位

每个个体因为拥有不同的个性而存在，这种个性在 ERP 沙盘模拟中会显露无遗。在组建团队对抗中，有的团队轰轰烈烈，有的团队稳扎稳打，还有的团队则不知所措。虽然个性特点与胜任角色有一定关联度，但在现实生活中，很多人并不是因为“爱一行”才“干一行”的。在学习组建团队时，笔者采取了学生自愿的基本原则，但也有个别没有如愿得到自己喜欢的角色。但是，这些学生最后却都得到了意外的收获，这说明在实际工作中并不只是要“爱一行，干一行”，更多的是需要大家“干一行，爱一行”，否则会因个人的喜好而影响工作的完成。

复习思考题

1. 简述 ERP 沙盘模拟的含义。
2. ERP 沙盘模拟的教学方式有哪些？
3. 简述 ERP 沙盘模拟教学的目的与意义。
4. 简述 ERP 沙盘模拟的起源。
5. 简述 ERP 沙盘模拟的教学优势。
6. 简述 ERP 沙盘模拟课程教学体系。

管理游戏

团队报数

所需时间：30～60 分钟，由团队的人数的多少决定，培训者打算用多少时间做此练习。

小组人数：越多越好

所需物品：秒表

游戏概述：一个关于促进团队效率的游戏

游戏目的：

1. 使团队通过竞争提高他们的效率。

2. 使队员看到团队的责任心。

游戏步骤：

1. 游戏第一步就是将所有参加的人，要求在两分钟之内平均分成两组。

2. 挑选男女队长各一名，组织团队进行比赛（队长不参加比赛）。

3. 教练要求队长宣誓，问三个问题："有没有信心战胜对手""如果失败，敢不敢于面对队员的指责""如果失败，愿不愿意承担由此所带来的一切责任"。

4. 教练宣布比赛规则：

（1）全队学员进行报数，速度越快越好。

（2）分别进行8轮比赛，每轮比赛间隔休息3分钟、2分钟（2次）、1分半钟2次、1分钟（2次）。

（3）每轮比赛进行奖惩。输者，由队长率领队员向对方表示诚服，并对对方队员说："恭喜你们！"并由男女队长做俯卧撑10次，如果以后再输，俯卧撑的次数将会成倍递增。赢者，将全队哈哈大笑，以示胜利。

（4）将每轮比赛的结果记录在白板上。

5. 游戏结束，播放抒情音乐（熄灯）。

6. 结束，教练引导大家讨论。

讨论题目：

1. 每个人都同意所有的意见吗？如果不是，为什么？

2. 谈谈责任心对我们人生的体会。

第二章 ERP 沙盘模拟教学内容与实训准备

章前导读

选 择

三只不同的动物被一个人关进了三个不同的笼子。人对动物说："我可以满足你们每个动物一个愿望，请说吧。"

浪漫的熊猫说："我要一个美丽的雌熊猫。"

贪吃的猴子说："我要很多很多的核桃。"

勤奋的鸽子说："给我一大沓信纸和一支笔。"

三年以后，人决定放他们出来。

第一个冲出来的是猴子，他抱着一大堆核桃，大喊道："给我砸开！给我砸开！"原来干硬的核桃壳使他无法享受到美味。接着出来的是熊猫，只见他怀里抱着一个小熊猫，雌熊猫拉着一个小熊猫，还有一个小熊猫跟在身后。

最后出来的是鸽子，他紧紧握住人的手说："这三年来我每天与外界联系，我的生意不但没有停止，反而增长了两倍！"

这个故事告诉我们：

什么样的选择决定什么样的生活。

今天的生活是由三年前我们的选择决定的，而今天我们的选择将决定我们三年后的生活。

我们要接触最新的信息，了解最新的趋势，从而更好地创造自己的未来。

教学目标

本章主要学习 ERP 沙盘模拟课程教具与内容、ERP 沙盘模拟实战准备与成绩考核。

主要了解和掌握ERP沙盘模拟课程教具、ERP沙盘模拟课程教学内容、ERP沙盘模拟学习准备、ERP沙盘模拟成绩考核等。

知识要点

ERP沙盘模拟的教学内容　ERP沙盘模拟课程教具　ERP沙盘模拟学习准备　ERP沙盘模拟的教学主体　ERP沙盘模拟成绩考核

第一节　ERP沙盘模拟课程教具与内容

ERP沙盘模拟以沙盘为载体，通过在沙盘上模拟企业经营以达到学生角色体验和学习管理知识的目的的实验平台。它借助直观独特的沙盘教具，融入市场的各种变数，结合角色分配、情境模拟、教师点评，遵循“体验→分享→提升→应用”的过程，使学生在虚拟的市场竞争环境中运筹帷幄，决战商场，仿真体会企业数年的经营管理过程，实现传统教学方法无法比拟的效果。ERP沙盘模拟教学一经面世，就以其独特新颖的教学形式、深刻实用的教学效果受到广大师生的青睐。

一、ERP沙盘模拟课程教具

沙盘模拟道具主要包括沙盘盘面、订单卡片、生产线、产品标识、游戏币及盛币的空桶等。ERP沙盘模拟教学以一套沙盘教具为载体。沙盘教具主要包括：沙盘盘面六张，代表六个相互竞争的模拟企业。

1. 沙盘图

目前我国有几家公司开发出了不同的沙盘工具，其沙盘图各有不同的布局，本书所示的是用友软件股份有限公司开发的沙盘工具所用的沙盘图，图中分为物流中心、生产中心、营销与规划中心和财务中心等，具体如图2-1所示。在模拟时，由不同的人员来分别负责各个领域中的工作。CEO负责全局工作，采购总监负责材料的订购，营销总监负责订单的争取，生产总监负责生产运作，财务总监及其助理进行业务记录与账表编制及筹资等工作。每位人员要各司其职，认真履行好自己的职责，才能保证模拟企业的各项工作顺利进行。

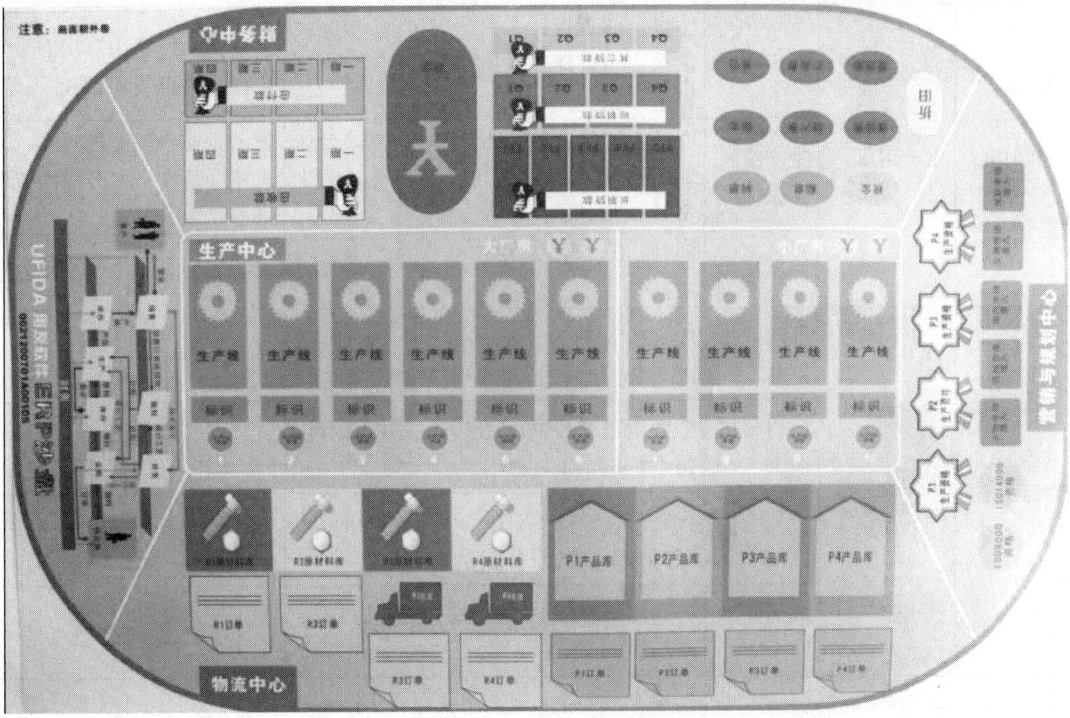

图 2-1　用友 ERP 沙盘

ERP 沙盘模拟各职能中心覆盖了企业运营的所有关键环节：战略规划、市场营销、生产组织、采购管理、库存管理、财务管理等，是一个制造企业的缩影。为简明起见，将 ERP 沙盘所涉及的内容列于表 2-1 中。

表 2-1　ERP 沙盘模拟教具说明

职能中心的划分	企业运营的关键环节	主要职能	简要说明	备注
营销与规划中心	战略规划市场营销	市场开拓规划	确定企业需要开发哪些市场，可供选择的有区域市场、国内市场、亚洲市场和国际市场	市场开拓完成换取相应的市场准入证
		产品研发规划	确定企业需要研发哪些产品，可供选择的有 P2 产品、P3 产品和 P4 产品	产品研发完成换取相应的产品生产资格证
		ISO 认证规划	确定企业需要争取获得哪些国际认证，包括 ISO9000 质量认证和 ISO14000 环境认证	ISO 认证完成换取相应的 ISO 资格证

续表

职能中心的划分	企业运营的关键环节	主要职能	简要说明	备注
生产中心	生产组织	厂房两种	沙盘盘面上设计了大厂房和小厂房，大厂房内可以建 6 条生产线；小厂房内可以建 4 条生产线	已购置的厂房由厂房右上角摆放的价值表示
		生产线标识	共有手工生产线、半自动生产线、全自动生产线、柔性生产线，不同生产线生产效率及灵活性不同	表示企业已购置的设备，设备净值在“生产线净值”处显示
		产品标识	四种：P1 产品、P2 产品、P3 产品、P4 产品	表示企业正在生产的产品
物流中心	采购管理、库存管理	采购提前期	R1、R2 原料的采购提前期为一个季度；R3、R4 原料的采购提前期为两个季度	
		原材料库四个	分别用于存放 R1、R2、R3、R4 原料，每个价值 1M	
		原料订单	代表与供应商签订的订货合同，用放在原料订单处的空桶数量表示	
		成品库四个	分别用来存放 P1 产品、P2 产品、P3 产品、P4 产品	
财务中心	会计核算财务管理	现金库	用来存放现金，现金用灰币表示，每个价值 1M	
		银行贷款	用放置在相应位置上的空桶表示，每桶表示 20M	长期贷款按年；短期贷款按季度
		应收/付账款	用放置在相应位置上的装有现金的桶表示	应收账款和应付账款都是分账期的
		综合费用	将发生的各种费用置于相应区域	

沙盘作为企业经营管理过程的道具，需要系统和概略性地体现企业的主要业务流程和组织架构。一般的企业管理沙盘包括企业生产设施和生产过程、财务资金运转过程、市场营销和产品销售、原材料供应、产品开发等主要内容。用友软件公司开发的 ERP 沙盘是比较典型的企业管理模拟沙盘，下面结合用友 ERP 沙盘道具对企业管理模拟沙盘进行介绍。

2. ERP 沙盘角色设置

用友 ERP 沙盘设计了营销与规划中心、财务中心、生产中心、物流中心。（职位）角色可以配备总经理（CEO）、营销总监、财务总监、采购总监、生产总监，如图 2-2 所示。

图 2-2　用友 ERP 沙盘角色设置

（1）财务中心。财务中心模拟企业资金运转过程，包括资金筹措、资金运用和资金核算，如图 2-3 所示。

图 2-3　沙盘道具——财务中心

在盘面上，财务中心涵盖的内容更为广泛，这里将其分为四个大的区域：费用区域、贷款区域、现金区域和应收应付款项区域。

① 费用区域：主要包括折旧、税金、贴息、利息、维修费、转产费、租金、管理费、广告费和其他企业经营期间发生的各项费用。当企业发生上述费用时，财务总监将同等

费用金额的钱币放置在相对应的费用名称处。

② 贷款区域：贷款区域用于体现企业的贷款情况，主要包括长期贷款、短期贷款和其他贷款（高利贷），企业贷款的金额是 20M（million，百万，简写为 M）的整数倍。企业发生贷款时，按照贷款的性质，将贷款的空桶放置在相应的位置上。长期贷款按年分期，最长为 5 年；短期贷款和其他贷款按季度分期，最长为 4 期。

③ 现金区域：用于存放现金，现金用银币表示，每个价值 100 万元（即 1M）。

④ 应收应付款项区域：用于列示企业的应收、应付款项，按照季度分为 4 个账期，离现金库最近的为即将收回的款项。账款金额用放置在相应位置上的装有现金的桶表示。

（2）生产中心。生产中心包括厂房、生产线和产品。厂房是制造企业的主要建设物，是生产设备的设置场所，也是产品制造场所。用友 ERP 沙盘设置了大厂房和小厂房各一个。大厂房可以容纳 6 条生产线，如图 2-4 所示，小厂房可以容纳 4 条生产线。厂房可以在运行过程中购买或者租赁。

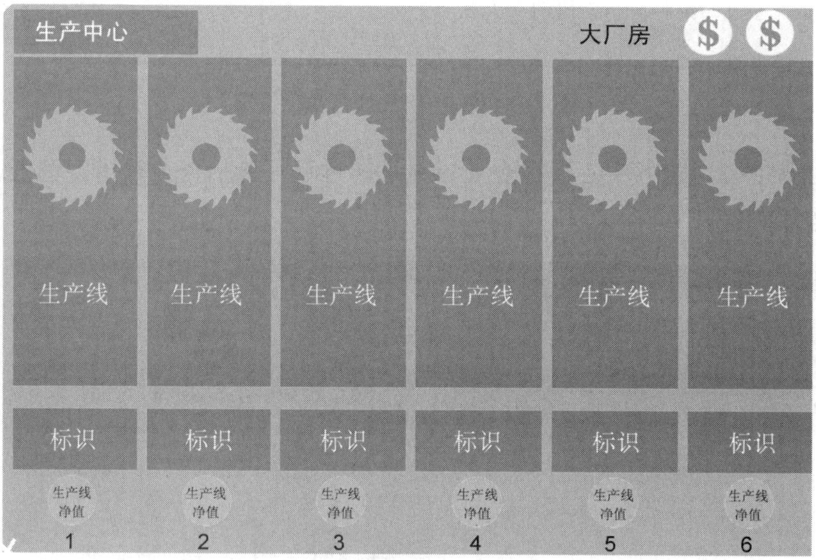

图 2-4　沙盘道具——厂房

在盘面上，生产中心主要由厂房、生产线、产品标识和价值区构成。当然，企业运营中的实际操作空间不仅局限于此。如所有者权益和部分负债就没有在沙盘上直接表现；再如企业的市场分析、资金的预算、长短期经营计划的制订等工作，并没有在沙盘中体现出来，但在实际操作中却是不可或缺的工作，这在以后相关的主题中会进行讲解。

① 厂房：沙盘盘面上设计了大、小两种厂房，大厂房内可以安装 6 条生产线；小厂房可以安装 4 条生产线，厂房的上方为其价值区，以“$”表示，若厂房为企业所有，将厂房相应的价值放置在价值区上。

② 生产线标识：生产线的种类有手工生产线、半自动生产线、全自动生产线、柔性生产线，不同生产线生产效率及灵活性不同，企业拥有哪种生产线就将其放置在相应的标识上。

③ 产品标识：企业可供选择生产或研发后生产的产品的种类有四种，分别为 P1、P2、P3、P4 产品，企业的生产线生产哪种产品，就将相应的产品标识放置在生产线下方的产品标识处。

④ 价值区：产品标识的下方，代表的是生产线的价值区，将企业拥有的生产线价值放置在其对应的产品标识下方的价值区处。

生产线是制造具体产品的生产设备，沙盘考虑到不同的生产设备投资、生产能力，以及规模经济点和生产线转产时间的不同，设计了四种类型的生产线：手工生产线、半自动生产线、全自动生产线、柔性生产线。各种生产线的投资大小、建造时间、生产时间、产能、转产时间以及维护费用、折旧、残值都是不同的，并且生产线的建造需要在生产厂房的容量内，也就是厂房有空位建造生产线。

产品由不同的原材料制造而成，由于产品的结构复杂性不同，加工产品的人工费用也不同，当然产品的功能和售价也不同。用友 ERP 沙盘设计了四种产品：P1、P2、P3、P4。这四种产品的原材料分别为 R1、R2、R3 和 R4，如图 2-5 所示。

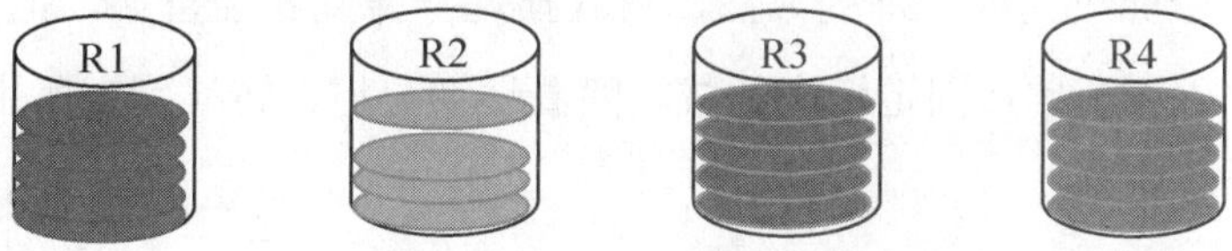

图 2-5 模拟沙盘原材料结构图

企业目前有 3 条手工生产线和 1 条半自动生产线，另外可供选择的生产线还有全自动生产线和柔性生产线。不同类型生产线的主要区别在于生产效率和灵活性。生产效率是指单位时间生产产品的数量；灵活性是指转产生产新产品时设备调整的难易性。有关生产线购买、转产与维修、出售的相关信息如表 2-2 所示。

表 2-2 生产线购买、转产与维修、出售

生产线类型	购买价格	安装周期	生产周期	转产周期	转产费用	维修费	残值	使用年限
手工生产线	5M	无	3Q	无	无	1M/年	1M	5
半自动生产线	8M	2Q	2Q	1Q	1M	1M/年	2M	5
全自动生产线	16M	4Q	1Q	2Q	4M	1M/年	4M	5
柔性生产线	24M	4Q	1Q	无	无	1M/年	6M	5

注意：所有生产线可以生产所有产品。

① 投资新生产线

投资新生产线时按照安装周期平均支付投资，全部投资到位后的下一周期可以领取产品标识，开始生产。资金短缺时，任何时候都可以中断投资。

② 生产线转产

生产线转产是指生产线转产其他产品，如半自动生产线原来生产 P1 产品，如果转产 P2 产品，需要改装生产线，因此需要停工一个周期，并支付 1M 改装费用。

③ 生产线维修

当年在建（未生产）的设备不用支付维护费，如果建成已投入使用需要交纳维护费；当年已售出的生产线不用支付维修费。

注意：

已建成但当年未生产的设备也需要交纳维护费。

④ 计提折旧

固定资产在长期使用过程中，实物形态保持不变，但因使用、磨损及陈旧等原因会发生各种有形和无形的损耗。固定资产的服务能力随着时间的推移逐步消逝，其价值也随之发生损耗，企业应采取合理的方法，将其损耗分摊到各经营期，记作每期的费用，并与当期营业收入相配比。固定资产的成本随着逐期分摊，转移到它所生产的产品中去，这个过程称为计提折旧。

生产线从建成的当年起开始计提折旧，折旧方法采用平均年限法。计算公式为

每年折旧额=（原值–残值）/使用年限

因为折旧额的计算结果可能出现小数，本着平均年限法的精髓——均衡计提折旧的原则将四种类型生产线在可使用年限内每年应计提的折旧列示于表 2-3 中。

表 2-3 折旧表

生产线类型	原值	残值	可使用年限	建成当年	第 1 年	第 2 年	第 3 年	第 4 年
手工生产线	5	1	5	不提折旧	1	1	1	1
半自动生产线	8	2	5	不提折旧	2	2	1	1
全自动生产线	16	4	5	不提折旧	3	3	3	3
柔性生产线	24	6	5	不提折旧	5	5	4	4

注意：

- 所有设备的可使用年限均为 5 年。
- 折旧计提完成后，若继续使用，不再计提折旧，待设备出售时按残值出售。
- 当年建成的生产线不提折旧。
- 当年未使用、不需要的固定资产，照提折旧。

⑤ 出售生产线

出售生产线时，如果生产线净值小于残值，将生产线净值直接转到现金库中；如果生产线净值大于残值，从生产线净值中取出等同于残值的部分置于现金库，将差额部分计入综合费用的其他项。

产品研发完成后，可以接单生产。生产不同的产品需要用到的原料不同，各种产品所用到的原料及数量不同。BOM（Bill of Material）即物料清单。它是产品结构文件，不仅罗列出某一产品的所有构成项目，同时也要指出这些项目之间的结构关系，即从原材料到零件、组件，直到最终产品的层次隶属关系。每个制造企业都有物料清单。在化工、制药和食品行业可能称为配方、公式或包装说明，但说的都是同样的事情，即如何利用各种物料来生产产品。

每条生产线同时只能有一个产品在线。产品上线时需要支付加工费，不同生产线的技术装备水平不同，需要支付的加工费也不同，不同生产线加工不同产品需要支付的加工费如表 2-4 所示。

表 2-4　不同生产线加工不同产品需要支付的加工费

产品＼生产线	手工生产线	半自动生产线	全自动生产线	柔性生产线
P1	1	1	1	1
P2	2	1	1	1
P3	3	2	1	1
P4	3	2	1	1

（3）物流中心。物流中心主要模拟企业的物流采购储存过程。用友 ERP 沙盘设计的物流中心如图 2-6 所示。包括产品 P1、P2、P3、P4 的原料订单、在途物料、原料仓库、产成品仓库、产成品需求订单。产品原材料需要预先订购，并且可能存在运输时间，形成在途物料。各种原材料的价格不同，并且价格可能随采购量变化。

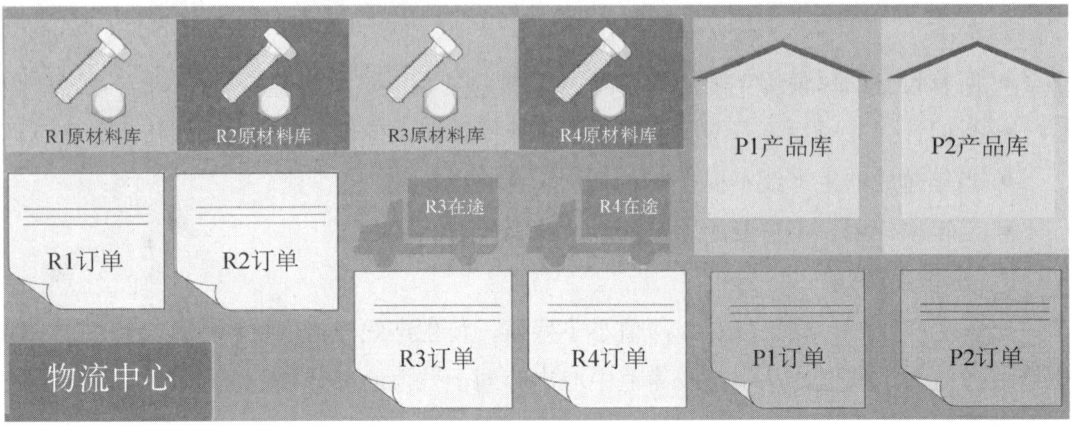

图 2-6　沙盘道具——物流中心

在盘面上物流中心主要体现为原材料订单、在途原材料、原材料库、产品订单和产品库五个区域。

① 原材料订单区域：代表与供应商签订的订货合同，订货数量用放在原材料订单处的空桶数量表示。原材料订单按 R1、R2、R3 和 R4 品种分别列示。

② 在途原材料区域：R1、R2 原材料的采购提前期为一个季度；R3、R4 原材料的采购提前期为两个季度，这就导致 R3、R4 原材料有一个季度为在途原材料，在“在途原材料”区域列示。

③ 原材料库区域：分别按照原材料品种列示，用于存放 R1、R2、R3、R4 原材料，每个价值 1M。

④ 产成品库区域：分别按照产品品种列示，用于存放 R1、R2、R3、R4 产成品。

⑤ 产品订单区域：分别按照 P1、P2、P3、P4 产品的品种列示，用于放置企业取得的产品订单。

⑥ 采购：根据上季度所下采购订单接受相应原料入库，并按规定付款或计入应付款。用空桶表示原材料订货，将其放在相应的订单位置上，R1、R2 订购必须提前一个季度订货；R3、R4 订购必须提前两个季度订货。

⑦ 生产：开始生产时按产品结构要求将原料放在生产线上并支付加工费，各条生产线生产产品的加工费均为 1M。各线不能同时生产两个产品。

（4）营销与规划中心。营销与规划中心主要完成市场营销和产品开发运作过程模拟。四种产品都需要投入资金和时间进行研究开发，开发完成，取得该产品的生产资格，才能用于生产。开发每个产品的时间和资金投入都是不一样的。

如图 2-7 所示，用友 ERP 沙盘将市场划分为本地、区域、国内、亚洲和国际市场。产品在某个市场销售以前，都需要进行市场开发推广，表现为资金和时间的投入。市场开发以后也存在市场的维护。

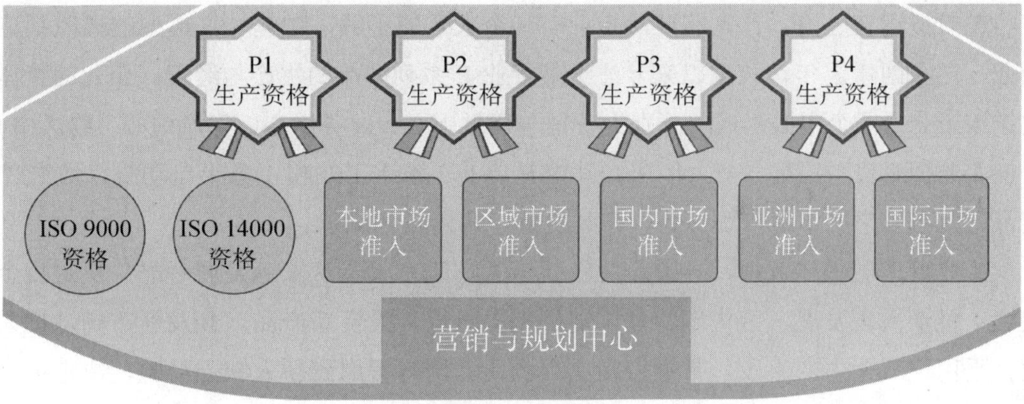

图 2-7　沙盘道具——营销与规划中心

为了表现企业在质量管理和环境保护方面的水平，用友 ERP 沙盘设计了 ISO 9000 质量认证和 ISO 14000 环境认证资格，分别代表企业在质量和环保方面的能力。获得这两项认证，沙盘设计了需要的时间和费用，以表示企业在这方面的努力和投入。

在盘面上，营销与规划中心主要包括三个区域：市场开拓规划区域、产品研发规划区域和 ISO 认证规划区域。

① 市场开拓规划区域：确定企业需要开发哪些市场。各公司早已经进入了本地市场，可供选择开拓的有区域市场、国内市场、亚洲市场和国际市场。

② 产品研发规划区域：确定企业需要研发哪些产品。各公司早已经生产了 P1 产品，可供选择开发的有 P2 产品、P3 产品和 P4 产品。

③ ISO 认证规划区域：确定企业需要争取获得哪些国际认证，包括 ISO 9000 质量认证和 ISO 14000 环境认证。

企业只有取得相应的资格认证，才能进入相应的市场、获得相应产品的生产资格。

二、ERP 沙盘模拟的教学内容

ERP 沙盘模拟课程可分为实物沙盘经营和电子沙盘经营两种形式。实物沙盘经营的优点是形象直观，灵活性高，教师掌控自由度大，经营气氛好，适合初次学习者；缺点是组织要求高，监控难度大，一次参与不宜超过 10 组。电子沙盘可以独立运行，也可以结合实物沙盘运行，其优点是监控容易，一次参与队数较多；缺点是不够形象直观，适合提高及竞赛。如果实物沙盘和电子沙盘结合使用效果更好。

1. 新管理层接手

在模拟运营之前，首先需要对企业有一个大致的了解，这是一家典型的离散制造型企业，已经创建3年，长期以来专注于某行业P系列产品的生产与经营。企业的整体状况：该企业由四个中心组成，分别为营销与规划中心、财务中心、生产中心、物流中心。目前企业拥有自主厂房——大厂房，其中安装了3条手工线和1条半自动线，均生产P_1产品，几年以来在本地市场销售，声誉良好，客户较为满意。

企业管理层墨守成规，导致企业缺乏活力。股东大会从长远发展考虑，决定将企业交由一批新人去发展，希望新管理层能够把握机遇，投资新产品，开发新市场，扩大规模，采用现代化生产手段，带领企业实现腾飞。同时考虑到新人缺乏经验，决定第一年由原CEO带领新管理层经营，为将来新管理层独立经营打下良好基础。管理层角色与分工如表2-5所示。

表2-5 管理层分工

角色	职责	使用表单	备注
CEO	综合小组各个角色提供的信息，决定本企业的每件事做还是不做，对每件事情的决策及整体运营负责	经营流程表	初始模拟年由老CEO辅助新CEO
财务总监	日常财务记账和登账，向税务部门报税，提供财务报表，日常现金管理，企业融资策略制定，成本费用控制，资金调度与风险管理，财务制度与风险管理，财务分析与协助决策——保证各部门能够有足够的资金支撑	经营流程表 财务报表 资金预算表	可下设财务助理，承担部分职责
生产总监	产品研发管理，管理体系认证，固定资产投资，编制生产计划，平衡生产能力，生产车间管理，产品质量保证，成品库存管理，产品外协管理	生产计划及原料订购计划	可下设生产助理，承担部分职责
营销总监	市场调查分析，市场进入策略，产品开发策略，广告宣传策略，制订销售计划，争取订单与谈判，签订合同与过程控制，按时发货，应收款管理，销售绩效分析——透彻地了解市场并保证订单的交付	市场预测 订单登记表 产品销售核算统计表 市场销售核算统计表 组间交易明细表	可下设营销助理，承担部分职责
采购总监	编制采购计划，供应商谈判，签订采购合同，监控采购过程，到货验收，仓储管理，采购支付抉择，与财务部协调，与生产部协同	生产计划及原料订购计划	本岗位任务相对较轻，可以协助其他岗位承担部分职责

2. 课程不同阶段的内容

以实物沙盘经营过程为例。课程的展开可分为六个阶段，如表2-6所示。

表 2-6　课程不同阶段的内容

序　号	课 程 阶 段	具 体 内 容
1	组织准备工作	分组（4～6 人组），角色定位，明确经营目标
2	基本情况描述	了解股东期望，企业目前财务状况，市场占有率，产品，生产设施，盈利能力
3	企业运营规则	市场划分与准入，选单，生产线与厂房，融资，原料，产品，ISO
4	初始状态设定	接手一家已经经营三年的企业，将企业现状展现在盘面上
5	企业经营竞争模拟	战略制定，融资，订单争取及交货，购买原料及下单，流程监督，规则确认，关账
6	现场案例解析	管理者反思，教师点评，体会得失

ERP 沙盘模拟课程的展开分为以下六个阶段。

（1）组织准备工作。组织准备工作是 ERP 沙盘模拟课程的首要环节。主要内容包括三项：首先是学生组建团队，每个团队一般为 5～7 人，这样全部学生就组成了六个相互竞争的模拟企业（为简化起见，本书中将六个模拟企业依次命名为 A 团队、B 团队、C 团队、D 团队、E 团队、F 团队）。然后进行每个角色的职能定位，明确企业组织内每个角色的岗位责任，一般分为 CEO、营销总监、运营总监、采购总监、财务总监和信息总监等主要角色，当人数较多时，还可以适当增加商业间谍、财务助理等辅助角色。在几年的经营过程中，可以进行角色互换，从而体验角色转换后考虑问题的出发点的相应变化，也就是学会换位思考。最后，为了使课程能够达到预期的效果，讲师需要做出郑重提示：诚信和亲历亲为。诚信是企业的生命，是企业生存之本。在企业经营模拟实践过程中，不要怕犯错误，学习的目的就是发现问题，努力寻求解决问题的手段。在学习过程中，谁犯的错误越多，谁的收获也就越大。

（2）基本情况描述。对企业经营者来说，接手一个企业时，需要对企业有一个基本的了解，包括股东期望、企业目前的财务状况、市场占有率、产品、生产设施、盈利能力等。基本情况描述以企业起始年的两张主要财务报表（资产负债表和利润表）为基本索引逐项描述了企业目前的财务状况和经营成果，并对其他相关方面进行补充说明。

（3）市场规则与企业运营规则。企业在一个开放的市场环境中生存，企业之间的竞争需要遵循一定的规则。综合考虑市场竞争及企业运营所涉及的方方面面，简化为以下八个方面的约定：

① 市场划分与市场准入；

② 销售会议与订单争取；

③ 厂房购买、出售与租赁；

④ 生产线购买、转产与维修、出售；

⑤ 产品生产；

⑥ 原材料采购；

⑦ 产品研发与ISO认证；

⑧ 融资贷款与贴现。

（4）初始状态设定。ERP沙盘不是从创建企业开始，而是接手一个已经营运了三年的企业。虽然已经从基本情况描述中获得了企业运营的基本信息，但还需要把这些枯燥的数字活生生地再现到沙盘盘面上，由此为下一步的企业运营做好铺垫。通过初始状态设定，可以使学生深刻地感觉到财务数据与企业业务的直接相关性，理解到财务数据是对企业运营情况的一种总结提炼，为今后“透过财务看经营”做好观念上的准备。

（5）企业经营竞争模拟。企业经营竞争模拟是ERP沙盘模拟课程的主体部分，按企业经营年度展开。经营伊始，通过商务周刊发布市场预测资料，对每个市场每个产品的总体需求量、单价、发展趋势做出有效预测。每一个企业组织在市场预测的基础上讨论企业战略和业务策略，在CEO的领导下按一定程序开展经营，做出所有重要事项的经营决策，决策的结果会从企业经营结果中得到直接体现。

（6）现场案例解析。现场案例解析是沙盘模拟课程的精华所在。每一年的经营，企业管理者都要对企业的经营结果进行分析，深刻反思成在哪里？败在哪里？竞争对手情况如何？是否需要对企业战略进行调整？讲师更要结合课堂整体情况，找出大家普遍困惑的问题，对现场出现的典型案例进行深层剖析，用数字说话，让学习者感悟管理知识与管理实践之间的距离。

第二节 ERP沙盘模拟学习准备与成绩考核

不打无准备之仗，这是战争的基本原则，也是ERP沙盘模拟实践的出发点。在没有进行沙盘推演以前，我们需要在知识、心态、流程和规则上做好准备。以学习的态度、竞争的心态、不屈不挠的精神融合企业管理知识，完成ERP沙盘模拟实践训练。ERP沙盘模拟课程是一种体验式的互动学习，它不同于一般的以理论和案例为主的管理课程，该课程涉及整体战略、产品研发、设备投资改造、生产能力规划、物料需求计划、资金需求计划、市场与销售、财务经济指标分析、团队沟通与建设等多方面，企业结构和管理的操作全部展示在模拟沙盘上，每个学生都能直接参与模拟的企业运作，体验复杂、抽象的经营管理理论。通过实际教学的体验，使学生得到综合训练，提升素质和能力。

一、ERP 沙盘模拟学习准备

企业管理沙盘模拟是一项综合性的管理知识运用，也是一个斗智斗勇的博弈过程。要取得模拟竞争的胜利并获得管理知识和能力的提高，需要综合运用管理知识，有正确参与模拟竞争的态度。

1. 知识准备

在进入正式的模拟经营之前，我们先来看看 ERP 沙盘模拟课程主要涉及的企业管理知识。总体来说，该课程涉及整体战略、产品研发、生产运作、市场与销售、财务、团队沟通与建设等多个方面，具体内容如表 2-7 所示。

表 2-7　ERP 沙盘模拟课程涉及的企业管理知识

序　号	企业管理知识	企业管理知识的具体内容体系
1	整体战略方面	·评估内部资源与外部环境，制定长、中、短期策略。 ·预测市场趋势，调整既定战略。 ·通过模拟经营，练习使用战略分析工具和方法评估内部资源与外部环境，分析并识别市场机会。 ·制定、实施模拟企业的中、长期发展战略。 ·设计适合模拟企业战略需要的组织结构与运作流程。 ·学习企业核心竞争力的确立与竞争优势缔造策略。 ·根据模拟企业发展需要，运用稳定、增长与收缩战略。 ·通过分析生动鲜活的现场案例，认识不同战略选择与经营业绩之间的逻辑关系，及时反思现实企业战略安排的正确性。 ·树立起为未来负责的发展观，体会经营短视的危害，从思想深处树立战略管理意识。 ·确立“凡事预则立，不预则废”管理思想
2	产品研发（R&D）方面	·产品研发决策。 ·学习运用产品组合策略和产品开发策略规划产品线，为模拟企业谋求稳定的利润来源，根据产品生命周期的不同阶段制定适应性战略。 ·必要时做出修改研发计划，甚至中断项目的决定

续表

序　号	企业管理知识	企业管理知识的具体内容体系
3	生产运作管理方面	• 来购订单的控制，学习以销定产、以产定购的管理思想。 • 选择获取生产能力的方式（购买或租赁）。 • 了解库存控制 ROA 与减少库存的关系。 • 了解 JIT 准时生产的管理思想。 • 了解生产成本控制、生产线改造和建设的意义。 • 根据销售订单的生产计划与采购计划，合理地安排采购和生产。 • 设备更新与生产线改良。 • 全盘生产流程调度决策；匹配市场需求、交货期和数量及设备产能。 • 库存管理及产销配合。 • 必要时选择清偿生产能力的方式
4	市场营销与销售方面	• 市场开发决策。 • 新产品开发、产品组合与市场定位决策。 • 进行模拟市场细分和市场定位，制定新市场进入战略。 • 练习使用竞争者辨识与分析技术。 • 策划战略进攻与防御。 • 运用营销组合策略谋求市场竞争优势。 • 模拟在市场中短兵相接的竞标过程。 • 刺探同行敌情，抢攻市场。 • 根据模拟经营形势，灵活运用领导者、追随者、补缺者战略。 • 建立并维护市场地位，必要时做退出市场的决策。 •通过应对市场环境的突变和竞争对手的市场攻势，培养管理者快速应变能力和危机管理能力
5	财务管理方面	• 练习融资、采购、生产等环节的成本控制。 • 洞悉资金短缺前兆，以最佳方式筹措资金。 • 学习资源配置，协调融资、销售、生产的能力匹配。 • 分析财务报表，掌握报表重点数据的含义。 • 运用财务指标进行内部诊断，协助管理决策。 • 以有限资金转亏为盈、创造高利润。 • 编制财务报表，结算投资报酬，评估决策效益。 • 运用财务分析方法指导模拟经营决策，调整经营策略。 • 制定财务预算、现金流控制策略。 • 制订销售计划和市场投入。 • 根据市场分析和销售计划，制订生产计划和采购计划。 • 进行高效益的融资管理。 • 制订投资计划，评估应收账款金额与回收期。

续表

序　　号	企业管理知识	企业管理知识的具体内容体系
5	财务管理方面	• 预估长、短期资金需求，寻求资金来源。 • 学习预算管理，在模拟经营中利用现金流预测，保证财务安全。 • 掌握资金来源与用途，妥善控制成本
6	团队协作与沟通方面	• 通过模拟团队协作认识团队的实质。 • 在模拟经营中寻求团队的效率与效益来源。 • 利用管理团队的自我调整，破解团队建设中的困惑。 • 体验沟通对团队的意义。 • 经过密集的团队沟通，充分体验交流式反馈的魅力，深刻认识建设积极向上的组织文化的重要性。 • 系统了解企业内部价值链的关系，认识到打破狭隘的部门分割，增强管理者全局意识的重要意义。 • 实地学习如何在立场不同的各部门间沟通协调。 • 学习跨部门沟通与协调，提高周边绩效，树立全局意识。 • 基于团队承诺，制定目标和行动计划，平衡资源，评价绩效。 • 培养不同部门人员的共同价值观与经营理念。 • 建立以整体利益为导向的组织
7	决策管理方面	• 学习制订融资计划、产品开发计划、固定资产投资计划、原材料采购计划、生产计划、市场开拓计划。 • 演练每一个模拟经营环节的管理决策。 • 利用期末总结进行经营反思，认清管理者对决策的误解。 • 在不断实践和运用中解析理性决策程序。 • 验证以往形成的管理思想和方法，使自身存在的管理误区得以暴露，管理理念得到梳理与更新。 • 总结模拟公司频繁发生的决策误区。 • 通过对模拟企业战略管理与经营决策的全方位、实质性参与，加深了对企业经营的了解，有助于提高现实管理的有效性。 • 现场运用团队决策，亲身体验群体决策的优势与劣势。 • 针对模拟计划的决策失误，认识惯性决策的危害。 • 通过模拟经营，大大提高洞察市场、理性决策的能力。 • 通过模拟经营检验、调整经营决策
8	产业链价值管理	• 通过现场案例研讨，认识产业价值链的组成和意义。 • 运用产业链竞争原则进行产业链管理。 • 拓展管理视角，走出内窥式管理的误区，初步建立起立足产业链价值分配原则，谋求有利于企业发展外部条件的管理思想。 • 用现场的鲜活案例验证产业链价值分配均衡论。

续表

序号	企业管理知识	企业管理知识的具体内容体系
8	产业链价值管理	• 学习用价值链视角在模拟经营中谋求竞争优势，提高管理绩效
9	系统效率方面	• 在模拟经营过程中体会管理与效率的关系。 • 分析业绩不良的模拟企业案例，寻找效率缺失的原因。 • 分析绩优的模拟企业战略安排和决策特点，认识系统效率的来源。 •树立持续改进的管理思想，学会运用不同形式的管理改造方法改进组织管理绩效。 • 在模拟经营过程中，探索组织效率改进的路径

2. 心理准备

在 ERP 沙盘模拟经营中，市场竞争是非常激烈的，也是不可避免的，但竞争并不意味着你死我活，寻求与合作伙伴之间的双赢，才是企业发展的长久之道。尊敬对手，学习领先者，是企业得以持续发展的源泉和动力。这就要求企业知己知彼，在市场分析，竞争对手分析上做足文章，在竞争中寻求合作，企业才会有无限的发展机遇。

同时，激烈市场竞争也并不是企业作假、违规经营的借口。诚信是一个企业的立足之本、发展之本。诚信原则在 ERP 沙盘模拟课程中体现为：盘面信息真实和对“游戏规则”的遵守，如市场竞标规则、产能计算规则、生产设备购置以及转产等具体业务的处理。保持诚信是一个人、一家企业立足社会、发展自我的基本素质和要求，也是社会责任是否缺乏的具体体现。

在市场的残酷与企业经营风险面前，是轻言放弃还是坚持到底，有些企业一路高歌，而有些企业却中途破产，这不仅是一个企业可能面临的问题，更是一个人在人生中需要不断抉择的问题。经营自己的人生与经营一个企业具有一定的相通性，企业经营是在挫折中不断进步的，人的成长同样如此。因此，学会管理挫折也是一个管理者必须具备的基本素质。

总而言之，ERP 沙盘模拟经营不仅要求我们具有一定的管理知识，更需要我们有积极的心态、坦诚的沟通、相互的协作、互相信任和不怕失败的精神。

二、模拟角色与人员分工

1. ERP 沙盘模拟的教学主体

ERP 沙盘模拟作为一种体验式教学方式，ERP 沙盘模拟采用的教具主要是 6 张沙盘，分别代表 6 个已经营若干年的相互竞争的企业。其中，每张模拟沙盘都按照制造企业的职能部门划分出了各种职能中心，包括营销与规划中心、生产中心、物流中心和财务中心。同时，企业运行所处的内外环境被抽象为一系列的规则。学生组成的公司管理层将依据市场信息决定自己的定位和市场策略，如何时投资于何种产品，何时进入目标市场，何时扩展生产能力，何时融资，何时平衡资金等。

任何课程都离不开教师，教师永远是课堂的灵魂。在 ERP 沙盘模拟课程中，作为教学主体的教师，其角色随着课程展开的不同阶段在发生变化，并引导课程的顺利进行，如表 2-8 所示。

表 2-8 课程的不同阶段教师所扮演的角色

课 程 阶 段	具 体 任 务	教 师 角 色	学 生 角 色
组织准备工作		引导者	认领角色
基本情况描述		企业旧任管理层	新任管理层
企业运营规则		企业旧任管理层	新任管理层
初始状态设定		引导者	新任管理层
企业经营竞争模拟	战略制定	商务、媒体信息发布	角色扮演
	融资	股东、银行家、高利贷者	角色扮演
	订单争取、交货	客户	角色扮演
	购买原料、下订单	供应商	角色扮演
	流程监督	审计	角色扮演
	规则确认	咨询顾问	角色扮演
现场案例解析		评论家、分析家	角色扮演

在 ERP 沙盘模拟过程中，把学生分成 6 个组以形成 6 个相互竞争的模拟企业，一般每组 5～7 人，每个学生将分别担任企业中的重要职位（执行总裁、首席财务官、市场总监、生产总监等）以负责相应的职能中心，并连续从事 6～10 年的模拟经营。这样，通过学生动手参与→沙盘盘面变动→企业经营模拟→对抗竞争演练→教师分解评析→学生感悟提升等一系列的实验环节，将理论与实践融为一体，集知识学习与角色扮演于一身，使学生在分析市场、制定战略、营销策划、组织生产、财务管理等一系列经营活动中，体会企业经营运作的全过程，认识到企业资源的有限性，从而深刻理解 ERP 的管理思想，感受正确的企业经营理念，真正领悟企业管理的真谛。学生模拟企业 6～10 年的生产经营，每年都要根据当时的运作情况做以下几个步骤。

（1）根据市场需求预测竞争对手的动向，决定本企业的产品、市场、销售、融资、生产等方面的长、中、短期策略。

（2）模拟企业生产运营，参与市场竞争，争取客户订单，设计研发产品，招聘人员，组织生产，编制周期财务报表等。

（3）结算经营成果，编制财务报表，进行财务分析，总结经验教训。教师分析点评，解读财务要点。各公司调整经营方针，转入下期经营，进入新一轮竞争。

经过 6～10 年的模拟经营，通过指导教师的点播、讲解，力求让学生掌握独立分析 ERP 的能力。由于企业是在一个竞争性的环境下运作，各种情况都不是预先设定好的，每个模拟年度企业取得的业务都可能不同，学生不仅要保持模拟企业的持续经营利润最大化，还必须在变化的业务环境下分析提出关键的资料，为制定高效的企业战略做准备。这种模拟教学方式对经管类专业学生在使用专业知识方面，锻炼分析能力、想象能力、分辨能力、独立思考能力等方面都有非常显著的成效。

2. 模拟企业中的主要职能定位

在模拟企业中的主要职能定位分别如下。

（1）总经理（即 CEO）。企业所有的重要决策均由首席执行官带领团队成员共同决定，如果大家意见相左，由 CEO 拍板决定。每年制订全年计划，所有人可由 CEO 调动。

（2）财务总监（即 CFO）、财务助理（人数较多时设 2 人）。主要负责资金的筹集、管理；做好现金预算，管好用好资金。管好现金流，按需求支付各项费用，核算成本，按时报送财务报表并做好财务分析；进行现金预算，采用经济有效的方式筹集资金。

（3）营销总监、市场总监（人数较多时设 2 人）。营销总监，主要负责开拓市场、实现销售。一方面稳定企业现有市场，另一方面要积极开拓新市场，争取更大的市场空间。应结合市场预测及客户需求制订销售计划，有选择地进行广告投放，取得与企业生产能力相匹配的客户订单，与生产部门做好沟通，保证按时交货给客户，监督货款的回收，进行客户关系的管理。同时还可以兼任商业间谍的角色，监控竞争对手的情况。

（4）生产总监（人数较多时设 2 人）。负责公司生产、安全、仓储、保卫及现场管理方面的工作，协调完成生产计划，维持生产低成本稳定运行，并处理好有关的外部工作关系；生产计划的制订落实及生产和能源的调度控制，保持生产正常运行，及时交货；组织新产品研发，扩充并改进生产设备，不断降低生产成本；做好生产车间的现场管理，保证安全生产；协调处理好有关外部工作关系。

（5）采购总监。确保在合适的时间点采购合适的品种及数量的物资，为企业生产做好后勤保障。

每个团队都拥有相同的资金、设备和固定资产。各企业通过从市场中赢得订单，然后用现金购买原材料，投入生产，最后完工交货，从客户手中获得现金，可用现金为企业打广告，开发新的产品，支付员工工资及福利，支付国家税收等。当资金短缺时可向银行申请贷款或变卖固定资产（以上各个阶段的任务要严格按照本书后面的各年任务清单）。

虽然都有相同的起始资金，都遵守相同的规则，但通过不同的手段，几个企业运营之后会产生不一样的结果。最终根据每个企业的利润和资产等结果评出优胜企业。职能定位如表 2-9 所示。

表 2-9　职能定位与工作职责

序　号	职　位	工 作 职 责
1	总经理（CEO）	主要负责企业整体的运营和规划，在企业中处于管理核心地位，整个盘面都是其工作区域，经常与营销总监共同工作。具体包括同营销总监共同决定企业的营销策略，考虑营销策略对现金流的影响以及是否具有相应的生产能力。CEO 的决策对整个企业具有关键作用，很大程度上决定了企业生存发展状况
2	财务总监（CFO）	主要负责企业运营过程中的财务流动记录，做好企业的会计报表和预算，“财务中心”是其主要工作区。具体工作包括全权负责财务中心的现金管理，实时掌握现金收支情况。分析企业的各种策略对财务的影响并提出相关财务建议。完成年终报表的填写，总结本年度经营状况为下一年的年度规划提供参考
3	生产总监	主要负责企业的产品生产、生产线的开拓与生产产品的规划，以及确定原材料订单。“生产中心”是其主要工作区。具体工作包括企业的生产能力的规划并进行相关的操作，决定生产线的购买与出售，各生产线生产的产品种类并进行相关的资金投入。掌握各个生产线的状态精确计算产能，为营销总监提供准确的数据。根据所获得的订单组织生产与营销总监协作，确保原材料的供应。同时要与财务总监沟通，确保能够得到相应的现金支持
4	营销总监	主要负责市场预测，广告费的决定和市场订单的获取，产品研发和市场开发，“营销与规划中心”是其主要工作区。具体工作包括根据市场预测确定企业的营销策略，制订相关的产品研发和市场开发计划。根据市场、企业的产能以及财务状况制订相关广告计划，取得市场订单，并按照订单交货
5	采购总监	主要负责原料采购和管理，“物流中心”是其主要工作区。具体工作包括根据与生产总监的协商结果采购原料，保证原料供应。负责生产线的购买工作

3. 公司命名与 CEO 就职演说

首先由 CEO 带领本企业所有员工召开第一个会议，为公司命名，最好的名字是可以直接体现公司意向的，所以要选择那些可以吸引客户眼球的公司名字，并可以从中轻易地理解到你所销售的产品和服务。下面给几点提示，仅供参考：不要刻意修饰公司的名字，尽量让名字简单明了；尽量让名字读起来很流畅，不要用一些生字、难字，让人根本读不出来；名字要简短，好记；字义的意境优美，符合公司形象。

4. 介绍接手企业的概况

对企业经营者来说，接手一个企业时，需要对企业有一个基本的了解，包括股东期望、企业目前的财务状况、市场占有率、产品、生产设施、盈利能力等。基本情况描述以企业起始年的两张主要财务报表（资产负债表和利润表）为基本索引逐项描述了企业目前的财务状况和经营成果，并对其他有关方面进行补充说明。

5. 初始状态设定

ERP 沙盘模拟不是从创建企业开始，而是接受一个已经运营了 3 年的企业。虽然已从基本情况描述中获得了企业运营的基本信息，但还需要把这些枯燥的数字活生生地再现到沙盘盘面上，由此为下一步的企业运营做好铺垫。通过初始状态的设定，可以使学生深刻地感觉到财务数据与企业业务的直接相关性，理解到财务数据是对企业运营情况的一种总结提炼，为今后“透过财务看经营”，做好观念上的准备。

6. 熟悉企业运营规则

企业在一个开放的市场环境中生存，企业之间的竞争需要遵循一定的规则。综合考虑市场竞争及企业运营所涉及的方方面面，简化为以下六个方面的约定：

（1）市场划分与市场准入；

（2）销售会议与订单争取；

（3）厂房购买、出售与租赁；

（4）生产线购买、转产与维修、出售；

（5）产品生产、原材料采购、产品研发与 ISO 认证；

（6）融资贷款与贴现。

三、ERP 沙盘模拟成绩考核

ERP 沙盘模拟教学不仅是一个个人学习的过程，更重要的是，它还是一个集体学习的过程。为了反映 ERP 沙盘模拟教学集体学习的成果，必须采取一定的形式对 ERP 沙盘模拟教学集体学习的成果进行总结和成绩考核。本节主要学习 ERP 沙盘模拟成绩考核与评价等内容。

1. ERP 沙盘模拟成绩结构

课程结束后，每个团队都会有一个实训成绩，但这个成绩并不能充分反映学生的真实情况，有的团队虽破产了，但运营过程中，团队成员可能一直积极参与，而且积累了很多宝贵的经验，下面给出一种较为科学的成绩评定方式：

ERP 沙盘模拟总成绩=ERP 沙盘模拟实战成绩（60%）+团队成员表现（30%）+实训总结（10%）

ERP 沙盘模拟实战成绩：此课程把参加训练的学生分成 6 个团队，每团队代表不同的虚拟公司，每个团队的成员分别担任公司中的重要职位（CEO、CFO、市场总监、生产总监、采购总监等）。6 个公司是同行业中的竞争对手，他们从先前的管理团队中接手同样的企业，大家要在模拟的 6 年中，在客户、市场、资源及利润等方面进行一番真正的较量。最后根据各企业的所有者权益、综合发展系数等对各个企业进行综合排名，这就是 ERP 沙盘模拟实训成果。

ERP 沙盘模拟实训成果=权益×（1+企业综合发展系数／100）。企业综合发展系数的计算方法如表 2-10 所示。

表 2-10 综合发展系数的计算方法

项目	计算方法/分
大厂房	+15
小厂房	+10
手工生产线	+5/条
半自动生产线	+10/条
全自动/柔性线	+15/条
区域市场开发	+10
国内市场开发	+15
亚洲市场开发	+20
国际市场开发	+25
ISO 9000	+10
ISO 14000	+10
P2 产品开发	+10
P3 产品开发	+10
P4 产品开发	+15
本地市场地位	+15（第五年市场第一）
区域市场地位	+15（第五年市场第一）
国内市场地位	+15（第五年市场第一）
亚洲市场地位	+15（第五年市场第一）
国际市场地位	+15（第五年市场第一）
高利贷扣分	
其他扣分	

团队成员表现：岗位分工明确，各司其职，制订计划，合作愉快，团队间公平竞争，各

个企业的团结程度，每个成员的参与程度，以及各种表格，如运营表、损益表、现金流量预算表、采购计划表、贷款登记表、资产负债表的填写等，都列为企业成员的综合表现评价。

实训总结：包括个人总结和团体总结。个人总结是课程结束后每个同学上交的一份实训报告，是对自己几天的体会、经验以及在实践中应用的理论知识进行的总结与归纳。团体总结就是以团队的形式上交一份 PPT，在全班总结时各个企业要站在团队全局的角度上利用多媒体向全班同学边展示边讲解，这也是经验共享的一个过程，包括本企业的企业文化、成员构成、整体战略、广告策略、市场定位、企业运营得失等。

2. ERP 沙盘模拟成绩日常考核

ERP 沙盘模拟成绩日常考核主要评定“团队成员表现”成绩，此部分成绩评定的基础是学习者日常记录和学生上课出勤情况。

（1）学习者日常记录。成长在于积累。笔记是积累的一种方式，这种方式最笨，也最聪明。它记录了你的发现、你的成长、你的感悟。把它们收集起来，这是你的财富，也是你永久的珍藏。做好学习者日常实训情况记录是非常重要的。学习者日常实训情况记录如表 2-11 所示。

表 2-11 学习者日常实训情况记录表

团队名称		出勤情况		实训时间	
学习者日常实训情况记录					
备注					

团队长： 指导教师： 时间： 年 月 日

（2）团队成员表现成绩评定。团队成员表现成绩评定是根据学习者日常实训情况记录表和学生上课出勤情况记录表综合进行评定的。ERP 沙盘模拟团队成员表现成绩评定表，如表 2-12 所示。

表 2-12　ERP 沙盘模拟团队成员表现成绩评定表

<table>
<tr><td colspan="2">团队名称</td><td colspan="9"></td></tr>
<tr><td rowspan="9">团队成员</td><td></td><td>姓 名</td><td>学　号</td><td>角色</td><td colspan="4">出勤情况</td><td>实训表现</td><td>成绩</td></tr>
<tr><td>组长</td><td></td><td></td><td>CEO</td><td></td><td></td><td></td><td></td><td></td><td></td></tr>
<tr><td rowspan="7">组员</td><td></td><td></td><td>CFO</td><td></td><td></td><td></td><td></td><td></td><td></td></tr>
<tr><td></td><td></td><td>COO</td><td></td><td></td><td></td><td></td><td></td><td></td></tr>
<tr><td></td><td></td><td>CMO</td><td></td><td></td><td></td><td></td><td></td><td></td></tr>
<tr><td></td><td></td><td>采购总监</td><td></td><td></td><td></td><td></td><td></td><td></td></tr>
<tr><td></td><td></td><td>信息总监</td><td></td><td></td><td></td><td></td><td></td><td></td></tr>
<tr><td></td><td></td><td>间谍</td><td></td><td></td><td></td><td></td><td></td><td></td></tr>
<tr><td></td><td></td><td>财务助理</td><td></td><td></td><td></td><td></td><td></td><td></td></tr>
<tr><td>备注</td><td colspan="10"></td></tr>
</table>

团队长：　　　　　　　　指导教师：　　　　　　时间：　　年　　月　　日

（3）实训总结成绩评定。ERP 沙盘模拟实训总结成绩评定是根据 ERP 沙盘模拟总结报告进行综合评定的。ERP 沙盘模拟从总结的内容上来看，主要包括战略经营总结、团队合作感言总结、联系实际总结等方面。ERP 沙盘模拟战略经营总结的内容主要有整体战略、产品研发、生产及原料、市场及营销、财务及资金、团队协作与沟通等。

复习思考题

1. ERP 沙盘模拟的教学内容有哪些？
2. ERP 沙盘模拟课程教具由哪些组成？
3. ERP 沙盘模拟需要哪些实战准备？
4. 简述 ERP 沙盘模拟的模拟角色与人员分工。
5. 简述 ERP 沙盘模拟成绩考核。

管理游戏

角色扮演——招聘

[游戏目标]

培养人员招聘的能力；训练应聘的能力与心理素质。

[内容与形式]

1．把教室模拟成招聘现场。

2．角色扮演的情境设定：根据模拟公司的工作计划建立组织结构，各模拟公司组织招聘各部门负责人（班级统一制订编制或职数）；各模拟公司招聘由总经理主持，公司成员均为招聘组成员；每名学生可向不超过 3 家公司（不含本公司）应聘；各公司根据每个应聘者的表现决定是否聘任；招聘程序按课程讲授内容进行。同学们先在课下进行精心准备，在课上完成角色扮演。

[游戏要求]

1．各公司要制订招聘计划，包括招聘目的、招聘岗位、任用条件、招聘程序，特别是聘用的决定办法。

2．每个人要写出应聘提纲或应聘讲演稿，特别要体现出应聘的竞争优势。

[成果与检测]

以公司为单位，组织招聘活动。全班公司分为两大组：第一节课前几家公司招聘，后几家公司的成员应聘；第二节进行轮换；聘任由招聘公司成员集体投票决定（得多数票者应聘成功）；在两轮聘任结束后，按应聘成功的岗位数多少决定同学们的竞聘成果。

第二篇　实训操作篇

只有懂得规则，才能游刃有余。

只有认真对待，才能取得收获。

只有积极参与，才能分享成就。

开篇语

俗话说得好：“磨刀不误砍柴工。”学习规则是比较枯燥的，但却是必需的。只有懂得规则，才能游刃有余。因此，要有以下三点认识：一是要认清我们是在经营模拟企业，为运营方便将内外部环境简化为一系列规则，故与实际情况有一定差别，不可在规则上较真；二是要有争强好胜的斗志，虽然是模拟经营，切不可简单地当成游戏，要有“假戏真做”当作真实企业来经营的态度；三是要正确对待自己的角色，在一个企业里每个人会担当不同的角色，每个角色也都有其他角色所不可替代的作用，因此每个角色都是重要的，都值得重视和珍惜，都应该用心做好。本篇主要包括三部分内容：ERP 实物沙盘模拟实战、ERP 电子沙盘模拟实战和 ERP 供应链沙盘模拟实战。

第三章 ERP实物沙盘模拟实战

章前导读

管理的任务

现代人类的目标和抱负，需要前所未有的努力合作才能实现。我们之所以能改造贫民区，治理污染，给予个人自我表现的机会，提高生活水平和实现社会的以及个人的许多目标，全依赖于联合行动。如果个人，甚至一个群体，只想实现自给（生产他们自己所需的食物、衣着和住房），那么充其量也只能勉强维持生存。

但当人们在各种企业中联合起来，共同经营他们的资源，同众多的人或企业相互交换他们的产品时，他们就掌握了走向共同富裕繁荣的方法。

管理的任务就是使这种合作努力得以顺利进行，这就需要管理人员把人力、机器和资金这样一些未经组织的资源转变为一个卓有实用价值的企业。

资料来源：[美]W. H. 纽曼，小C. E. 萨默．管理过程——概念、行为和实践[M]．北京：中国社会科学出版社，1995：5.

教学目标

按照企业运行流程，有效履行你所担负的职责。理解企业战略的重要性，学会用战略的眼光看待企业的业务与经营。体验制造业企业的完整运营流程，理解物流、资金流、信息流的协调过程，体会现金流的重要性。训练战略管理、市场营销、财务管理、生产运作、物流管理、市场信息收集与运用等管理技能。理解团队合作的重要性，树立全局观念及共赢理念；体会人尽其才的价值及用人不当的后果。本章将通过一系列的内容学习，为在以后的实战中完成企业决策和运作，将所学过的企业财务管理、会计核算、运营管理和市场营销等知识进行综合应用，并在激烈的竞争与对抗中，提高学习兴趣，激发学习热情。最终达到主动学习、快乐学习的目的。

知识要点

ERP 实物沙盘模拟课程设计　ERP 实物沙盘模拟运营规则　ERP 实物沙盘模拟过程与实战　ERP 实物沙盘模拟实战案例

第一节　ERP 实物沙盘模拟课程设计

ERP 沙盘模拟课程一经推出，就以其科学、简易、实用、趣味的设计为大家所关注，其体验式教学方式成为继传统教学及案例教学之后教学创新的典范。ERP 沙盘模拟课程可以强化学习者的管理知识、训练管理技能、全面提高学习者的综合素质。其融合理论与实践于一体、集角色扮演与岗位体验于一身的设计思路新颖独到，使学习者在参与、体验中完成了从知识到技能的转化。

一、ERP 实物沙盘模拟实训的目的和方式

1. ERP 实物沙盘模拟实训的目的和任务

ERP 实物沙盘模拟课程实训的目的和任务如下。

（1）综合运用角色扮演、导师指引、案例分享、企业讲坛、角色互换、交流互动等方式进行管理知识与方法的综合运用。

（2）训练参训者的战略管理、市场营销、财务管理、生产运作、物流管理、市场信息收集与运用等管理技能，全面提高受训者的综合素质。

（3）理解企业战略的重要性，学会用战略的眼光看待企业的业务与经营，保证其与战略的一致。

（4）体验制造业企业的完整运营流程，理解物流、资金流、信息流的协调过程。

（5）体会现金流的重要性，学会资金预算，控制融资成本，提高资金使用效率；通过财务报告、财务分析解读企业经营的全局，学会透过财务看经营。

（6）理解团队合作的重要性，树立全局观念及共赢理念；体会人尽其才的价值及用

人不当的后果。

（7）建立基于信息时代的思维方式，培养辩证思维的能力，体会差异化思维的力量。

（8）认真聆听企业讲坛，积极参与案例分析与实训总结，以获得最大的收获。

2. ERP 实物沙盘模拟实训方式与时间安排

ERP 实物沙盘模拟实训适用：32 学时的 ERP 实物沙盘模拟课程教学，本书以 32 学时为例进行安排，如需要可根据实际情况适度压缩。

本实训主要分为五个阶段，各阶段建议安排如下。

第一阶段　基本理论教学与模拟演练（8 学时）

（1）实训动员和规则介绍。一般安排 2 学时，主要进行实训动员，介绍“第一篇 导入篇”的主要内容，使学生掌握竞赛规则和企业运行流程。

（2）热身竞赛。一般安排 4 学时，按照竞赛规则，在指导教师的监控下，学生进行企业经营沙盘模拟若干年（一般是 6 年）的模拟演练（热身赛）。

（3）模拟演练（热身赛）小结与实战对抗方案设计。一般安排 2 学时，对模拟演练（热身赛）进行简要点评，同时部署下步实训内容，进行实战对抗方案设计。

第二阶段　实战对抗方案设计（4 学时）

（1）初步制订公司经营战略，各 CEO 主持。

（2）制定职能战略，由各角色进行相应职能战略制定。

① 制定市场竞争策略，营销总监（CMO）主持。

② 制订新产品开发计划，技术总监主持。

③ 制订生产计划，生产总监主持。

④ 制订财务规划，CFO 主持。

⑤ 明晰组织架构及内部考核办法，人力资源总监（CHO）主持。

⑥ 依据生产计划制订相应采购计划，采购主管主持。

（3）形成公司经营战略方案，CEO 主持。

第三阶段　实战对抗阶段（16 学时）

（1）第一天：上午，CEO 报告，第一年运行；CFO 报告，第二年运行。

（2）第一天：下午，营销总监报告，第三年运行；生产总监报告，第四年运行。

（3）第二天：上午，财务总监 / 采购主管报告，第五年运行；下午，第六年运行，并公布实战对抗竞赛结果。

第四阶段　案例讨论阶段（2 学时）

安排 5 或 6 个不同类型（侧重不同角色）的典型案例，案例的讨论要把案例与沙盘模拟实战对抗结合起来。业余时间半天准备，2 学时讨论。

（1）公司战略案例讨论；

（2）竞争策略案例讨论；

（3）财务管理案例讨论；

（4）人力资源案例讨论；

（5）产品开发与生产案例 / 物流管理案例讨论。

第五阶段　总结提升阶段（2 学时）

（1）撰写模拟企业经营分析报告和个人实训总结。一般安排业余时间进行，由 CEO 组织各企业按照经营分析报告的要求撰写报告，并进行模拟企业内部的总结。

（2）班级实训总结。一般安排 1 学时进行，由各模拟企业派代表做主旨发言，总结模拟企业经营的成败得失，指导教师做必要的点评与指引，允许并鼓励学生个别发言，谈感受和体验。指导教师做实训总结。

（3）年级实训交流。一般安排 1 学时进行，由班级选派的 2 或 3 名代表做主旨发言，总结交流模拟企业经营的成败得失，指导教师做必要的点评与指引，允许并鼓励学生个别发言，谈感受和体验。

以上为参考时间安排。具体时间以指导教师公布的时间为准。

二、ERP 实物沙盘模拟实训要求与组织管理

1. 实训要求

（1）每个学生都要参与所有的实训流程，并承担一个具体的工作岗位。

（2）实训前要认真学习本实训手册的相关内容，明确实训目的、内容和相关要求，确保实训效果。

（3）在实训过程中，要树立端正的实训态度和良好的团队精神。

（4）在实训过程中要特别注意人身和财物的安全。

（5）遵守实训纪律，保证按时出勤，并完成相关任务；遵守国家法律法规，遵守实训教室的相关规定，听从安排。

（6）做好实训记录，记好实训日记，为撰写实训报告做好准备工作。

（7）认真撰写个人实训总结和模拟企业经营分析报告，字数分别不少于 5 000 字和 8 000 字。

模拟企业经营分析报告与该模拟企业 CEO 的个人实训总结合一。

2. 学生分组与组织管理

（1）学生分组由指导教师根据实际情况掌握。对于 6 组手工沙盘，以班级为单位进

行对抗赛，最多可分 6 组，每组以 5 或 6 人为宜，人数少的班级可以分为 4 或 5 组。8 组以上手工沙盘或电子沙盘可以考虑进行年级对抗赛。

（2）角色分工由各团队自行协商产生。实训期间可做角色互换。

（3）在实训期间，各模拟企业 CEO 应管理好各企业人员。

3. 成绩评定

学生成绩评定综合以下内容。

（1）实战对抗的成绩，占 50%；

（2）角色扮演情况，占 10%；

（3）案例讨论情况，占 10%；

（4）实训报告成绩，占 10%；

（5）出勤及遵守纪律情况等，占 20%。

本书以手工沙盘为主讲解，同时兼顾电子沙盘；因此，本书同样适用于电子沙盘。

三、ERP 实物沙盘模拟企业简介

该企业是一个典型的离散制造型企业，创建已有 3 年，长期以来一直专注于某行业 P 系列产品的生产与经营。目前企业拥有自主厂房——大厂房，其中安装了 3 条手工生产线和 1 条半自动生产线，运行状态良好。所有生产设备全部生产 P1 产品，几年以来一直只在本地市场进行销售，有一定知名度，客户也很满意。

1. 企业的财务状况

所谓财务状况，是指企业资产、负债、所有者权益的构成情况及其相互关系。企业的财务状况由企业对外提供的主要财务报告——资产负债表来表述。资产负债表是根据资产、负债和所有者权益之间的相互关系，即“资产=负债+所有者权益”的恒等关系，按照一定的分类标准和一定的次序，把企业特定日期的资产、负债、所有者权益三项会计要素所属项目予以适当排列，并对日常会计工作中形成的会计数据进行加工、整理后编制而成的，其主要目的是反映企业在某一特定日期的财务状况。通过资产负债表，可以了解企业所掌握的经济资源及其分布情况；了解企业的资本结构；分析、评价、预测企业的短期偿债能力和长期偿债能力；正确评估企业的经营业绩。

在“ERP 沙盘模拟实践”课程中，根据课程设计所涉及的业务对资产负债表中的项目进行了适当的简化，形成如表 3-1 所示的简易结构。

表 3-1 简易资产负债表 编报单位：百万元

资　　产	期　末　数	负债和所有者权益	期　末　数
流动资产：		负债：	
现金	20	长期负债	40
应收款	15	短期负债	
在制品	8	应付账款	
成品	6	应交税金	1
原料	3	一年内到期的长期负债	
流动资产合计	52	负债合计	41
固定资产：		所有者权益：	
土地和建筑	40	股东资本	50
机器与设备	13	利润留存	11
在建工程		年度净利	3
固定资产合计	53	所有者权益合计	64
资产总计	105	负债和所有者权益总计	105

2. 企业的经营成果

企业在一定期间的经营成果表现为企业在该期间所取得的利润，它是企业经济效益的综合体现，由利润表（又称损益表或收益表）来表述。利润表是用来反映收入与费用相抵后确定的企业经营成果的会计报表。利润表的项目主要分为收入和费用两大类。

在“ERP 沙盘模拟实践”课程中，根据课程设计中所涉及的业务对利润表中的项目进行了适当的简化，形成如表 3-2 所示的简易结构。

表 3-2 利润表 编报单位：百万元

项　　目	本　期　数	对应利润表的项目
销售收入	36	主营业务收入
直接成本	14	主营业务成本
毛利	22	主营业务利润
综合费用	9	营业费用、管理费用
折旧前利润	13	
折旧	5	利润表中的管理费用、营业费用及主营业务成本已含折旧，这里折旧单独列示
支付利息前利润	8	营业利润
财务收入/支出	4	财务费用
其他收入/支出		营业外收入/支出
税前利润	4	利润总额
所得税	1	所得税
净利润	3	净利润

3. 股东期望

从利润表中可以看出，企业上一年盈利 300 万元，增长已经放缓。生产设备陈旧，产品、市场单一，企业管理层长期以来墨守成规地经营，导致企业已缺乏必要的活力，目前虽尚未衰败，但也近乎停滞不前。鉴于此，公司董事会及全体股东决定将企业交给一批优秀的新人去发展，他们希望新的管理层能够把握时机，抓住机遇，投资新产品开发，使公司的市场地位得到进一步提升：在全球市场广泛开放之际，积极开发本地市场以外的其他新市场，进一步拓展市场领域；扩大生产规模，采用现代化生产手段，努力提高生产效率，全面带领企业进入快速发展阶段。

股东创办企业的目的是扩大财富，他们是企业的所有者，企业价值最大化就是股东财富最大化。要使股东权益最大化，我们应该做到“开源节流”。

首先，我们解释一下：什么叫开源？开源就是要增加销售额，销售额增加，利润才可能有较大的增加。销售额增加的直接方法就是多卖产品，而目前我们只在本地市场上卖 P1 产品，销售渠道少，竞争对手多，而以后的 P2、P3 产品将有很大的需求，价格也很高，所以，要想开源就必须开拓新的市场，研发新的产品，除此之外，目前我们的 3 条手工生产线、1 条半自动线，要想多生产产品，生产能力远远跟不上，所以必须提高产能。

其次，增加利润不能只考虑扩大销售。如果不能有效地控制成本，利润的增加同样是非常有限的。

要想有效地“节流”，就要对企业进行全成本核算。

综上所述，企业的目标是生存、发展和获利。企业的这个目标要求公司理财完成筹措资金、有效地投放和使用资金的任务。企业的成功以至于生存，在很大程度上取决于它过去和现在的财务政策。公司理财不仅与资产的获得及合理使用的决策有关，而且与企业的生产、销售管理发生直接联系。

第二节 ERP 实物沙盘模拟运营规则

企业在一个开放的市场环境中生存，企业之间的竞争需要遵循一定的规则。众所周知，ERP 是个企业信息化中综合性很强的系统，涉及企业的多个部门和许多业务，所以 ERP 沙盘模拟的规则也尽可能体现企业运营和市场经营的情况，本节主要学习 ERP 实物沙盘模拟实践的运营规则。

一、企业经营规则

企业的生存和发展离不开市场这个大环境。谁赢得市场，谁就赢得了竞争。市场是瞬息万变的，变化增加了竞争的对抗性和复杂性。

1. 市场划分与市场准入

市场是企业进行产品营销的场所，标志着企业的销售潜力。目前企业仅拥有本地市场，除本地市场之外，还有区域市场、国内市场、亚洲市场、国际市场有待开发。

在进入某个市场之前，企业一般需要进行市场调研、选址办公、招聘人员、做好公共关系、策划市场活动等一系列工作。而这些工作均需要消耗资源——资金及时间。由于各个市场地理位置及地理区划不同，开发不同市场所需的时间和资金投入也不同，在市场开发完成之前，企业没有进入该市场销售的权利。

开发不同市场所需的时间和资金投入如表3-3所示。

表3-3 开发不同市场所需的时间和资金投入

市　场	开发费用/M	开发时间/年	说　明
区域	1	1	• 各市场开发可同时进行
国内	2	2	• 资金短缺时可随时中断或终止投入
亚洲	3	3	• 开发费用按开发时间平均支付，不允许加速投资
国际	4	4	• 市场开拓完成后，领取相应的市场准入证

当某个市场开发完成后，该企业就取得了在该市场上经营的资格（取得相应的市场准入证），此后就可以在该市场上进行广告宣传，争取客户订单了。

对于所有已进入的市场来说，如果因为资金或其他方面的原因，企业某年不准备在该市场进行广告投放，那么也必须投入1M的资金维持当地办事处的正常运转，否则就被视为放弃了该市场。再次进入该市场时需要重新开发。

2. 销售会议与订单争取

销售预测和客户订单是企业生产的依据。销售预测从商业周刊得到，对所有企业而言是公开而透明的。众所周知，客户订单的获得对企业的影响是至关重要的。

（1）销售会议。每年年初，各企业会派出优秀的营销人员参加客户订货会，投入大量的资金和人力做营销策划、广告展览、公共关系、客户访问等，以使得本企业的产品能够深入人心，争取到尽可能多的订货信息，如图3-1所示。

图 3-1　销售会议

（2）市场地位。市场地位是针对每个市场而言的。企业的市场地位根据上一年度各企业的销售额排列，销售额最高的企业称为该市场的“市场领导者”，俗称“市场老大”。

（3）广告投放。广告是分市场、分产品投放的，投入 1M 有一次选取订单的机会，以后每多投 2M 增加一次选单机会。例如，投入 7M 表示准备拿 4 张订单，但是否能有 4 次拿单的机会则取决于市场需求、竞争态势等；投入 2M 准备拿一张订单，只是比投入 1M 的优先拿到订单。

在“竞单表”中按市场、按产品登记广告费用。“竞单表”如表 3-4 所示，这是第 3 年 A 组广告投放情况。

表 3-4　竞单表

第 3 年　A 组（本地）						第 3 年　A 组（区域）						第 3 年　A 组（国内）					
产品	广告	单额	数量	9K	14K	产品	广告	单额	数量	9K	14K	产品	广告	单额	数量	9K	14K
P1	1					P1						P1					
P2						P2	2					P2	3				
P3						P3						P3					
P4						P4						P4					

注意：

- 竞单表中设有 9K（代表“ISO 9000”，下同）和 14K（代表“ISO 14000”，下同）两栏。这两栏中的投入不是认证费用，而是取得认证之后的宣传费用，该投入对整个市场所有产品有效。
- 如果希望获得标有“ISO 9000”或“ISO 14000”的订单时，必须在相应的栏目中投入 1M 广告费。

（4）客户订单。市场需求用客户订单卡片的形式表示，如图3-2所示。卡片上标注了市场、产品、产品数量、单价、订单价值总额、账期、特殊要求等要素。

第6年　　亚洲市场　　lP4-3/3	
产品数量：	3P4
产品单价：	12M/个
总 金 额：	36M
应收账期：	4Q
ISO 9000	加急！！！

图3-2　客户订单

如果没有特别说明普通订单可以在当年内任一季度交货，如果由于产能不够或其他原因，导致本年不能交货，企业为此应受到以下处罚：① 因不守信用市场地位下降一级；② 下一年该订单必须最先交货；③ 交货时扣除该张订单总额的25%（取整）作为违约金。

卡片上标注有“加急！！！”字样的订单，必须在第一季度交货，延期罚款处置同上所述。因此，营销总监接单时要考虑企业的产能。当然，如果其他企业乐于合作，不排除委外加工的可能性。

注意：

如果上年市场老大没有按期交货，市场地位下降，则本年该市场没有老大。订单上的账期代表客户收货时货款的交付方式。若为0账期，则现金付款；若为3账期，代表客户付给企业的是3个季度到期的应收账款。

如果订单上标注了“ISO 9000”或“ISO 14000”，那么要求生产单位必须取得了相应认证并投放了认证的广告费，两个条件均具备，才能得到这张订单。

（5）订单争取。在每年一度的销售会议上，将综合企业的市场地位、广告投入、市场需求及企业间的竞争态势等因素，按规定程序领取订单。客户订单是按照市场划分的，选单次序如下。

首先，由上一年该市场的市场领导者最先选择订单。

其次，按每个市场单一产品广告投入量，其他企业依次选择订单；如果单一产品广告投放相同，则比较该市场两者的广告总投入；如果该市场两者的广告总投入也相同，则根据上一年市场地位决定选单次序；若上一年两者的市场地位相同；则采用非公开招标方式，由双方提出具有竞争力的竞单条件，由客户选择。

注意：

无论你投入多少广告费，每次你只能选择1张订单，然后等待下一次选择机会。

二、企业运营规则

现实生活中，企业需要遵循分门别类、名目繁多的各项法律、法规。举例来讲，仅财务中的税收一项，就包括增值税、营业税、所得税及其他税。其内容之多，要另写一本《税务会计》才能列全。在“ERP 沙盘模拟实践”课程中，不可能逐项细节面面俱到，只能采取相对简化的方式，抓大放小，做到简单而有效。本着简化的原则，我们将企业运营需要遵守的各项规定分为以下六个方面阐述。

1. 厂房购买、出售与租赁

企业目前拥有自主厂房——大厂房，价值 40M。另有小厂房可供选择使用，有关各厂房购买、租赁、出售的相关信息如表 3-5 所示。

表 3-5　厂房购买、出售与租赁

厂　房	买　价	租　金	售　价	容　量
大厂房	40M	5M/年	40M	6 条生产线
小厂房	30M	3M/年	30M	4 条生产线

提示：

厂房可随时按购买价值出售，得到的是 4 个账期的应收账款。

厂房不提折旧。

2. 生产线购买、转产与维修、出售

企业目前有 3 条手工生产线和 1 条半自动生产线，另外可供选择的生产线还有全自动生产线和柔性生产线。不同类型生产线的主要区别在于生产效率和灵活性。生产效率是指单位时间生产产品的数量；灵活性是指转产生产新产品时设备调整的难易性。有关生产线购买、转产与维修、出售的相关信息如表 3-6 所示。

表 3-6　生产线购买、转产与维修、出售

生产线类型	购买价格	安装周期	生产周期	转产周期	转产费用	维修费	残值
手工生产线	5M	无	3Q	无	无	1M/年	1M
半自动生产线	8M	2Q	2Q	1Q	1M	1M/年	2M
全自动生产线	16M	4Q	1Q	2Q	4M	1M/年	4M
柔性生产线	24M	4Q	1Q	无	无	1M/年	6M

说明：

所有生产线可以生产所有产品。

投资新生产线时按照安装周期平均支付投资，全部投资到位后的下一周期可以领取产品标识，开始生产。资金短缺时，任何时候都可以中断投资。

生产线转产是指生产线转产生产其他产品，如半自动生产线原来生产 P1 产品，如果转产 P2 产品，需要改装生产线，因此需要停工一个周期，并支付 1M 改装费用。

当年投资的生产线价值计入在建工程，当年不提折旧，从下一年按余额递减法——设备价值的 1/3（取整）计提折旧。设备价值<3M 时，每次计提折旧 1M，直至提完。

当年已售出的生产线不用支付维修费。

出售生产线时，如果该生产线净值<残值，将生产线净值直接转到现金库中；如果该生产线净值>残值，从生产线净值中取出等同于残值的部分置于现金库，将差额部分置于综合费用的其他项。

3. 产品生产

产品研发完成后，可以接单生产。生产不同的产品需要的原料不同，各种产品所用到的原料及数量，如 P 系列产品 BOM 表如图 3-3 所示。

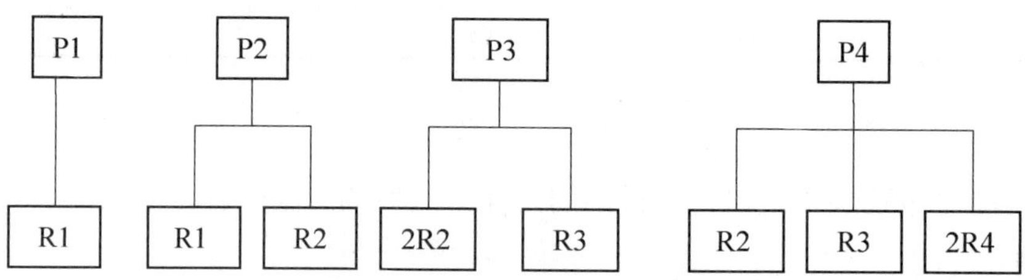

图 3-3　P 系列产品 BOM 结构

每条生产线同时只能有一个产品在线。产品上线时需要支付加工费，不同生产线需要支付的加工费都是 1M，空生产线才能上线生产，一条生产线只能生产一个产品，上线生产必须有原料，否则必须“停工待料”。

4. 原材料采购

原料采购涉及两个环节：签订采购合同和按合同收料。签订采购合同时要注意采购提前期。R1、R2 原料需要一个季度的采购提前期；R3、R4 原料需要两个季度的采购提前期。货物到达企业时，必须照单全收，并按规定支付原料费或计入应付账款。

5. 产品研发与国际认证体系

企业目前可以生产并销售 P1 产品。根据预测，另有技术含量依次递增的 P2、P3、P4 的三种产品有待开发。

（1）产品研发。产品研发生产资格如图 3-4 所示。

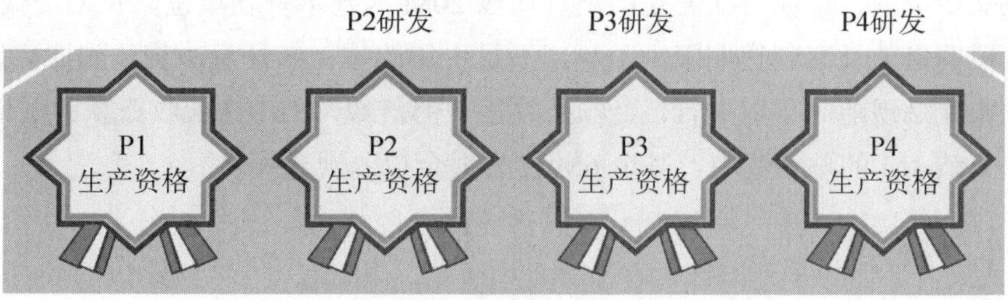

图 3-4　产品研发生产资格

不同技术含量的产品，需要投入的研发时间和研发投资是有区别的，如表 3-7 所示。

表 3-7　产品研发需要投入的时间及研发费用

产　品	P2	P3	P4	备注说明
研发时间	5Q	5Q	5Q	• 各产品可同步研发；按研发周期平均支付研发投资；资金不足时可随时中断或终止；全部投资完成的下一周期方可开始生产 • 某产品研发投入完成后，可领取产品生产资格证
研发投资	6M	12M	18M	

（2）ISO 认证。随着中国加入 WTO，客户的质量意识及环境意识越来越清晰。经过一定时间的市场孕育，最终会反映在客户订单中。企业要进行 ISO 认证，需要经过一段时间并花费一定费用，如表 3-8 所示。

表 3-8　国际认证需要投入的时间及认证费用

ISO 认证体系	ISO 9000 质量认证	ISO 14000 环境认证	备注说明
持续时间	2 年	3 年	• 两项认证可以同时进行 • 资金短缺的情况下，投资随时可以中断 • 认证完成后可以领取相应 ISO 资格证
认证费用	2M	3M	

6. 融资贷款与贴现

资金是企业的血液，是企业任何活动的支撑。在 ERP 沙盘模拟实践课程中，企业尚未上市，因此，其融资渠道只能是银行借款、高利贷和应收账款贴现。下面对比几种融资方式列于表 3-9 中。

表 3-9　企业可能的各项融资手段及财务费用

融资方式	规定贷款时间	最高限额	财务费用	还款约定
长期贷款	每年年末	上年所有者权益×2−已贷长期贷款	10%	年底付息，到期还本
短期贷款	每季度初	上年所有者权益×2−已贷短期贷款	5%	到期一次还本付息
高利贷	任何时间	与银行协商	20%	到期一次还本付息
应收贴现	任何时间	根据应收账款额度按 1∶6 比例	1/7	贴现时付息

提示：

无论长期贷款、短期贷款还是高利贷均以20M为基本贷款单位。长期贷款最长期限为5年，短期借款及高利贷期限为1年，不足1年的按1年计息，贷款到期后返还。

应收账款贴现随时可以进行，金额必须是7的倍数，不考虑应收账款的账期，每7M的应收款交纳1M的贴现费用，其余6M作为现金放入现金库。

7. 生产管理

（1）产程安排（见表3-10）

表3-10　各种产品所消耗原料数量表

	P1	P2	P3	P4
R1	1	1	0	0
R2	0	1	2	1
R3	0	0	1	1
R4	0	0	0	2

（2）原材料采购

① 订货

由于供应商需要进行生产准备和运输等原因，在进行原材料采购中，包括订货提前期。原材料采购合同一旦签订，没有任何理由取消订货。盘面上用一个空桶代表订一种原材料。在相应“原材料订单”方框中放上所订数目的空桶。放入的空桶的个数就等于未来相应时间将要付款入库的原材料数量。

② 运输

不同的原材料因产地不同，需要的订货提前期也有区别：R1和R2原材料是在国内生产，只需要一个季度的订货提前期；R3和R4原材料是在国外生产，需要一个季度的运输时间，因此得提前两个季度订货。

③ 付款验收入库

由本组COO携带“原材料订货单”和足额的货币到总台供应商处付款提货。

第三节　ERP实物沙盘模拟实战过程

新组建的公司决策班子将从一家老企业接过经营管理权。熟悉经营规则，在教师的带领下走完一年的工作流程：年初7项工作，年中每季度18项工作，年末5项，4项特殊工作随时可以进行。

一、初始状态设定

从资产负债表和利润表两张主要财务报告中虽然可以了解企业的财务状况及经营成果，但不能得到更为细节的内容，如长期借款何时到期，应收账款何时回笼等。为了让大家有一个公平的竞争环境，需要统一设定模拟企业的初始状态。

从资产负债表上可以看出，模拟企业总资产为 1.05 亿（模拟货币单位，下同），因此各组目前拥有 105 个单位为 100 万（M，下同）的币值（灰币）。下面就按照资产负债表上各项目的排列顺序将企业资源分布状况复原到沙盘上，复原的过程中最好请各个角色各司其职，从熟悉本岗工作开始。

1. 流动资产 52M

流动资产包括现金、应收账款、存货等，其中存货又细分为在制品、成品和原料。

（1）现金 20M。请财务总监拿出一满桶灰币（共计 20M）放置于现金库位置。

（2）应收账款 15M。为获得尽可能多的客户，企业一般采用除销策略，即允许客户在一定期限内缴清货款而不是货到即付款。应收账款是分账期的，请财务总监拿 1 个空桶，装 15 个灰币，置于应收账款 3 账期位置。

提示：

账期的单位为季度。离现金库最近的为 1 账期，最远的为 4 账期。

（3）在制品 8M。在制品是指处于加工过程中，尚未完工入库的产品。大厂房中有 3 条手工生产线、1 条半自动生产线，每条生产线上各有一个 P1 产品。手工生产线有 3 个生产周期，靠近原料库的为第 1 周期，3 条手工生产线上的 3 个 P1 在制品分别位于第 1、2、3 周期。半自动生产线有 2 个生产周期，P1 在制品位于第 1 周期。

每个 P1 产品成本由两部分构成：R1 原料费 1M 和人工费 1M，取 1 个空桶放置 1 个 R1 原料（红色彩币）和 1 个人工费（灰币）构成 1 个 P1 产品。由生产总监、采购总监与财务总监配合制作 4 个 P1 在制品并摆放到生产线上的相应位置。

（4）成品 6M。P1 成品库中有 3 个成品，每个成品同样由 1 个 R1 原料费 1M 和人工费 1M 构成。由生产总监、采购总监与财务总监配合制作 3 个 P1 成品并摆放到 P1 的成品库中。

（5）原料 3M。R1 原料库中有 3 个原料，每个价值 1M。由采购总监取 3 个空桶，每个空桶中分别放置 1 个 R1 原料，并摆放到 R1 原料库。

除以上需要明确表示的价值之外，还有已向供应商发出的采购订货，预订 R1 原料 2

个，采购总监将2个空桶放置到R1原料订单处。

2. 固定资产53M

固定资产包括土地及厂房、生产设施等。

（1）大厂房40M。企业拥有自主厂房——大厂房，价值40M。请财务总监将等值资金用桶装好放置于大厂房价值处。

（2）设备价值13M。企业创办3年来，已购置了3条手工生产线和1条半自动生产线，扣除折旧，目前手工生产线账面价值为3M，半自动生产线账面价值为4M。请财务总监取4个空桶，分别置入3M、3M、3M、4M，并放置于生产线下方的“生产线净值”处。

3. 负债41M

负债包括短期负债、长期负债及各项应付款。

（1）长期负债40M。企业有40M长期借款，分别于长期借款第4年和第5年到期。我们约定每个空桶代表20M，请财务总监将2个空桶分别置于第4年和第5年位置。

提示：

对长期借款来说，沙盘上的纵列代表年度，离现金库最近的为第1年，依此类推。对短期借款来说，沙盘上的纵列代表季度，离现金库最近的为第1季度。

如果以高利贷方式融资，可用倒置的空桶表示，于短期借款处放置。

（2）应付税1M。企业上一年税前利润4M，按规定需交纳1M税金。税金是下一年度交纳，此时没有对应操作。

至此，企业初始状态设定完成。

新管理层接手企业，需要有一个适应阶段，在这个阶段，需要与原有管理层交接工作，熟悉企业的工作流程。因此，在“ERP沙盘模拟实践”课程中，我们设计了起始年。企业选定接班人之后，原有管理层总要“扶上马，送一程”。因此在起始年里，新任管理层仍受制于老领导，企业的决策由老领导定夺，新管理层只能执行。主要目的是团队磨合，进一步熟悉规则，明晰企业的运营过程。

二、ERP沙盘模拟攻略秘籍

1. 三种典型策略

俗话说：“凡事预则立，不预则废。”“未曾画竹，而已成竹在胸！”同样，做企业经营沙盘模拟实战对抗前，也要有一整套策略成形于心，方能使你的团队临危不乱，镇定自若，在变幻莫测的比赛中笑到最后。

（1）力压群雄——霸王策略。在开赛初，筹到大量资金用于扩大产能，保证产能第一，以高广告策略夺取本地市场老大，并随着产品开发的节奏成功实现 P1 向 P2，P2 向 P3 的主流产品过渡。在竞争中始终保持主流产品销售量和综合销售量第一。后期用高广告策略争夺主导产品的最高价市场的老大，保持权益最高，使对手望尘莫及，难以超越，最终夺得头筹。

运作好此策略关键有两点：一是资本运作，使自己有充足的资金用于产能扩大，并能抵御强大的还款压力，使资金运转正常，所以此策略对财务总监要求很高。二是精确的产能测算与生产成本预算，如何安排自己的产能扩大节奏？如何实现零库存？如何进行产品组合与市场开发？这些将决定着最终的成败！

采取霸王策略的团队要有相当大的魄力，像当年项羽那样，敢于破釜沉舟，谨小慎微者不宜采用。此策略的劣势在于如果资金或广告在某一环节出现失误，则会使自己限于十分艰难的处境，过大的还款压力，可能将自己压至破产，所以此策略风险很高。

（2）见风使舵——渔翁策略。当市场上有两家实力相当的企业争夺第一时，渔翁策略就派上用场了，首先在产能上要努力跟随前两者的开发节奏，同时在企业内部努力降低成本——在每次新市场开辟时均采用低广告策略，规避风险、稳健经营，在双方两败俱伤时立即占领市场。

运作好此策略关键有几点：第一，在于一个“稳”字，即经营过程中一切按部就班，广告投入、产能扩大循序渐进，逐步实现、稳扎稳打。第二，要利用好时机，因为时机是稍纵即逝的，对对手一定要仔细分析。

渔翁策略在比赛中是常见的，但要成功一定要做好充分准备，只有这样才能在机会来临时，一下抓住，从而使对手无法超越。

（3）忍辱负重——越王策略。采取此策略者通常是有很大的产能潜力，但由于期初广告运作失误，导致权益过低，处于劣势地位。所以要在第 2、3 年不得不靠 P1 维持生计，延缓产品开发计划，或进行 P2 产品开发，积攒力量，度过危险期。在第 4 年时，突然推出 P3 或 P4 产品，配以精确广告策略（后面有详细介绍），出其不意攻占对手们的薄弱市场！在对手忙于应对时，自己早已把 P3、P4 的最高价市场把持在手，并抓住不放，不给对手机会。

运作好此策略制胜的关键点在于广告运作和现金测算上，因为要采取精确广告策略，所以一定要仔细分析对手情况，找到它在市场中的薄弱环节，以最小的代价夺得市场，减少成本。其次，现金测算必须准确，因为现金断流倒在其次，关键是完不成订单，遭罚，那将前功尽弃，功亏一篑。

越王策略，不是一种主动的策略，多半是在不利的情况下采取的，所以团队成员要有很强的忍耐力与决断力，不要为眼前一时的困境所压倒且学会“好钢用在刀刃上”，节约开支，降低成本，先图生存，再勇夺市场！

条条大路通罗马。我们要用开阔的视野审视战略、创新的头脑制定战略、严谨的态度执行战略。最后的成功自然水到渠成。

2. 三种制胜法

（1）产能领先制胜法。想产能领先别人，就要扩大生产能力，投资新的生产线。为缩短生产周期就会变卖原有的手工生产线，转而投资全自动或柔性生产线。

B公司在第1年3条手工生产线上的P1产品完工入库后陆续变卖，在大厂房内新投资建设了4条全自动生产线，而其他各组则在第1年的生产线投资上显得有些保守。因此，B公司在第2年便建立了产能优势，并利用产能抢市场，投少的广告费接别人因产能不足不敢接的大单，再建新的生产线，如此形成了良性循环。第3年，在大厂房又建立一条全自动生产线，并租下小厂房投建了4条全自动生产线。到第4年，形成了一条半自动和9条全自动的产能格局。最终，依靠产能优势取得了胜利。

（2）保权益制胜法。E公司在前两年默默无闻，只投了少量的广告费用以销售必要的P1产品，没有发展的迹象，但维持了很高的权益。就在人们感叹其发展前景时，E公司却在第3年，当别的公司出现权益严重下降、融资困难、陷入发展瓶颈时，利用自己的权益优势获得了大量的短期融资，开发了P2、P3、P4产品，变卖了原有的生产线并投资建成了6条全自动生产线。在第4年，别的企业步履维艰时，一举收复失地。第5年更是锦上添花，利用产品组合优势，扩大产能，直至第6年胜出。

（3）柔性调节制胜法。柔性生产线由于其投资费用、折旧费用高而不被“行家”所看好。但D公司一上来就斥巨资投建了4条柔性生产线，并把这4条柔性生产线打造成自己的核心竞争力。灵活调节生产，灵活广告投放和接单，使自己在各方面有了更多的余地，既迷惑了对手，也节省了广告费，即用非常少的广告费用接到了非常合适的订单，因为有些大单对手不敢接，生产不出来。最终赢得了比赛。但此法对生产的组织要求较高，极易出现原材料短缺或积压的情况。

3. 广告三大利器

如果将CEO比作叱咤风云的统兵元帅，那么营销总监无疑便是那攻城拔寨的先锋。为将者无利器焉能杀敌，所以笔者总结出了广告三大利器，赠予各位营销总监，愿能助各位一臂之力。

（1）亮银枪——高广告策略。枪在古代战场中，以打击范围广、杀伤威力大而著称，一直为古今名将所独钟，这也正好符合高广告策略的特色，高广告策略通常是在某个市场第一次开放时采用，利用高过对手 2M～3M 的广告费，夺取市场的最大订单，同时使其他的对手相互竞价、相互损耗。当然高广告策略，并不是指漫无目的地瞎投，浪费资金，高广告最高投多少，一直存在着争议，笔者认为要适当分析对手的情况；以净收益高过于 5 家中最高的 1M 为底线，例如净收益最高的其他对手为 26M−10M−8M=8M，那么你的高广告投放最高限为 36M−14M−9M=13M，再高过这个值就不合算了，和长枪一样，一旦近身威力大减，所以高广告策略在市场开辟后的作用就不大了，但是在竞争最高价市场时，还是可以显示威力的。

（2）齐眉棍——低广告策略。棍在打斗中，以打击范围广、使用方便为特点。低广告策略也具有以上特点，低广告策略以投入少、风险低为特点，多为那些想保存实力、节约成本的企业采用。通常只在某些市场投入 1M 的广告，便拿到订单，维持生产。但也像大棍一样，打击面虽广、杀伤力小一样，低广告策略多为一种防御的策略，不利于争夺市场，建议其配合精确广告应用。

（3）小李飞刀——精确广告策略。小李飞刀，以刀无虚发、一刀毙命为特点，同样精确广告策略，也可以不浪费一分钱而实现零库存为目的。此时对营销总监要求很高，一要准确预测市场，二要准确预测对手。如预测某个市场订单较多，则应努力争取该市场，如预测某市场订单较少，还有附加的要求，则应放弃，重新选择市场。最终做到每 1M 都能收到成效。

4. 五个锦囊

作为营销总监不光要有勇还要有谋！所以笔者额外赠送五个锦囊作为应急之备！

（1）柔性生产线宜早上。柔性生产线的价格是所有生产线中最高的，但其优越性也是最明显的，没有转产期，没有转产费，可以使你在最快时间见到效益，能在 4 种产品间灵活转产，从容对待市场的变化。前三年作用较大，后几年产品转产概率降低，主营 P2、P3 较普遍，再上柔性生产线作用不明显，同时还会增加现金压力；所以如果打算购置柔性生产线的话，宜早不宜晚。上柔性生产线还有选单灵活的特点。即在竞单时，由于产能、广告、品种等原因，会出现有些想要的单拿不到，有些不想要的单别人不拿的情况。这时可随机应变，调整战略，从而拿到最大量的订单，但这对营销总监提出了更高的要求，即应变能力好，计算能力强。

（2）敢于卖掉大厂房。对于大厂房很多人是不主张卖掉的，但是当企业处于困境，尤其是采用越王策略和渔翁策略时，就不该犹豫了，俗话说：“舍不得孩子套不来狼”。

这是东山再起的唯一机会，必须敢于舍弃，待日后再将其买回。

（3）敢于放弃鸡肋市场。很多团队一旦得到某个市场老大，便愿意把它保持到底，其实这是个误区，因为在不同时期你的主导产品是不同的，一般第1、2年是P1，第3、4年是P2，第5、6年是P3，而同一时期不同市场，差价却是很大的，所以，优秀的团队会去争夺主导产品的最高价市场的老大地位，从而增加自己的净收益。一般来说，主导产品P1第1、2年排队最高价市场为本地，第3、4年的P2最高价市场是本地与国内市场，第5、6年的P3最高价市场为本地与区域，第5、6年的P4为亚洲市场。

（4）手工生产线救急策略。对于想出奇兵，但产能与对手相近时，可以采用此策略。例如，第4年时你的P3产能是6个，对手也为6个，而对手还有某个市场的老大在手，而你想扩大产能而购进的全自动和柔性生产线却要1年后才能投入生产，你可以年初买进2到3条手工生产线，当年生产出P3产品就将手工生产线卖掉。这样算来，购进手工生产线1条5M，卖掉后收回1M，生产1个P3净利是4.5M～5M，可见3条生产线虽然不怎么赚钱，但却使你的产能扩大到8～9个，帮你夺回市场老大，使下一年广告费降低，并狠狠地打击了对手。

（5）专营制胜。所谓专营是指改变常规的P1、P2、P3、P4循序渐进的开发步骤，跳过P2产品，直接开发P3产品，在第4年后开发出P4产品的策略，出奇制胜。例如上面提到的越王策略，通常都是利用专营策略，在前一两年用P1维持生存。在第3年推出P3，产能通常是对手的一倍，在P3产品上竞争力无人能及，并强占有利市场，因为对手此时生产P2、P3两个产品，在单项产品P3上无法与你抗衡。在第5年时推出P4产品，此时对手多在进行P2向P3的转产或研发P4，于是你再次抢占先机。最终是对手无力应对，夺取胜利。然而要采用此策略一定要考虑好广告策略和P3市场的总容量，避免生产过剩，拿单过少而导致库存过大，现金断流。

三、运营流程

1. 年初7项工作

（1）新年度规划会议。新的一年开始之际，企业管理团队要研究市场预测，制定（调整）企业战略，做出经营计划、设备投资规划、营销策划方案等。具体来讲，需要进行销售预算、可承诺量的计算及资金预算。

常言道："预则立，不预则废。"预算是企业经营决策和长期投资决策目标的一种数量表现，即通过有关的数据将企业全部经济活动的各项目标具体地、系统地反映出来。销售预算是编制预算的关键和起点，主要是对本年度要达成的销售目标的预测，销售预算的内容是销售数量、价格和销售收入等。

参加订货会之前，需要计算企业的可接单量。企业可接单量主要取决于现库存和生产能力，因此产能计算的准确性直接影响到销售交付。

还需要做出资金预算，判定是否有足够的资金支持本年的运行，完成经营目标。

（2）投放广告。ERP 沙盘模拟共有 5 个市场、4 个产品。

特别提示：通常将一个市场与产品的组合称为一个回合，则最多有 20 个回合，分别是：（本地，P1）、（本地，P2）、（本地，P3）、（本地，P4）、（区域，P1）、（区域，P2）……（国际，P3）、（国际，P4）。

各企业需要填写当年的广告登记表，对每一个回合单独投放广告，如果该市场尚未开发出来，则不允许投放广告。

特别提示：

- 产品资格未开发完成，可以投放广告。
- 若希望获得有 ISO 要求的订单，除须有相应认证资格外，裁判可以要求在对应 ISO 栏中投入 1M 广告费。

在一个回合中，每投放 1M 广告费将获得一次选单机会，以后每多投 2M 增加一次选单机会。例如，投入 7M 表示最多有 4 次机会，但是能否有 4 次拿单机会取决于市场需求和竞争态势；投入 2M 只能拿一张订单，但是会比投入 1M 的优先拿到订单。

财务总监登记现金支出，并在盘面中取出相应现金放置于盘面“广告费”处。

（3）参加订货会选订单/登记订单。广告投放完毕，裁判将各队广告录入系统中，核实后，订货会开始：订货会按照（本地，P1）、（本地，P2）、（本地，P3）、（本地，P4）、（区域，P1）、（区域，P2）……（国际，P3）、（国际，P4）的顺序依次展开。每回合选单可能有若干轮，每轮选单中，各队按照排定的顺序，依次选单，但只能选一张订单。当所有队都选完一轮后，若还有订单，开始进行第二轮选单，依次类推，直到所有订单被选完或所有队退出选单为止，本回合结束。

特别提示：某个回合有多次选单机会，只要放弃一次，则视同放弃该回合以后为所有选单机会，但不影响后面回合选单。

选单排序规则如下。

- 上一年度本市场销售排名第一的企业，如在该市场没有违约记录，称为“市场老大”，则在本年该市场投入广告的产品中（指所有产品），优先选单（若有几队并列销售第一，则可以抓阄决定“市场老大”）。
- 除“市场老大”外按照各企业在某回合投放广告费的多少，排定选单顺序，投入多者优先。
- 如果在一个回合中投入的广告费用相同，按照投入本市场的广告费总和（即 P1、P2、P3 和 P4 的广告费之和），排定选单顺序。
- 如果本市场的广告总额也一样，按照上年本企业在该市场上实现的销售额排名，排定选单顺序。

- 如果上年实现的销售额也相同，则由抓阄决定或出价低者先选单。

下面以（本地，P3）回合为例，说明选单过程。各组广告投入及订单情况如图3-5所示。

第4年　A组（本地）					
产品	广告	单额	数量	ISO 9000	ISO 14000
P1				1	
P2					
P3	2				
P4					

第4年　B组（本地）					
产品	广告	单额	数量	ISO 9000	ISO 14000
P1				1	
P2					
P3	5				
P4					

第4年　C组（本地）					
产品	广告	单额	数量	ISO 9000	ISO 14000
P1					1
P2					
P3	1				
P4					

第4年　本地市场	
产品数量：	2 P3
产品单价：	8.5M/个
总 金 额：	17M
应收账期：	4Q

第4年　本地市场	
产品数量：	4 P3
产品单价：	8 M/个
总 金 额：	32 M
应收账期：	2Q
ISO 9000	

第4年　本地市场	
产品数量：	2 P3
产品单价：	9 M/个
总 金 额：	18 M
应收账期：	1Q
ISO 14000	

第4年　本地市场	
产品数量：	3 P3
产品单价：	7.6M/个
总 金 额：	23M
应收账期：	4Q

图3-5　选择订单

B先选了总价为32M的订单，A组选了总价为23M订单，C选了总价为18M订单。B还有二次选单机会，但只能选剩余的一张，选后状态如图3-6所示。

第4年　A组（本地）					
产品	广告	单额	数量	ISO 9000	ISO 14000
P1				1	
P2					
P3	2	23	3		
P4					

第4年　B组（本地）					
产品	广告	单额	数量	ISO 9000	ISO 14000
P1				1	
P2					
P3	5	32+17			
P4					

第4年　C组（本地）					
产品	广告	单额	数量	ISO 9000	ISO 14000
P1					1
P2					
P3	1	18	2		
P4					

图3-6　选单结果

订单有以下五个要素。

① 数量——要求各企业一次性按照规定数量交货，不得多交，不得少交，也不得拆

分交货。

② 订单总价——交货后企业将获得一定的应收款或现金。

③ 交货期——若是加急订单则必须在当年第 1 季度交货，否则可以在当年任一季度交货，但必须当年交货，不得拖到第 2 年。

④ 账期——在交货后过若干季度收到现金。如账期为 2Q，实际在第 3 季度完成交货，则将在下一年第 1 季度更新应收款时收到现金。

特别提示：收现时间从实际交货季度算起；若账期为 0，则交货时直接收到现金。

⑤ ISO 要求——分别有 ISO 9000 及 ISO 14000 两种认证，企业必须具备相应认证方可获得有认证要求的订单。

特别提示：实物沙盘经营是否需要对 ISO 单独投放广告由裁判决定。

各企业应根据相应产能、设备投资计划选取订单，注意避免接单不足导致设备闲置或盲目接单，无法按时交货。选单完毕，及时填写订单登记表。

登记销售订单：客户订单相当于与企业签订的订货合同，需要进行登记管理。销售主管领取订单后，负责将订单登记在“订单登记表”中，记录每张订单的订单号、所属市场、所订产品、产品数量、订单销售额、应收账期，如表 3-11 所示。

表 3-11　登记销售订单

订单号									合计
市场									
产品									
数量									
账期									
销售额									
成本									
毛利									
罚款									

交货时填写

客户订货会结束之后，销售主管将订单填写在“订单登记表”中。

销售主管（信息主管）可以在 MCM 工具“日常运营”—“交货登记”中进行订单查询。

（4）支付应付税（所得税）款。依法纳税是每个企业及公民的义务。请财务总监按照上一年利润表的“所得税”一项数值取出相应的现金放置于沙盘上“税金”处，并做好现金收支记录。

特别提示：当年交的是上一年产生的所得税。

（5）支付长贷利息。累计长贷×长贷利率=应付长贷利息，请财务总监取出相应现金放置于沙盘“利息”处。

（6）更新长期贷款/长期贷款还款。在盘面上将长贷空桶往现金方向推一格（表示一年），从现金库取出到期本金，归还至银行，并做好登记。

（7）申请长期贷款。如有授信额度，可以申请长贷，长贷申请额必须是10的倍数。可申请额度为

上一年所有者权益×贷款倍数（通常为3）−已有长短贷之和

财务总监去交易台获得相应数量长贷现金，做好现金登记；并在长期贷款相应借款年份位置做好标记。

特别提示：长贷可用空桶（一个表示20M）或纸条表示，最长可借5年，所得现金放置于“现金”处。

2. 每季度18项工作（4个季度重复进行4次）

（1）季初盘点。财务总监需要核对盘面现金与记录是否相符。

（2）更新短期贷款 / 短期贷款还本付息。更新短期贷款：如果企业有短期贷款，请财务总监将空桶向现金库方向移动一格。移至现金库时，表示短期贷款到期。

短期贷款还本付息：短期贷款的还款规则是利随本清。短期贷款到期时，每桶需要支付5%的利息，因此如有20M短贷，则本金与利息共计21M。财务总监从现金库中取出现金，其中20M还给银行，1M放置于沙盘上的“利息”处并做好现金收支记录。

（3）申请短期贷款。财务总监到银行办理贷款手续。可以申请的最高额度为：上一年所有者权益×贷款倍数（通常为3）−已有长短贷之和。短期贷款申请数量必须是20倍数。完成借款请将空桶（一个表示20M）或纸条置于短贷Q4位置处，做好标记。

（4）原材料入库 / 更新原料订单。供应商发出的订货已经运抵企业时，企业必须无条件接受货物并支付料款。采购总监将原料订单区中的空桶向原料方向推进一格，到达原料库时，向财务总监申请原料款，支付给供应商，换取相应的原料，同时做好现金登记。

（5）下原料订单。采购总监根据年初制订的采购计划，决定采购原料的品种及数量，每个空桶代表一个原料，将相应数量的空桶放置于对应品种的原料订单处。根据采购提前期，必须提前订货，如R1必须提前一个季度订货。

特别提示：在盘面中分别用红、黄、蓝、绿四种彩币表示R1、R2、R3、R4四种原料，价格均为1M/个。

（6）购买 / 租用厂房。厂房为一大（6条生产线）、一小（4条生产线），企业最多只可以使用一大一小两个厂房。企业在新建生产线之前，必须以买或租的方式获得厂房。选择租用，租金在开始租用的季度交付，即从现金处取等量灰币，放在租金费用处，并

将一只内放租金额字条的空桶放在 Q4 应付款处，每季度推进空桶。一年租期到期时，如果决定续租，需再次将相应的现金放在租金处，并将有租金字条的空桶放在 Q4 应付款处（注：并未发生应付款，仅作记账用）；如果决定买厂房，取出厂房价值等量现金放置于盘面上厂房价值处。

特别提示：生产线不可以在不同厂房之间移动位置。

（7）更新生产 / 完工入库。由生产总监将各生产线上的在制品推进一格（从小数目方格推到大数目方格）。产品下线表示产品完工，将产品放置于相应的产品库中。

（8）新建 / 在建 / 转产 / 变卖生产线。

① 新建生产线。投资新设备时，生产总监向裁判领取新生产线标识及产品标识，生产线标识翻转放置于厂房相应生产线位处，其上放置与该生产线安装周期相同的空桶数，每个季度向财务总监申请建设资金，额度=设备总购买价值 / 安装周期，财务总监做好现金收支记录。

特别提示：新建生产线便已经决定生产何种产品了，但不要求企业一定有该产品生产资格。

② 在建生产线。生产线购买之后，需要进行二期（含）以上投资的均为在建生产线，生产总监向财务总监申请建设资金，放置于空桶内，财务总监做好收支记录。

以自动线为例，安装周期为 3Q，总投资额为 15M，安装操作可按表 3-12 进行。

表 3-12　自动线安装操作

操作时间	投资额	安装完成
1Q	5M	启动 1 期安装
2Q	5M	完成 1 期安装，启动 2 期安装
3Q	5M	完成 2 期安装，启动 3 期安装
4Q		完成 3 期安装，生产线建成

投资生产线的支付不一定需要连续，可以在投资过程中中断投资，也可以在中断投资之后的任何季度继续投资，但必须按照表 3-12 的投资原则进行操作。

特别提示：

- 一条生产线待最后一期投资到位后，必须到下一季度才算安装完成，允许投入使用。
- 生产线安装完成后，盘面上必须将投资额放在设备价值处，以证明生产线安装完成，并将生产线标识翻转过来。
- 参赛队之间不允许相互购买生产线，只允许向设备供应商（管理员）购买。
- 手工生产线安装不需要时间，随买随用。

③ 生产线转产。生产线转产是指生产线转产生产其他产品。不同生产线类型转产所需要的调整时间和资金投入是不同的，可参阅具体规则。如果需要转产且该生产线需要一定的转产周期和转产费用，请生产总监翻转生产线标识，领取新的产品标识，按季度向财务总监申请并支付转产费用放于生产线标识上；停工满足转产周期要求并支付全部转产费用后，再次翻转生产线标识，开始新的生产。财务总监做好现金收支，并将转产费放于盘面相应位置处。

以自动线为例，转产需要一个周期，共2M转产费，在第1季度开始转产，投资2M转产费，第2季度完成转产，可以生产新产品。

特别提示：手工线、柔性线可以生产任何产品，无须转产。

④ 变卖生产线。将变卖的生产线按残值放入现金区，其他剩余价值（净值-残值）放入“其他”费用处，计入当年“综合费用”，并将生产线交还给供应商即可完成变卖。

特别提示：在建及在产的生产线不可以变卖，转产中的生产线可以变卖。

（9）开始下一批生产。更新生产/完工入库后，某些生产线的在制品已经完工，同时某些生产线已经建成，可以考虑开始生产新产品。如果有该产品生产资格，由生产总监按照产品结构从原料库中取出原料，并向财务总监申请产品加工费，将上线产品摆放到第一生产周期上。

特别提示：

- 下一批生产前提有三个：原料、加工费、生产资格。
- 任何一条生产线只能有一个在产品。

（10）更新应收款 / 应收款收现。财务总监将应收款向现金库方向推进一格，到达现金库时即成为现金，须做好现金收支记录。

（11）按订单交货。营销总监检查各成品库中的成品数量是否满足客户订单要求，满足则按照客户订单交付约定数量的产品给客户。客户检查数量和交货期是否满足订单要求，满足则收货，并按订单上列明的条件支付货款，若为现金（0账期）付款，营销总监直接将现金置于现金库，财务总监做好现金收支记录；若为应收账款，营销总监将现金置于应收款相应账期处。

特别提示：

- 必须按订单整单交货。
- 加急订单必须第1季交货，其余订单必须在当年交货，违约则收回当年订单。

（12）产品研发投资。按照年初制定的产品研发计划，营销总监向财务总监申请研发资金，置于相应产品生产资格的位置，并做好现金收支记录。

（13）厂房——出售（买转租）/ 退租 / 租转买。如果企业已租或已购买了厂房，可以进行如下处理。

① 如果已购买的厂房中没有安装生产线，可卖出，增加 Q4 账期应收款，将代表厂房价值的现金放置于 Q4 应收账款的位置。

② 如果已购买的厂房中有生产线，卖出后增加 Q4 账期应收款，并自动转为租用，从现金中扣除一年租金（将租金放在租金费用处），记下起租的季度（在应付账款 Q4 处放一只内放租金额字条的空桶）。

③ 如果租用的厂房已满一年（如第 1 年第 2 季租，则第 2 年第 2 季称为满一年），可以进行如下处理。

- 不论是否有生产线，均可支付现金，转为购买（租转买），此时，只需要按厂房的购买价格（大厂房 40M，小厂房 30M）扣除足量现金即可。
- 如果厂房中没有生产线，可以选择退租，在盘面中将相应应付款处的空桶取走。
- 对已租用的厂房继续租用时，可在当季结束时交下一年租金（和管理费同时交纳，后面有进一步说明）。

（14）新市场开拓/ISO 资格投资。营销总监向财务总监申请市场开拓/ISO 资格投资费用，财务总监取出现金放置在要开拓的市场及 ISO 认证处。

特别提示：

- 只有每年第 4 季允许该操作。
- 可以中断投资，但不可以加速投资。

（15）支付管理费 / 更新厂房租金。管理费是企业为了维持运营发放的管理人员工资、必要的差旅费、招待费等。财务总监每季取出 1M 摆放在“管理费”处，并做好现金收支记录。

在应付款处如果有租金字条的空桶更新满一年（四季度），则需要续租厂房，现金库中取出下一年租金放于盘面租金处，并将有租金字条的空桶放应付款四季度处。

特别提示：营销总监此时应携带开发费去裁判处换取生产资格标识。

（16）现金收入合计。财务总监统计本季度现金收入总额。

（17）现金支出合计。财务总监统计本季度现金支出总额。

特别提示：第 4 季度统计的现金收支数字中包括四季度本身和年底发生的。

（18）期末现金对账。财务总监盘点现金余额，并进行核对。

特别提示：以上 18 项工作每个季度均要进行。

3. 年末 5 项工作

（1）交纳违约订单罚款。企业经营，诚信为本。如果未能及时交货，需要接受一定的惩罚，有以下几条。

① 按订单销售额一定比例交纳罚款，并直接从现金中扣除，计入当年“其他”费用项。

② 收回该订单。

③ 即使在该市场完成的销售额最高，也无权获得“市场老大”的地位。

请财务总监做好现金支出登记。

（2）支付设备维修费。已经建成的每条生产线需要支付 1M/年的维修费，生产总监向财务总监提出申请，财务总监取出现金放置于盘面“维修费”处，并做好现金收支记录。

特别提示：当年建成的生产线（不论在哪一季度）均需要支付设备维修费。

（3）计提折旧。固定资产折旧是指固定资产出于损耗而转移到生产经营管理成果中去的那部分以货币表现的价值，以折旧的形式计入生产经营成本。厂房不提折旧，设备（生产线）按平均年限法计提折旧，在建工程及当年新建设备不提折旧。财务主管从生产线净值中取折旧费放置于沙盘上的“折旧”处。

提示：

计提折旧时只可能涉及生产线净值和其他费用两个项目，与现金流无关，因此在企业运营流程中标注了“()”以示区别，计算现金收/支合计时不应考虑该项目。

（4）新市场开拓/ISO 资格认证投资。新市场开拓：市场主管向财务主管申请市场开拓费，财务主管取出现金放置在要开拓的市场区域，会计主管做好现金支出记录。市场开发完成，从指导教师处领取相应市场准入证。

ISO 认证投资：人力资源主管向财务主管申请 ISO 认证费用，财务主管取出现金放置在要认证的项目上，会计主管做好现金支出记录。认证完成，从指导教师处领取 ISO 资格证。

信息主管可以在 MCM 工具的“日常运营”—“资质查询”中查询本企业产品研发进展情况、市场开拓进展情况、ISO 资质认证进展情况。

（5）结账。结账时，由信息主管在 MCM 工具进行年度业务确认。如果本年有未交货订单，系统自动在“交货登记”中做出标记，并在“综合费用明细表”中自动记录罚款金额。会计主管需要编制产品核算统计表、综合管理费用明细表、利润表和资产负债表。

信息主管可以在 MCM 工具的“报表登记”中进行本年报表录入；报表录入完成后进行“年度关账”。年度结束之后，指导教师将会取走沙盘上企业已支出的各项成本，为来年做好准备。

4. 四项特殊工作（随时可以进行）

（1）紧急采购。有两种情况会用到此功能。

① 如果下一批生产原材料不够，又需要当期使用，可以用成本价的 2 倍现金采购原料，采购总监提出申请，用一个灰币（现金）换取原料（彩币）；另外，将一个灰币（现

金）置于盘面“其他”处。

② 按订单交货发现产成品库存不足，可以用直接成本 3 倍价格采购，以直接成本价值现金去管理员处换取成品；另将 2 倍直接成本现金放置于盘面“其他”处。

（2）出售库存。一旦现金断流，可以用此方式融资。产品可以按照成本价售出，原料按照八折（该参数可调整）的价格售出，即直接成本为 10M 原料回收 8M 现金；若收回现金出现小数则向下取整，如出售直接成本 8M 原料，收回 6M 现金。

携带产品或原料到交易处兑换相当于直接成本价值现金，折价部分置于盘面“其他”处。

（3）贴现。贴现是指将未来可以收到的应收账款提前收取，并付一定的费用。不同账期的应收款采用不同的贴现率，1、2 期应收款按 1∶10（10M 应收款扣 1M 贴息，小于 10M 的贴现均收取 1M 贴息）的比例贴现，3、4 期应收款按 1∶8（8M 应收款扣 1M 贴息，小于 8M 的贴现也收取 1M 贴息）。只要有足够的应收账款，可以随时贴现（包括次年支付广告费时，也可使用应收贴现）。从应收款中取出收现部分放于盘面“现金”处，其余放于“贴息”处。

特别提示：可将 1、2 期应收款加总贴现，如 1 期贴 4M，2 期贴 6M，则总共扣 1M 贴息；3、4 期操作相同。

（4）厂房贴现。正常情况下出售厂房后，直接转入 4Q 的应收账款。但在急用的情况下，并且操作步骤没有轮到变卖厂房的操作时，可以利用本功能直接将厂房的价值按照 4Q 应收账款贴现（按 1∶8 的比例）：可将厂房价值分别转入现金、租金及贴息处。

例：如果紧急出售有生产线的大厂房，将实际转入现金 30M，其中 5M 转入贴现费用、5M 转入厂房租金。如果紧急出售的大厂房中无生产线，则将转入现金 35M。

为方便读者熟悉规则并查询，将规则汇总置于附录 1。

5. 账务处理及经营报表生成

表 3-13 列出经营流程表中各项任务对应的账务处理要点。

表 3-13　账务处理要点

流　　程	说　　明
新年度规划会议	无
投放广告	计入综合费用表广告费
参加订货会选订单 / 登记订单	无
支付应付税	无
支付长贷利息	计入利润表财务费用

续表

流　　程	说　　明
更新长期贷款/长期贷款还款	无
申请长期贷款	无
季初盘点（请填余额）	无
更新短期贷款/短期贷款还本付息	利息计入利润表财务费用
申请短期贷款	无
原材料入库/更新原料订单	无
下原料订单	无
购买/租用厂房	计入综合费用表厂房租金
更新生产/完工入库	无
新建/在建/转产 / 变卖生产线	计入综合费用表转产费或其他损失
紧急采购（随时进行）	计入综合费用表其他损失
开始下一批生产	无
更新应收款/应收款收现	无
按订单交货	计入利润表销售收入和直接成本
产品研发投资	计入综合费用表产品研发
厂房出售（买转租）/退租/租转买	计入综合费用表厂房租金或其他
新市场开拓/ISO 资格投资	计入综合费用表 ISO 资格认证
支付管理费/更新厂房租金	计入综合费用表管理费及厂房租金
出售库存	计入综合费用表其他损失
厂房贴现	租金计入综合费用表，贴息计入利润表财务费用
应收款贴现	贴息计入利润表财务费用
交纳违约订单罚款	计入综合费用表其他损失
支付设备维修费	计入综合费用表设备维修费
计提折旧	计入利润表折旧
新市场/ISO 资格换证	无

完成一年经营后，首先根据盘面各费用项可以生成综合费用表，之后再生成利润表 3-14。

表 3-14　利润表数据来源及钩稽关系

编号	项目	数据来源	钩稽关系
1	销售收入	产品核算统计表	—
2	直接成本	同上	—
3	毛利		=1-2
4	综合费用	综合费用表	—
5	折旧前利润		=3-4
6	折旧	盘面	—
7	支付利息前利润		=5-6
8	财务费用	盘面	—
9	税前利润		=7-8

续表

编号	项目	数据来源	钩稽关系
10	所得税	税前利润的 25%	—
11	年度净利润		=9−10

注：销售收入——不论该销售有无收现，均计入当年销售收入。
直接成本——已经实现销售的成品直接成本。
财务费用——含长贷利息、短贷利息及贴息（只计已经付现的费用）。

完成利润表后，可以生成资产负债表 3-15。

表 3-15　资产负债表数据来源及钩稽关系

项　目	来 源 说 明	项　目	来 源 说 明
现金	盘面	长期负债	盘面
应收款	盘面	短期负债	盘面
在制品	盘面	应交所得税	本年利润表
产成品	盘面	—	—
原材料	盘面	—	—
流动资产合计	以上 5 项目之和	负债合计	以上 3 项之和
厂房	盘面	股东资本	初始设定（不变）
生产线	盘面	利润留存	上年利润留存+上年年度净利润
在建工程	盘面	年度净利润	本年利润表
固定资产合计	以上三项之和	所有者权益合计	以上三项之和
资产总计	流动资产合计+固定资产总计	负债和所有者权益总计	负债合计+所有者权益总计

四、关于操作记录

在操作中，不同角色的用表填法不同。CEO 的用表，主要是控制企业按流程运行，在完成每项工作后画勾即可。财务总监的企业运行流程表中，主要填写的是现金流入、流出的数字，不涉及现金流入、流出的项目不填写数字，画勾、叉或星号即可；在资产负债表中，产成品和在制品科目填的是产成品和在制品的价值金额，而不是个数。营销总监用表填写的是产成品的数量；生产总监用表填的是在制品的数量，采购主管填写的是原材料订货和采购的数量。

COO 的用表与 CEO 为同一个表，主要是监督企业按流程运行，在团队成员完成每项工作后画勾。专门的情报人员使用营销总监的用表。

还有一点要特别说明的，就是应严格按照模拟企业运行流程一步步运作，不要跳跃式运行。短期贷款是每个季初都能贷，而长期贷款只有年底（电子沙盘在年初）才能贷。

在现金流运行到年底时就要决定是不是要增加长期贷款，而不是等到结完账后，甚至是下一年已经开始运行时，才想要长期贷款。

企业的实际运营过程是相当复杂的，在“ERP 沙盘模拟实践”课程中，我们用“企业运营流程”简化了企业的实际运营过程。企业运营流程中反映了两个内容：一是企业经营过程中必须做的各项工作；二是开展各项工作时需要遵循的先后顺序，可以说，企业运营流程是我们进行企业经营活动的指南。企业运营流程如表 3-16 所示。

表 3-16 企业运营流程

分工说明与记录工具

1. 总经理对企业运营流程负责——“企业运营流程”。
2. 会计主管负责记录现金收支情况——“企业运营流程”。
3. 销售主管负责进行广告投放和订单登记——“分组竞单表”“订单登记表”。
4. 生产主管负责产品生产及设备投资——“产品生产及设备投资”。
5. 供应主管负责材料采购及付款——“材料采购及付款记录”。
6. 财务主管负责现金预算和贷还款登记——“现金预算表”“贷款登记”。
7. 信息主管负责在计算机中登记相关信息——“广告投放”“组间交易记录”“报表登记”“数据查询和分析”。

企业运营流程
请按顺序执行下列各项操作。

每执行完一项工作，总经理请在相应的方格内画勾。
会计主管在方格中填写现金收支情况。

内容	一季度	二季度	三季度	四季度
新年度规划会议				
参加订货会/支付广告费/登记销售订单				
制订新年度计划				
支付应付税				
更新短期贷款/还本付息/申请短期贷款（高利贷）				
更新应付款/归还应付款				
原材料入库/更新原料订单				
下原料订单				
更新生产/完工入库				
投资新生产线/变卖生产线/生产线转产				
向其他企业购买原材料/出售原材料				
开始下一批生产				

续表

内容	一季度	二季度	三季度	四季度
更新应收款/应收款收现				
出售厂房				
向其他企业购买成品/出售成品				
按订单交货				
产品研发投资				
支付行政管理费				
其他现金收支情况登记				
支付利息/更新长期贷款/申请长期贷款				
支付设备维护费				
支付租金/购买厂房				
计提折旧				（ ）
新市场开拓/ISO 资格认证投资				
信息化建设投资				
结账				
现金收入合计				
现金支出合计				
期末现金对账（请填余额）				

企业运营流程中，按照时间顺序分为年初 4 项工作、按季度执行的 19 项工作和年末需要做的 7 项工作。执行企业运营流程时由总经理主持，团队成员各司其职，有条不紊，每执行完一项任务，总经理在方格中画勾作为完成标志。

现金是企业的“血液”。伴随着企业各项活动的进行，会发生现金的流动。为了清晰记录现金的流入和流出，我们在企业运营流程中设置了现金收支明细登记。总经理带领大家每执行一项任务时，如果涉及现金收付，财务主管负责现金收付，会计主管要相应地在方格内登记现金收支情况。

提示：

- 执行企业运营流程时，必须按照自上而下、自左至右的顺序严格执行。
- 每个角色都要关注自己需要负责什么工作，自己和其他部门的工作关系是怎样的，最好对自己负责的几项工作标注特殊标记。

第四节 ERP实物沙盘模拟记录册

ERP实物沙盘模拟实训

经营模拟过程记录册

公司名称：______________________

职　　务：______________________

姓　　名：______________________

学　　号：______________________

日　　期：______________________

教学年

企业经营过程记录表

企业经营流程 请按顺序执行下列各项操作。		每执行完一项操作，CEO 请在相应的方格内打勾。 财务总监（助理）在方格中填写现金收支情况。			
1	新年度规划会议				
2	参加订货会/登记销售订单				
3	制订新年度计划				
4	支付应付税				
5	季初现金盘点（请填余额）				
6	更新短期贷款/还本付息/申请短期贷款（高利贷）				
7	更新应付款/归还应付款				
8	原材料入库/更新原料订单				
9	下原料订单				
10	更新生产/完工入库				
11	投资新生产线/变卖生产线/生产线转产				
12	向其他企业购买原材料/出售原材料				
13	开始下一批生产				
14	更新应收款/应收款收现				
15	出售厂房				
16	向其他企业购买成品/出售成品				
17	按订单交货				
18	产品研发投资				
19	支付行政管理费				
20	其他现金收支情况登记				
21	支付利息/更新长期贷款/申请长期贷款				
22	支付设备维护费				
23	支付租金/购买厂房				
24	计提折旧				（ ）
25	新市场开拓/ISO 资格认证投资				
26	结账				
27	现金收入合计				
28	现金支出合计				
29	期末现金对账（请填余额）				

订单登记表

订单号											合计
市场											
产品											
数量											
账期											
销售额											
成本											
毛利											
未售											

产品核算统计表

	P1	P2	P3	P4	合计
数量					
销售额					
成本					
毛利					

组间交易明细表

买　入			卖　出		
产品	数量	金额	产品	数量	金额

综合管理费用明细表　　单位：百万

项　目	金　额	备　注
管理费		
广告费		
设备维护费		
租金		
转产费		
市场准入开拓		□区域　□国内　□亚洲　□国际
ISO 资格认证		□ISO9000　□ISO14000
产品研发		P2（　）P3（　）P4（　）
其他		
合计		

利 润 表

项 目	上 年 数	本 年 数
销售收入		
直接成本		
毛利		
综合费用		
折旧前利润		
折旧		
支付利息前利润		
财务收入/支出		
其他收入/支出		
税前利润		
所得税		
净利润		

资产负债表

资 产	期 初 数	期 末 数	负债和所有者权益	期 初 数	期 末 数
流动资产：			负债：		
现金			长期负债		
应收款			短期负债		
在制品			应付账款		
成品			应交税金		
原料			一年内到期的长期负债		
流动资产合计			负债合计		
固定资产：			所有者权益：		
土地和建筑			股东资本		
机器与设备			利润留存		
在建工程			年度净利		
固定资产合计			所有者权益合计		
资产总计			负债和所有者权益总计		

第1年

第1年资金预算表

时间（季）	1	2	3	4
期初库存现金				
支付上年应交税				
市场广告投入				
贴现费用				
利息（短期贷款）				
支付到期短期贷款				
原料采购支付现金				
转产费用				
生产线投资				
工人工资				
产品研发投资				
收到现金前的所有支出				
应收款到期				
支付管理费用				
利息（长期贷款）				
支付到期长期贷款				
设备维护费用				
租金				
购买新建筑				
市场开拓投资				
ISO认证投资				
其他				
库存现金余额				

要点记录

第1季度：________________

第2季度：________________

第3季度：________________

第4季度：________________

年底小结：________________

____

第 1 年企业经营流程表

企业经营流程 请按顺序执行下列各项操作。		每执行完一项操作，CEO 请在相应的方格内打勾。 财务总监（助理）在方格中填写现金收支情况。			
1	新年度规划会议				
2	参加订货会/登记销售订单				
3	制订新年度计划				
4	支付应付税				
5	季初现金盘点（请填余额）				
6	更新短期贷款/还本付息/申请短期贷款（高利贷）				
7	更新应付款/归还应付款				
8	原材料入库/更新原料订单				
9	下原料订单				
10	更新生产/完工入库				
11	投资新生产线/变卖生产线/生产线转产				
12	向其他企业购买原材料/出售原材料				
13	开始下一批生产				
14	更新应收款/应收款收现				
15	出售厂房				
16	向其他企业购买成品/出售成品				
17	按订单交货				
18	产品研发投资				
19	支付行政管理费				
20	其他现金收支情况登记				
21	支付利息/更新长期贷款/申请长期贷款				
22	支付设备维护费				
23	支付租金/购买厂房				
24	计提折旧				（ ）
25	新市场开拓/ISO 资格认证投资				
26	结账				
27	现金收入合计				
28	现金支出合计				
29	期末现金对账（请填余额）				

订单登记表

订单号											合计
市场											
产品											
数量											
账期											
销售额											
成本											
毛利											
未售											

产品核算统计表

	P1	P2	P3	P4	合计
数量					
销售额					
成本					
毛利					

组间交易明细表

买　入			卖　出		
产品	数量	金额	产品	数量	金额

综合管理费用明细表

单位：百万

项　目	金　额	备　注
管理费		
广告费		
设备维护费		
租金		
转产费		
市场准入开拓		□区域　□国内　□亚洲　□国际
ISO 资格认证		□ISO9000　□ISO14000
产品研发		P2（　）P3（　）P4（　）
其他		
合计		

利　润　表

项　　目	上　年　数	本　年　数
销售收入		
直接成本		
毛利		
综合费用		
折旧前利润		
折旧		
支付利息前利润		
财务收入/支出		
其他收入/支出		
税前利润		
所得税		
净利润		

资产负债表

资　　产	期　初　数	期　末　数	负债和所有者权益	期　初　数	期　末　数
流动资产：			负债：		
现金			长期负债		
应收款			短期负债		
在制品			应付账款		
成品			应交税金		
原料			一年内到期的长期负债		
流动资产合计			负债合计		
固定资产：			所有者权益：		
土地和建筑			股东资本		
机器与设备			利润留存		
在建工程			年度净利		
固定资产合计			所有者权益合计		
资产总计			负债和所有者权益总计		

第2年

第2年资金预算表

时间（季）	1	2	3	4
期初库存现金				
支付上年应交税				
市场广告投入				
贴现费用				
利息（短期贷款）				
支付到期短期贷款				
原料采购支付现金				
转产费用				
生产线投资				
工人工资				
产品研发投资				
收到现金前的所有支出				
应收款到期				
支付管理费用				
利息（长期贷款）				
支付到期长期贷款				
设备维护费用				
租金				
购买新建筑				
市场开拓投资				
ISO 认证投资				
其他				
库存现金余额				

要点记录

第1季度：____________________

第2季度：____________________

第3季度：____________________

第4季度：____________________

年底小结：____________________

第 2 年企业经营流程表

企业经营流程 请按顺序执行下列各项操作。		每执行完一项操作，CEO 请在相应的方格内打勾。 财务总监（助理）在方格中填写现金收支情况。			
1	新年度规划会议				
2	参加订货会/登记销售订单				
3	制订新年度计划				
4	支付应付税				
5	季初现金盘点（请填余额）				
6	更新短期贷款/还本付息/申请短期贷款（高利贷）				
7	更新应付款/归还应付款				
8	原材料入库/更新原料订单				
9	下原料订单				
10	更新生产/完工入库				
11	投资新生产线/变卖生产线/生产线转产				
12	向其他企业购买原材料/出售原材料				
13	开始下一批生产				
14	更新应收款/应收款收现				
15	出售厂房				
16	向其他企业购买成品/出售成品				
17	按订单交货				
18	产品研发投资				
19	支付行政管理费				
20	其他现金收支情况登记				
21	支付利息/更新长期贷款/申请长期贷款				
22	支付设备维护费				
23	支付租金/购买厂房				
24	计提折旧				（ ）
25	新市场开拓/ISO 资格认证投资				
26	结账				
27	现金收入合计				
28	现金支出合计				
29	期末现金对账（请填余额）				

订单登记表

订单号											合计
市场											
产品											
数量											
账期											
销售额											
成本											
毛利											
未售											

产品核算统计表

	P1	P2	P3	P4	合计
数量					
销售额					
成本					
毛利					

组间交易明细表

买　入			卖　出		
产品	数量	金额	产品	数量	金额

综合管理费用明细表　　单位：百万

项　目	金　额	备　注
管理费		
广告费		
设备维护费		
租金		
转产费		
市场准入开拓		□区域　□国内　□亚洲　□国际
ISO 资格认证		□ISO 9000　□ISO 14000
产品研发		P2（　）　P3（　）　P4（　）
其他		
合计		

利 润 表

项　　目	上 年 数	本 年 数
销售收入		
直接成本		
毛利		
综合费用		
折旧前利润		
折旧		
支付利息前利润		
财务收入/支出		
其他收入/支出		
税前利润		
所得税		
净利润		

资产负债表

资　　产	期 初 数	期 末 数	负债和所有者权益	期 初 数	期 末 数
流动资产：			负债：		
现金			长期负债		
应收款			短期负债		
在制品			应付账款		
成品			应交税金		
原料			一年内到期的长期负债		
流动资产合计			负债合计		
固定资产：			所有者权益：		
土地和建筑			股东资本		
机器与设备			利润留存		
在建工程			年度净利		
固定资产合计			所有者权益合计		
资产总计			负债和所有者权益总计		

第3年

第3年资金预算表

时间（季）	1	2	3	4
期初库存现金				
支付上年应交税				
市场广告投入				
贴现费用				
利息（短期贷款）				
支付到期短期贷款				
原料采购支付现金				
转产费用				
生产线投资				
工人工资				
产品研发投资				
收到现金前的所有支出				
应收款到期				
支付管理费用				
利息（长期贷款）				
支付到期长期贷款				
设备维护费用				
租金				
购买新建筑				
市场开拓投资				
ISO 认证投资				
其他				
库存现金余额				

要点记录

第1季度：______

第2季度：______

第3季度：______

第4季度：______

年底小结：______

______

第 3 年企业经营流程表

企业经营流程 请按顺序执行下列各项操作。		每执行完一项操作，CEO 请在相应的方格内打勾。 财务总监（助理）在方格中填写现金收支情况。			
1	新年度规划会议				
2	参加订货会/登记销售订单				
3	制订新年度计划				
4	支付应付税				
5	季初现金盘点（请填余额）				
6	更新短期贷款/还本付息/申请短期贷款（高利贷）				
7	更新应付款/归还应付款				
8	原材料入库/更新原料订单				
9	下原料订单				
10	更新生产/完工入库				
11	投资新生产线/变卖生产线/生产线转产				
12	向其他企业购买原材料/出售原材料				
13	开始下一批生产				
14	更新应收款/应收款收现				
15	出售厂房				
16	向其他企业购买成品/出售成品				
17	按订单交货				
18	产品研发投资				
19	支付行政管理费				
20	其他现金收支情况登记				
21	支付利息/更新长期贷款/申请长期贷款				
22	支付设备维护费				
23	支付租金/购买厂房				
24	计提折旧				（ ）
25	新市场开拓/ISO 资格认证投资				
26	结账				
27	现金收入合计				
28	现金支出合计				
29	期末现金对账（请填余额）				

订单登记表

订单号											合计
市场											
产品											
数量											
账期											
销售额											
成本											
毛利											
未售											

产品核算统计表

	P1	P2	P3	P4	合计
数量					
销售额					
成本					
毛利					

组间交易明细表

买　入			卖　出		
产品	数量	金额	产品	数量	金额

综合管理费用明细表　　单位：百万

项　目	金　额	备　注
管理费		
广告费		
设备维护费		
租金		
转产费		
市场准入开拓		□区域　□国内　□亚洲　□国际
ISO 资格认证		□ISO9000　□ISO14000
产品研发		P2（　）P3（　）P4（　）
其他		
合计		

利 润 表

项 目	上 年 数	本 年 数
销售收入		
直接成本		
毛利		
综合费用		
折旧前利润		
折旧		
支付利息前利润		
财务收入/支出		
其他收入/支出		
税前利润		
所得税		
净利润		

资产负债表

资 产	期 初 数	期 末 数	负债和所有者权益	期 初 数	期 末 数
流动资产：			负债：		
现金			长期负债		
应收款			短期负债		
在制品			应付账款		
成品			应交税金		
原料			一年内到期的长期负债		
流动资产合计			负债合计		
固定资产：			所有者权益：		
土地和建筑			股东资本		
机器与设备			利润留存		
在建工程			年度净利		
固定资产合计			所有者权益合计		
资产总计			负债和所有者权益总计		

第 4 年

第 4 年资金预算表

时间（季）	1	2	3	4
期初库存现金				
支付上年应交税				
市场广告投入				
贴现费用				
利息（短期贷款）				
支付到期短期贷款				
原料采购支付现金				
转产费用				
生产线投资				
工人工资				
产品研发投资				
收到现金前的所有支出				
应收款到期				
支付管理费用				
利息（长期贷款）				
支付到期长期贷款				
设备维护费用				
租金				
购买新建筑				
市场开拓投资				
ISO 认证投资				
其他				
库存现金余额				

要点记录

第 1 季度：______________________________

第 2 季度：______________________________

第 3 季度：______________________________

第 4 季度：______________________________

年底小结：______________________________

____

第 4 年企业经营流程表

企业经营流程 请按顺序执行下列各项操作。		每执行完一项操作，CEO 请在相应的方格内打勾。 财务总监（助理）在方格中填写现金收支情况。			
1	新年度规划会议				
2	参加订货会/登记销售订单				
3	制订新年度计划				
4	支付应付税				
5	季初现金盘点（请填余额）				
6	更新短期贷款/还本付息/申请短期贷款（高利贷）				
7	更新应付款/归还应付款				
8	原材料入库/更新原料订单				
9	下原料订单				
10	更新生产/完工入库				
11	投资新生产线/变卖生产线/生产线转产				
12	向其他企业购买原材料/出售原材料				
13	开始下一批生产				
14	更新应收款/应收款收现				
15	出售厂房				
16	向其他企业购买成品/出售成品				
17	按订单交货				
18	产品研发投资				
19	支付行政管理费				
20	其他现金收支情况登记				
21	支付利息/更新长期贷款/申请长期贷款				
22	支付设备维护费				
23	支付租金/购买厂房				
24	计提折旧				（ ）
25	新市场开拓/ISO 资格认证投资				
26	结账				
27	现金收入合计				
28	现金支出合计				
29	期末现金对账（请填余额）				

订单登记表

订单号											合计
市场											
产品											
数量											
账期											
销售额											
成本											
毛利											
未售											

产品核算统计表

	P1	P2	P3	P4	合计
数量					
销售额					
成本					
毛利					

组间交易明细表

买　入			卖　出		
产品	数量	金额	产品	数量	金额

综合管理费用明细表　　单位：百万

项　目	金　额	备　注
管理费		
广告费		
设备维护费		
租金		
转产费		
市场准入开拓		□区域　□国内　□亚洲　□国际
ISO资格认证		□ISO9000　□ISO14000
产品研发		P2（　）P3（　）P4（　）
其他		
合计		

利 润 表

项 目	上 年 数	本 年 数
销售收入		
直接成本		
毛利		
综合费用		
折旧前利润		
折旧		
支付利息前利润		
财务收入/支出		
其他收入/支出		
税前利润		
所得税		
净利润		

资产负债表

资 产	期 初 数	期 末 数	负债和所有者权益	期 初 数	期 末 数
流动资产：			负债：		
现金			长期负债		
应收款			短期负债		
在制品			应付账款		
成品			应交税金		
原料			一年内到期的长期负债		
流动资产合计			负债合计		
固定资产：			所有者权益：		
土地和建筑			股东资本		
机器与设备			利润留存		
在建工程			年度净利		
固定资产合计			所有者权益合计		
资产总计			负债和所有者权益总计		

第5年

第5年资金预算表

时间（季）	1	2	3	4
期初库存现金				
支付上年应交税				
市场广告投入				
贴现费用				
利息（短期贷款）				
支付到期短期贷款				
原料采购支付现金				
转产费用				
生产线投资				
工人工资				
产品研发投资				
收到现金前的所有支出				
应收款到期				
支付管理费用				
利息（长期贷款）				
支付到期长期贷款				
设备维护费用				
租金				
购买新建筑				
市场开拓投资				
ISO 认证投资				
其他				
库存现金余额				

要点记录

第1季度：______________________________

第2季度：______________________________

第3季度：______________________________

第4季度：______________________________

年底小结：______________________________

____

第 5 年企业经营流程表

企业经营流程 请按顺序执行下列各项操作。		每执行完一项操作，CEO 请在相应的方格内打勾。 财务总监（助理）在方格中填写现金收支情况。			
1	新年度规划会议				
2	参加订货会/登记销售订单				
3	制订新年度计划				
4	支付应付税				
5	季初现金盘点（请填余额）				
6	更新短期贷款/还本付息/申请短期贷款（高利贷）				
7	更新应付款/归还应付款				
8	原材料入库/更新原料订单				
9	下原料订单				
10	更新生产/完工入库				
11	投资新生产线/变卖生产线/生产线转产				
12	向其他企业购买原材料/出售原材料				
13	开始下一批生产				
14	更新应收款/应收款收现				
15	出售厂房				
16	向其他企业购买成品/出售成品				
17	按订单交货				
18	产品研发投资				
19	支付行政管理费				
20	其他现金收支情况登记				
21	支付利息/更新长期贷款/申请长期贷款				
22	支付设备维护费				
23	支付租金/购买厂房				
24	计提折旧				（ ）
25	新市场开拓/ISO 资格认证投资				
26	结账				
27	现金收入合计				
28	现金支出合计				
29	期末现金对账（请填余额）				

订单登记表

订单号											合计
市场											
产品											
数量											
账期											
销售额											
成本											
毛利											
未售											

产品核算统计表

	P1	P2	P3	P4	合计
数量					
销售额					
成本					
毛利					

组间交易明细表

买　入			卖　出		
产品	数量	金额	产品	数量	金额

综合管理费用明细表　　单位：百万

项　目	金　额	备　注
管理费		
广告费		
设备维护费		
租金		
转产费		
市场准入开拓		□区域　□国内　□亚洲　□国际
ISO 资格认证		□ISO9000　□ISO14000
产品研发		P2（　）P3（　）P4（　）
其他		
合计		

利 润 表

项 目	上 年 数	本 年 数
销售收入		
直接成本		
毛利		
综合费用		
折旧前利润		
折旧		
支付利息前利润		
财务收入/支出		
其他收入/支出		
税前利润		
所得税		
净利润		

资产负债表

资 产	期 初 数	期 末 数	负债和所有者权益	期 初 数	期 末 数
流动资产：			负债：		
现金			长期负债		
应收款			短期负债		
在制品			应付账款		
成品			应交税金		
原料			一年内到期的长期负债		
流动资产合计			负债合计		
固定资产：			所有者权益：		
土地和建筑			股东资本		
机器与设备			利润留存		
在建工程			年度净利		
固定资产合计			所有者权益合计		
资产总计			负债和所有者权益总计		

第6年

第6年资金预算表

时间（季）	1	2	3	4
期初库存现金				
支付上年应交税				
市场广告投入				
贴现费用				
利息（短期贷款）				
支付到期短期贷款				
原料采购支付现金				
转产费用				
生产线投资				
工人工资				
产品研发投资				
收到现金前的所有支出				
应收款到期				
支付管理费用				
利息（长期贷款）				
支付到期长期贷款				
设备维护费用				
租金				
购买新建筑				
市场开拓投资				
ISO 认证投资				
其他				
库存现金余额				

要点记录

第1季度：________________

第2季度：________________

第3季度：________________

第4季度：________________

年底小结：________________

____

第 6 年企业经营流程表

企业经营流程 请按顺序执行下列各项操作。		每执行完一项操作，CEO 请在相应的方格内打勾。 财务总监（助理）在方格中填写现金收支情况。			
1	新年度规划会议				
2	参加订货会/登记销售订单				
3	制订新年度计划				
4	支付应付税				
5	季初现金盘点（请填余额）				
6	更新短期贷款/还本付息/申请短期贷款（高利贷）				
7	更新应付款/归还应付款				
8	原材料入库/更新原料订单				
9	下原料订单				
10	更新生产/完工入库				
11	投资新生产线/变卖生产线/生产线转产				
12	向其他企业购买原材料/出售原材料				
13	开始下一批生产				
14	更新应收款/应收款收现				
15	出售厂房				
16	向其他企业购买成品/出售成品				
17	按订单交货				
18	产品研发投资				
19	支付行政管理费				
20	其他现金收支情况登记				
21	支付利息/更新长期贷款/申请长期贷款				
22	支付设备维护费				
23	支付租金/购买厂房				
24	计提折旧				（ ）
25	新市场开拓/ISO 资格认证投资				
26	结账				
27	现金收入合计				
28	现金支出合计				
29	期末现金对账（请填余额）				

订单登记表

订单号											合计
市场											
产品											
数量											
账期											
销售额											
成本											
毛利											
未售											

产品核算统计表

	P1	P2	P3	P4	合计
数量					
销售额					
成本					
毛利					

组间交易明细表

买　入			卖　出		
产品	数量	金额	产品	数量	金额

综合管理费用明细表　　单位：百万

项　目	金　额	备　注
管理费		
广告费		
设备维护费		
租金		
转产费		
市场准入开拓		□区域　□国内　□亚洲　□国际
ISO 资格认证		□ISO 9000　□ISO 14000
产品研发		P2（　）　P3（　）　P4（　）
其他		
合计		

利润表

项目	上年数	本年数
销售收入		
直接成本		
毛利		
综合费用		
折旧前利润		
折旧		
支付利息前利润		
财务收入/支出		
其他收入/支出		
税前利润		
所得税		
净利润		

资产负债表

资产	期初数	期末数	负债和所有者权益	期初数	期末数
流动资产：			负债：		
现金			长期负债		
应收款			短期负债		
在制品			应付账款		
成品			应交税金		
原料			一年内到期的长期负债		
流动资产合计			负债合计		
固定资产：			所有者权益：		
土地和建筑			股东资本		
机器与设备			利润留存		
在建工程			年度净利		
固定资产合计			所有者权益合计		
资产总计			负债和所有者权益总计		

广告登记单

1～6年

第1年本地				第2年本地				第3年本地				第4年本地				第5年本地				第6年本地			
产品	广告	9K	14K	产品	广告	9K	14K	产品	广告	9K	14K	产品	广告	9K	14K	产品	广告	9K	14K	产品	广告	9K	14K
P1				P1				P1				P1				P1				P1			
P2				P2				P2				P2				P2				P2			
P3				P3				P3				P3				P3				P3			
P4				P4				P4				P4				P4				P4			

第1年区域				第2年区域				第3年区域				第4年区域				第5年区域				第6年区域			
产品	广告	9K	14K	产品	广告	9K	14K	产品	广告	9K	14K	产品	广告	9K	14K	产品	广告	9K	14K	产品	广告	9K	14K
P1				P1				P1				P1				P1				P1			
P2				P2				P2				P2				P2				P2			
P3				P3				P3				P3				P3				P3			
P4				P4				P4				P4				P4				P4			

第1年国内				第2年国内				第3年国内				第4年国内				第5年国内				第6年国内			
产品	广告	9K	14K	产品	广告	9K	14K	产品	广告	9K	14K	产品	广告	9K	14K	产品	广告	9K	14K	产品	广告	9K	14K
P1				P1				P1				P1				P1				P1			
P2				P2				P2				P2				P2				P2			
P3				P3				P3				P3				P3				P3			
P4				P4				P4				P4				P4				P4			

第1年亚洲				第2年亚洲				第3年亚洲				第4年亚洲				第5年亚洲				第6年亚洲			
产品	广告	9K	14K	产品	广告	9K	14K	产品	广告	9K	14K	产品	广告	9K	14K	产品	广告	9K	14K	产品	广告	9K	14K
P1				P1				P1				P1				P1				P1			
P2				P2				P2				P2				P2				P2			
P3				P3				P3				P3				P3				P3			
P4				P4				P4				P4				P4				P4			

第1年国际				第2年国际				第3年国际				第4年国际				第5年国际				第6年国际			
产品	广告	9K	14K	产品	广告	9K	14K	产品	广告	9K	14K	产品	广告	9K	14K	产品	广告	9K	14K	产品	广告	9K	14K
P1				P1				P1				P1				P1				P1			
P2				P2				P2				P2				P2				P2			
P3				P3				P3				P3				P3				P3			
P4				P4				P4				P4				P4				P4			

附件

附件1……………………………………………………… 企业运行流程图表

附件 2………………………………………………………… 生产计划及采购计划编制表
附件 3………………………………………………………… 采购及材料付款计划
附件 4………………………………………………………… 市场预测
附件 5………………………………………………………… （　）组广告竞单表

附件 1　企业运行流程图表

第 1 年资金预算表

时间（季）	1	2	3	4
期初库存现金				
支付上年应交税				
市场广告投入				
贴现费用				
利息（短期贷款）				
支付到期短期贷款				
原料采购支付现金				
转产费用				
生产线投资				
工人工资				
产品研发投资				
收到现金前的所有支出				
应收款到期				
支付管理费用				
利息（长期贷款）				
支付到期长期贷款				
设备维护费用				
租金				
购买新建筑				
市场开拓投资				
ISO 认证投资				
其他				
库存现金余额				

要点记录

第 1 季度：____

第 2 季度：____

第 3 季度：____

第 4 季度：____

年底小结：____

____

第1年企业经营流程表

企业经营流程 请按顺序执行下列各项操作。	每执行完一项操作，CEO请在相应的方格内打勾。 财务总监（助理）在方格中填写现金收支情况。			
新年度规划会议				
参加订货会/登记销售订单				
制订新年度计划				
支付应付税				
季初现金盘点（请填余额）				
更新短期贷款/还本付息/申请短期贷款（高利贷）				
更新应付款/归还应付款				
原材料入库/更新原料订单				
下原料订单				
更新生产/完工入库				
投资新生产线/变卖生产线/生产线转产				
向其他企业购买原材料/出售原材料				
开始下一批生产				
更新应收款/应收款收现				
出售厂房				
向其他企业购买成品/出售成品				
按订单交货				
产品研发投资				
支付行政管理费				
其他现金收支情况登记				
支付利息/更新长期贷款/申请长期贷款				
支付设备维护费				
支付租金/购买厂房				
计提折旧				（　）
新市场开拓/ISO资格认证投资				
结账				
现金收入合计				
现金支出合计				
期末现金对账（请填余额）				

订单登记表

订单号											合计
市场											
产品											
数量											
账期											
销售额											
成本											
毛利											
未售											

产品核算统计表

	P1	P2	P3	P4	合计
数量					
销售额					
成本					
毛利					

组间交易明细表

买　入			卖　出		
产品	数量	金额	产品	数量	金额

综合管理费用明细表　　单位：百万

项　目	金　额	备　注
管理费		
广告费		
设备维护费		
租金		
转产费		
市场准入开拓		□区域　□国内　□亚洲　□国际
ISO 资格认证		□ISO 9000　□ISO 14000
产品研发		P2（　）P3（　）P4（　）
其他		
合计		

利 润 表

项 目	上 年 数	本 年 数
销售收入		
直接成本		
毛利		
综合费用		
折旧前利润		
折旧		
支付利息前利润		
财务收入/支出		
其他收入/支出		
税前利润		
所得税		
净利润		

资产负债表

资 产	期 初 数	期 末 数	负债和所有者权益	期 初 数	期 末 数
流动资产：			负债：		
现金			长期负债		
应收款			短期负债		
在制品			应付账款		
成品			应交税金		
原料			一年内到期的长期负债		
流动资产合计			负债合计		
固定资产：			所有者权益：		
土地和建筑			股东资本		
机器与设备			利润留存		
在建工程			年度净利		
固定资产合计			所有者权益合计		
资产总计			负债和所有者权益总计		

附件 2　生产计划及采购计划编制表

生产计划及采购计划编制表举例

生产线		第 1 年				第 2 年				第 3 年			
		一季度	二季度	三季度	四季度	一季度	二季度	三季度	四季度	一季度	二季度	三季度	四季度
1 手工	产品			P1			P1					P2	P2
	材料		R1										
2 手工	产品		P1			P1							
	材料	R1			R1								
3 手工	产品	P1			P1								
	材料												
4 半自动	产品		P1		P1								
	材料	R1											
5	产品												
	材料												
……	产品												
	材料												
合计	产品	1P1	2P1	1P1	2P1								
	材料	2R1	1R1		1R1								

生产计划及采购计划编制（1～3年）

生产线		第1年				第2年				第3年			
		一季度	二季度	三季度	四季度	一季度	二季度	三季度	四季度	一季度	二季度	三季度	四季度
1	产品												
	材料												
2	产品												
	材料												
3	产品												
	材料												
4	产品												
	材料												
5	产品												
	材料												
6	产品												
	材料												
7	产品												
	材料												
8	产品												
	材料												
合计	产品												
	材料												

生产计划及采购计划编制（4～6年）

生产线		第4年				第5年				第6年			
		一季度	二季度	三季度	四季度	一季度	二季度	三季度	四季度	一季度	二季度	三季度	四季度
1	产品												
	材料												
2	产品												
	材料												
3	产品												
	材料												
4	产品												
	材料												
5	产品												
	材料												
6	产品												
	材料												
7	产品												
	材料												
8	产品												
	材料												
合计	产品												
	材料												

附件 3　采购及材料付款计划

产品	第 1 年				第 2 年				第 3 年			
	一季度	二季度	三季度	四季度	一季度	二季度	三季度	四季度	一季度	二季度	三季度	四季度
P1												
P2												
P3												
P4												
人工付款												

产品	第 4 年				第 5 年				第 6 年			
	一季度	二季度	三季度	四季度	一季度	二季度	三季度	四季度	一季度	二季度	三季度	四季度
P1												
P2												
P3												
P4												
人工付款												

产品	第 7 年				第 8 年				第 9 年			
	一季度	二季度	三季度	四季度	一季度	二季度	三季度	四季度	一季度	二季度	三季度	四季度
P1												
P2												
P3												
P4												
人工付款												

附件 4　市场预测

这是由一家权威的市场调研机构对未来六年里各个市场的需求的预测，应该说这一预测有着很高的可信度。但根据这一预测进行企业的经营运作，其后果将由各企业自行承担。

P1 产品是目前市场上的主流技术，P2 作为对 P1 的技术改良产品，也比较容易获得大众的认同。

P3 和 P4 产品作为 P 系列产品里的高端技术，各个市场上对它们的认同度不尽相同，需求量与价格也会有较大的差异。

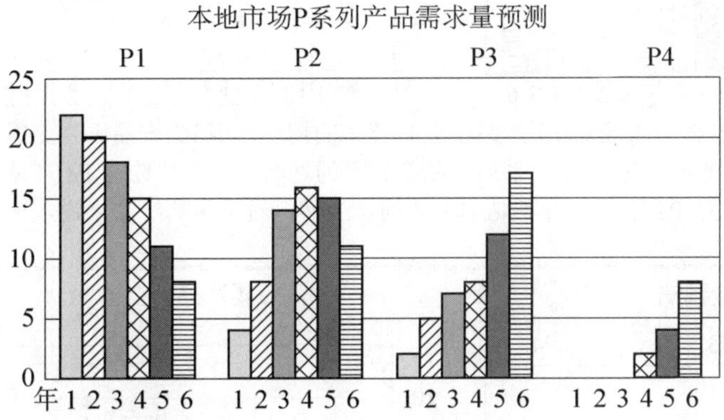

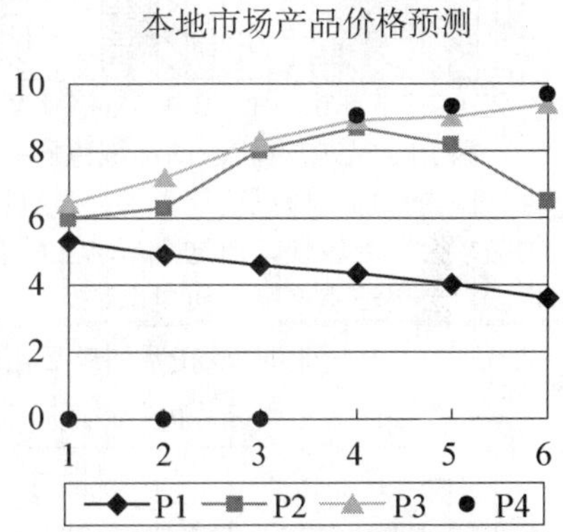

本地市场将会持续发展，客户对低端产品的需求可能要下滑。伴随着需求的减少，低端产品的价格很有可能会逐步走低。后几年，随着高端产品的成熟，市场对 P3、P4 产品的需求将会逐渐增大。同时随着时间的推移，客户的质量意识将不断提高，后几年可能会对厂商是否通过了 ISO9000 认证和 ISO24000 认证有更多的要求。

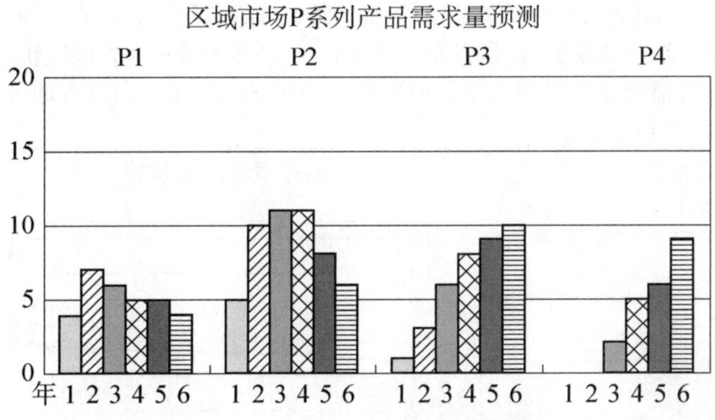

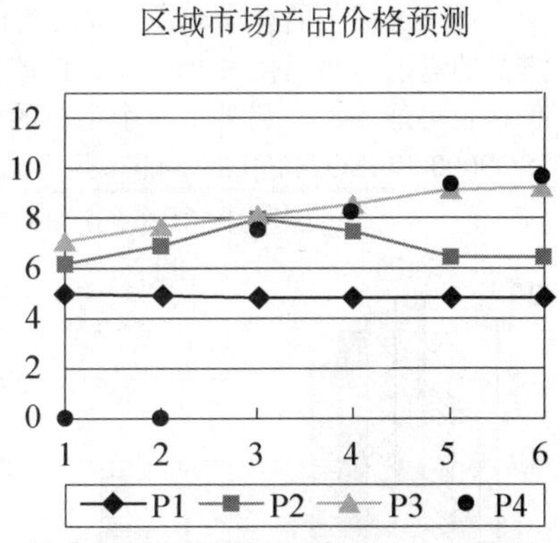

区域市场的客户对 P 系列产品的喜好相对稳定，因此市场需求量的波动也很有可能会比较平稳。因其紧邻本地市场，所以产品需求量的走势可能与本地市场相似，价格趋势也应大致一样。该市场的客户比较乐于接受新的事物，因此对于高端产品也会比较有兴趣，但由于受到地域的限制，该市场的需求总量非常有限，并且这个市场上的客户相对比较挑剔，因此在后几年客户会对厂商是否通过了 ISO9000 认证和 ISO24000 认证有较高的要求。

国内市场P系列产品需求量预测

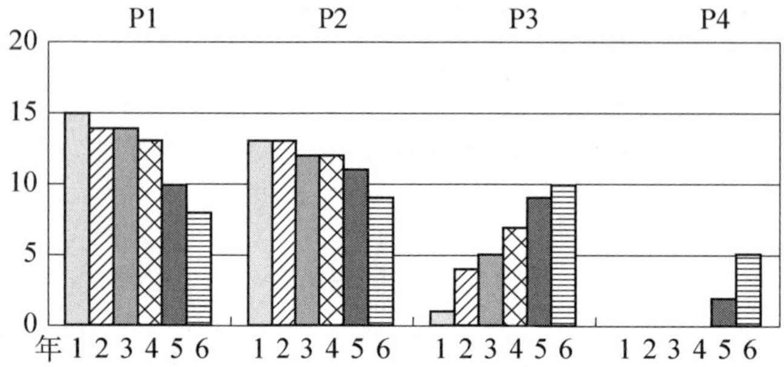

国内市场产品价格预测

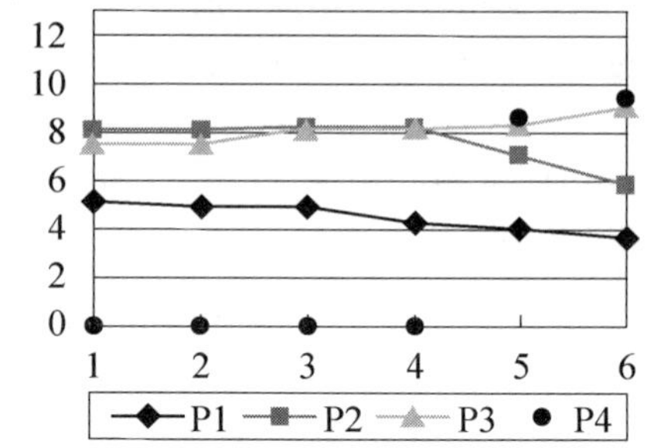

因P1产品带有较浓的地域色彩，估计国内市场对P1产品不会有持久的需求。但P2产品因为更适合于国内市场，所以估计需求会一直比较平稳。随着对P系列产品新技术的逐渐认同，估计对P3产品的需求会发展较快，但这个市场上的客户对P4产品却并不是那么认同。当然，对于高端产品来说，客户一定会更注重产品的质量保证。

亚洲市场P系列产品需求量预测

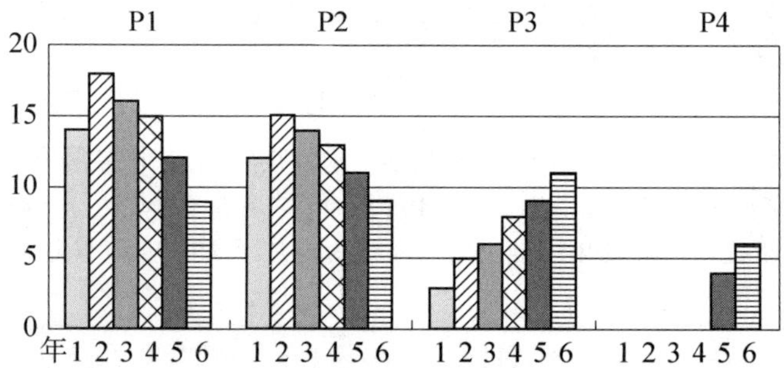

亚洲市场产品价格预测

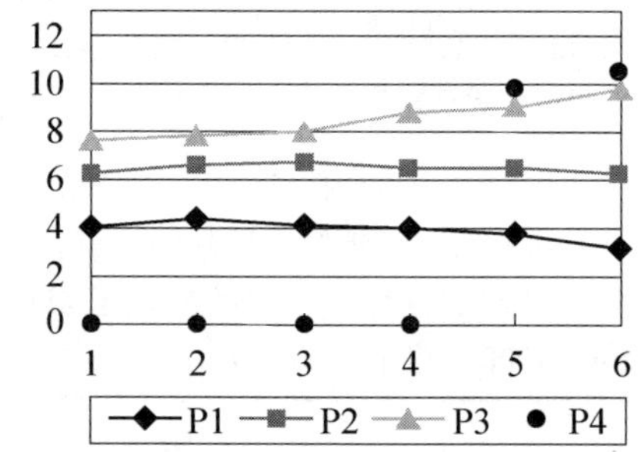

这个市场上的客户喜好一向波动较大，不易把握，所以对P1产品的需求可能起伏较大，估计P2产品的需求走势也会与P1相似。但该市场对新产品很敏感，因此估计对P3、P4产品的需求会发展较快，价格也可能不菲。另外，这个市场的消费者很看重产品的质量，所以在后几年里，如果厂商没有通过ISO9000和ISO24000的认证，其产品可能很难销售。

国际市场P系列产品需求量预测

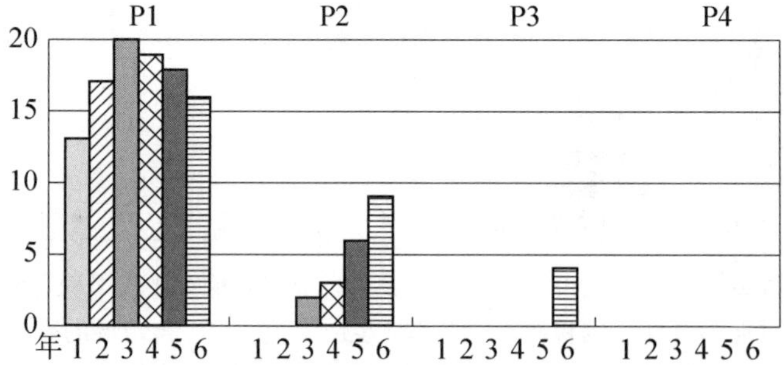

国际市场产品价格预测

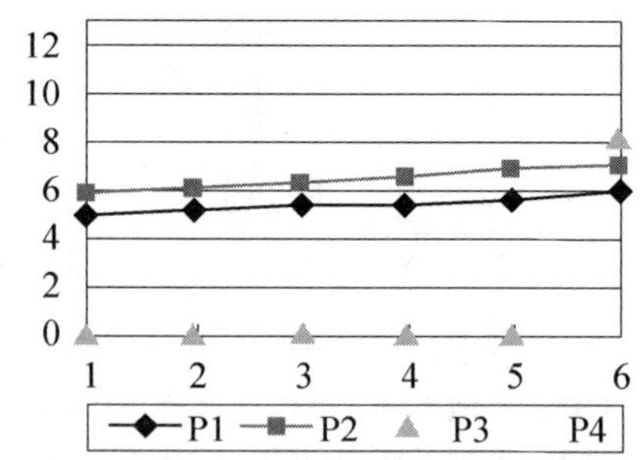

进入国际市场可能需要一个较长的时期。有迹象表明，目前这一市场上的客户对P1产品已经有所认同，需求也会比较旺盛。对于P2产品，客户将会谨慎地接受，但仍需要一段时间才能被市场所接受。对于新兴的技术，这一市场上的客户将会以观望为主，因此对于P3和P4产品的需求将会发展极慢。因为产品需求主要集中在低端，所以客户对于ISO的要求并不如其他几个市场那么高，但也不排除在后期会有这方面的需求。

附件 5 （　）组广告竞单表

第 1 年本地				第 2 年本地				第 3 年本地				第 4 年本地				第 5 年本地				第 6 年本地			
产品	广告	9K	14K	产品	广告	9K	14K	产品	广告	9K	14K	产品	广告	9K	14K	产品	广告	9K	14K	产品	广告	9K	14K
P1				P1				P1				P1				P1				P1			
P2				P2				P2				P2				P2				P2			
P3				P3				P3				P3				P3				P3			
P4				P4				P4				P4				P4				P4			
第 1 年区域				第 2 年区域				第 3 年区域				第 4 年区域				第 5 年区域				第 6 年区域			
产品	广告	9K	14K	产品	广告	9K	14K	产品	广告	9K	14K	产品	广告	9K	14K	产品	广告	9K	14K	产品	广告	9K	14K
P1				P1				P1				P1				P1				P1			
P2				P2				P2				P2				P2				P2			
P3				P3				P3				P3				P3				P3			
P4				P4				P4				P4				P4				P4			
第 1 年国内				第 2 年国内				第 3 年国内				第 4 年国内				第 5 年国内				第 6 年国内			
产品	广告	9K	14K	产品	广告	9K	14K	产品	广告	9K	14K	产品	广告	9K	14K	产品	广告	9K	14K	产品	广告	9K	14K
P1				P1				P1				P1				P1				P1			
P2				P2				P2				P2				P2				P2			
P3				P3				P3				P3				P3				P3			
P4				P4				P4				P4				P4				P4			
第 1 年亚洲				第 2 年亚洲				第 3 年亚洲				第 4 年亚洲				第 5 年亚洲				第 6 年亚洲			
产品	广告	9K	14K	产品	广告	9K	14K	产品	广告	9K	14K	产品	广告	9K	14K	产品	广告	9K	14K	产品	广告	9K	14K
P1				P1				P1				P1				P1				P1			
P2				P2				P2				P2				P2				P2			
P3				P3				P3				P3				P3				P3			
P4				P4				P4				P4				P4				P4			
第 1 年国际				第 2 年国际				第 3 年国际				第 4 年国际				第 5 年国际				第 6 年国际			
产品	广告	9K	14K	产品	广告	9K	14K	产品	广告	9K	14K	产品	广告	9K	14K	产品	广告	9K	14K	产品	广告	9K	14K
P1				P1				P1				P1				P1				P1			
P2				P2				P2				P2				P2				P2			
P3				P3				P3				P3				P3				P3			
P4				P4				P4				P4				P4				P4			

复习思考题

1. 简述 ERP 实物沙盘模拟企业简介。

2．简述ERP实物沙盘模拟运营规则。

3．简述ERP实物沙盘模拟实战过程。

4．ERP实物沙盘模拟年初工作有哪些？

5．ERP实物沙盘模拟年中工作有哪些？

6．ERP实物沙盘模拟年末工作有哪些？

管理游戏

趣 味 跳 绳

大家都跳过绳吧，在玩的时候会发生很多事，不同的人会有不同反应，为什么呢？这是一个典型的团队活动，需要大家共同配合，怎样取得最佳合作效果？这些问题，您是否想过。让我们带着这些问题，再玩一次跳绳。

目标：使学员互助合作形成共识，完成低难度活动。

游戏规则：请两个人各握住绳子的一端，其他人要一起跳过绳子，所有人都跳过算一下，数一数整个团队总共能跳多少下。

学习讨论：

（1）当有人被绊倒时，各位当时发出的第一个声音是什么？

（2）发出声音的人是刻意指责别人吗？

（3）想一想自己是否不经意就给别人造成压力？

（4）接下来我们应该怎么做，刚才的感觉才不会发生？

注意事项：

（1）提醒膝盖或脚部有伤者，视情况决定是否参与。

（2）场地宜选择户外草地进行，以免受伤。

（3）合组跳绳时应注意伙伴位置及距离，以免踏伤伙伴或互相碰撞。

条件变化：

（1）可考虑不同的跳绳方式，如：每个学员依序进入。

（2）可用两条绳子，或变换用绳方向。

游戏教具：粗棉绳一条。

第四章
商战电子沙盘模拟实战

章前导读

团 队 学 习

团队学习是指一个单位的集体性学习，它是学习型组织进行学习的基本组成单位，便于单位成员之间的互相学习、互相交流、互相启发、共同进步。团队学习是发展团体成员整体搭配与实现共同目标能力的过程。团队学习对组织与个体来说是双赢的选择，也是双赢的结果。首先，个人目标与团队目标的一致，是团队学习的基本要件。实际运作中个人目标是无法否定和抹杀的，但个人目标如果最大限度与团队目标一致，则会推进团队学习的进程。其次，知识共享实质上是内部交易的过程。只有通过知识共享，才能互通有无，共同提高。如果没有知识共享，团队学习只能是一句空话。团队学习可以促进个人成长。由于个体间差异的存在，每个人都可以发现自身的比较优势。团队学习可以有效发挥队员个人的比较优势，来达到团队内部的互助。再次，通过团队学习能使团队智慧融入个人化理念中，以不断适应新形势下开展业务的工作需要，可以免费享受别人的工作技巧和有效方法，更可以展示你的理解和独特设想，接受别人的启发和灵感。团队学习有利于提高团队核心竞争力。团队核心竞争力不仅仅是个人的核心竞争力的简单累加。为了促进团队核心竞争力矢量叠加，必须开展团队学习，提倡知识共享。最后，团队中人人都可以找到个人核心竞争力发展的支撑点，形成崇尚互信和无缝配合的一种氛围。

教学目标

本章主要学习商战电子沙盘实战。主要了解和掌握商战电子沙盘盘面、商战电子沙盘模拟运营规则、商战电子沙盘模拟过程与实战等内容。

知识要点

商战电子沙盘　商战电子沙盘模拟运营规则　商战电子沙盘模拟过程　商战电子沙盘模拟实战

第一节　商战电子沙盘概述

“商战电子沙盘实践平台”注重经营过程、模拟情境，适合没有企业经验的大学生，其核心是模拟出企业经营场景并对过程进行合理控制。实际是一个白箱博弈过程，对于没有企业经验的学生而言，首先就是获得经营的感性认识，然后以此为基础，在一步步决策过程中获取管理知识。

一、“商战实践平台”介绍

1. 商战实践平台特点

“商战电子沙盘实践平台”是继“创业者”企业模拟经营系统之后的新一代模拟经营类软件。该平台在继承ERP沙盘特点的基础上，同时吸收了众多经营系统类软件的优点。其特点如下。

（1）商战电子沙盘全真模拟企业经营过程，感受市场竞争氛围，集成选单、多市场同选、竞拍组间交易等多种市场方式。

（2）自由设置市场订单和经营过程，订单和规则均是一个文件，只是置于对应目录下就可以使用，并可与全国的同行交流规则和订单。

（3）更友好的界面设置，更强的互动体验，操作建议直观。

（4）系统采用B/S结构设计，内置信息发布功能，可以支持2～99个队同时经营。

（5）经营活动全程监控，完整的经营数据记录，财务报表自动核对，经营数据以Excel格式导出，使教学管理更轻松。

（6）软件自带数据引擎，无须借助外部数据库，免去了烦琐的数据库配置；自带IIS发布，无须做复杂的IIS配置，安装使用简单易行。

（7）与实物沙盘兼容，可用于教学，用于竞赛更具优势。

2. "商战"与"创业者"的区别

"商战电子沙盘"系统是在"创业者"企业模拟经营系统基础上研发而成的，两者区别如表 4-1 所示。

表 4-1 "商战"与"创业者"的区别

项　目	创　业　者	商　战
规则和订单	限制	自由配置
货币单位	百万（60 起步）	万（600 起步），也可兼容创业者
界面		更友好直观
支持企业数	2～18 标准	2～99 标准
市场模式	选单	选单+简单招标
安装		更方便简单

3. "商战"系统组成

"商战电子沙盘"系统的组成如表 4-2 所示。

表 4-2 "商战电子沙盘"系统内容说明

序　号	名　称	说　明
1	安装主程序	需要和加密狗匹配使用
2	使用说明（前台）	学生操作手册
3	使用说明（后台）	管理员（教师）操作手册
4	安装说明	系统安装说明文件
5	经营流程表	训练时学生用表（任务清单及记录）
6	会计报表	各年会计报表
7	重要经营规则	快速查询主要规则，系统中直接查询
8	市场预测	系统中直接查询
9	Aports	查找、关闭占用 80 端口程序的工具
10	实物沙盘盘面	配合系统使用，一个队一张
11	摆盘卡片	用于摆放实物沙盘

"商战电子沙盘"系统以创业者模拟经营，即初始只有现金（股东资本）。就标准规则而言，一般以 600W（万）为宜，若初次经营可放宽至 650W，熟悉后比赛可设为 550W。

商战电子沙盘学生端界面和实物盘面类似，也可分为生产中心、财务中心、营销和规划中心及物流中心，操作区显示当前有权限的操作，另外还可以查询规则、市场预测信息。

二、商战实践平台教学管理

1. 经营前准备

（1）学生准备。商战电子沙盘角色到位——总经理、财务总监、生产总监、营销总监、采购总监（参照物理沙盘的角色分工）。商战电子沙盘模拟每队至少联网电脑一台——输入经营决策。商战电子沙盘模拟经营流程表、会计报表、预算表、产品核算统计表等若干。

（2）教师准备。商战电子沙盘服务启动遵循下列步骤：①插入加密锁（USB）；②双击桌面上的“商战控制台”图标，然后单击控制台“系统启动”，当桌面右下角出现“商战”标志时，服务器启动成功；③可单机控制台上的“系统配置”，更改访问端口及自动备份时间。

2. 商战实践平台系统启动

（1）产品程序安装。双击点开产品安装光盘或复制出来安装包，双击程序“新道新商战沙盘系统安装程序”，弹出对话框（如遇杀毒软件阻止请单击允许程序运行）如图4-1所示。

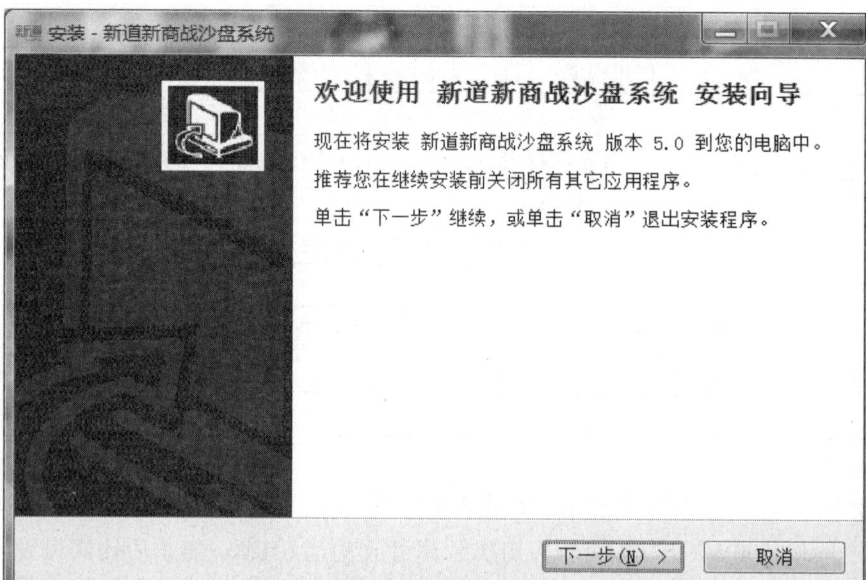

图4-1 新道新商战沙盘系统安装程序图

单击“下一步”按钮，选择同意许可协议，如图4-2所示。

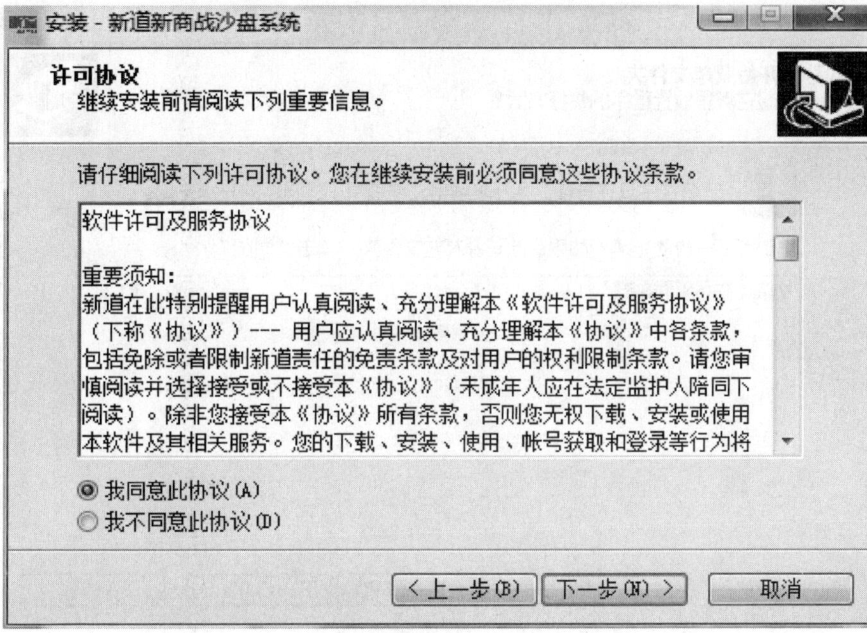

图 4-2　软件许可协议图

单击“下一步”按钮显示文件安装路径，可选择默认路径或修改成其他路径，新建路径中最好不要有中文字符，以免引起不必要的错误提示，如图 4-3 所示。

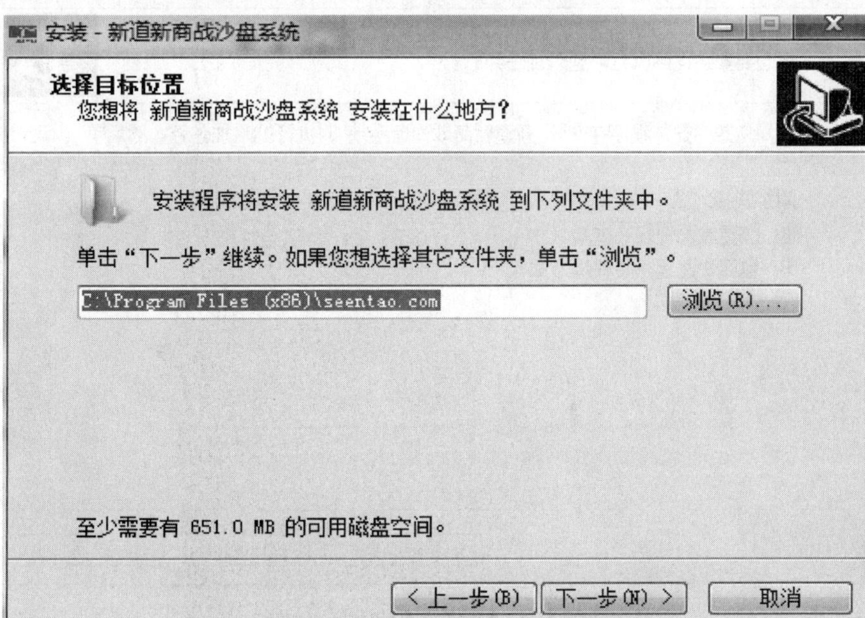

图 4-3　选择目标位置图

按照提示依次单击“下一步”按钮操作，如图 4-4 所示。

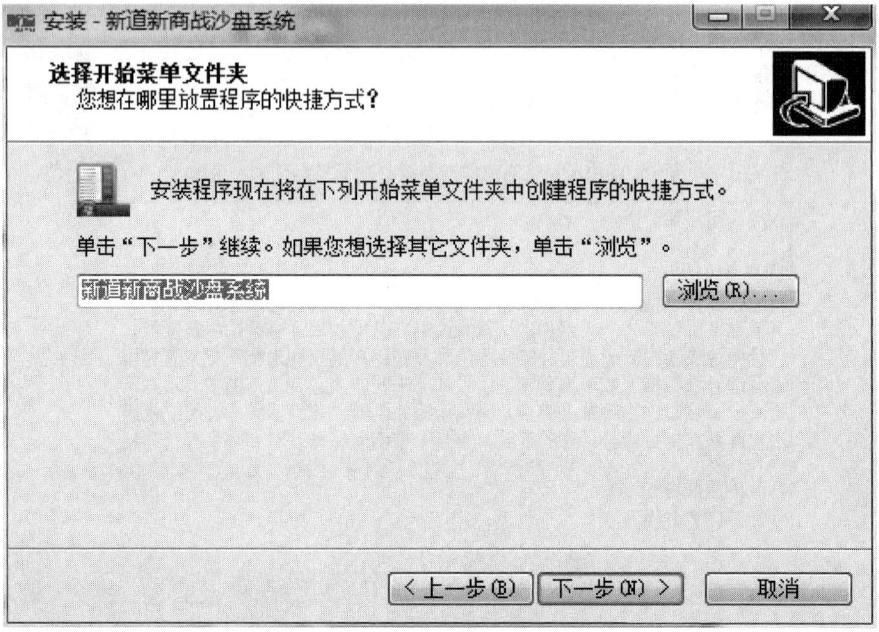

图 4-4　选择开始菜单文件夹图

单击“下一步”按钮，创建桌面快捷方式，如图 4-5 所示。

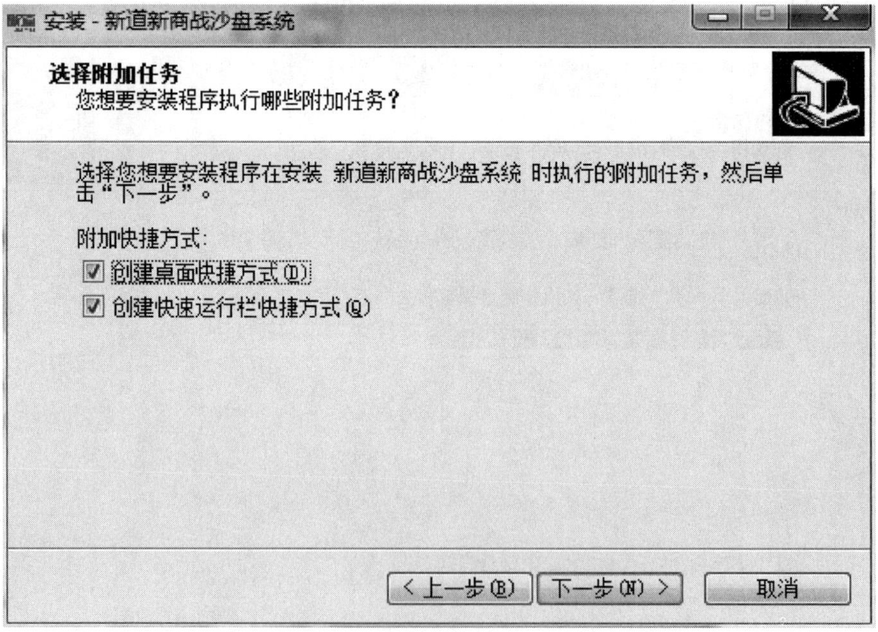

图 4-5　创建桌面快捷方式图

单击“下一步”按钮，确认程序安装信息，单击“安装”按钮，如图 4-6 所示。

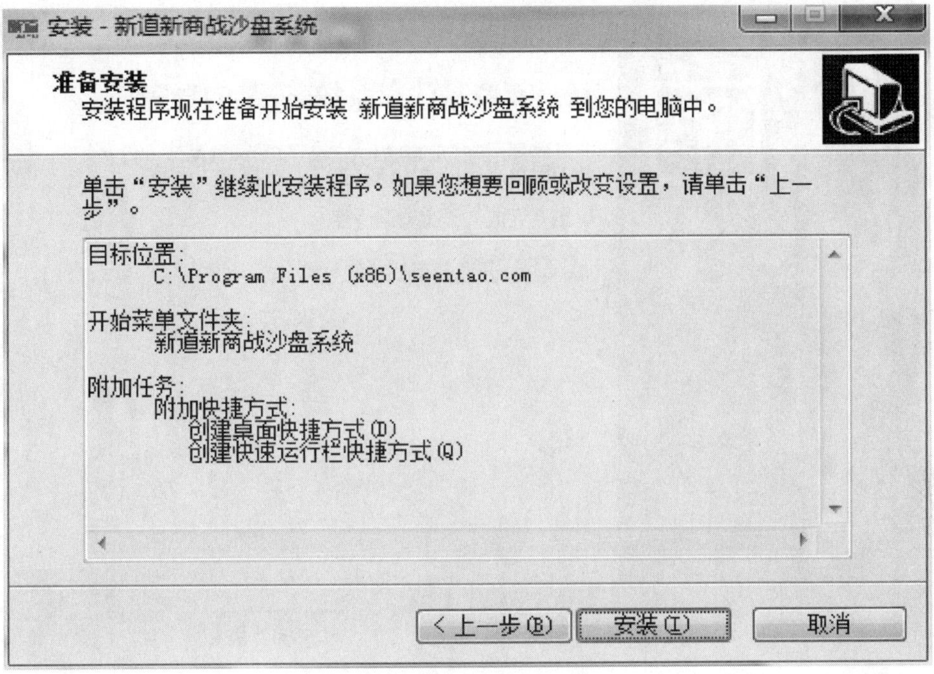

图 4-6　程序安装界面图

等待安装进度条结束，单击"完成"按钮，产品安装完毕，如图 4-7 与图 4-8 所示。

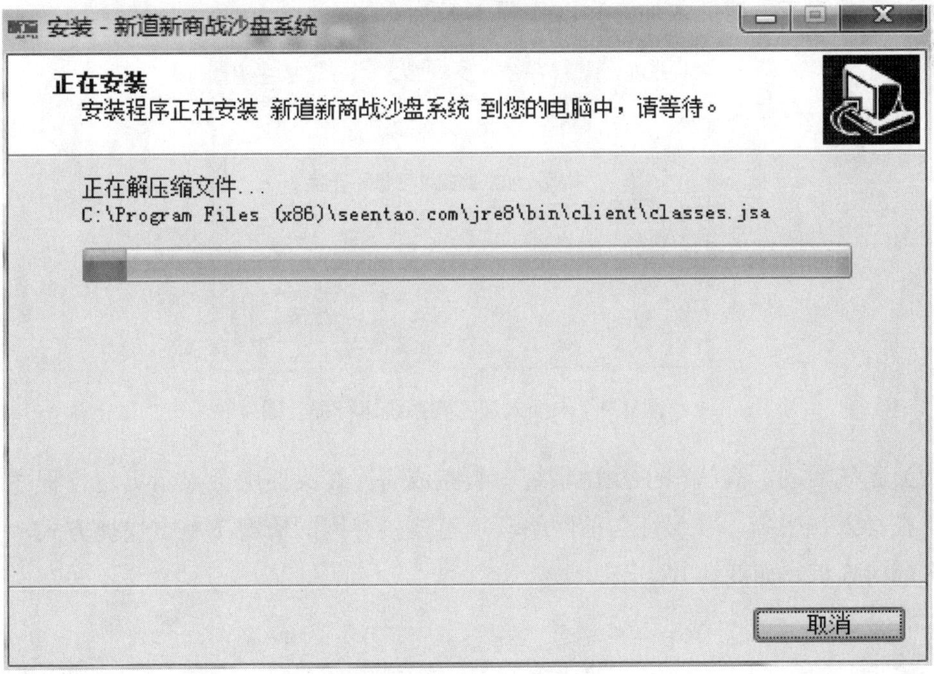

图 4-7　正在安装界面图

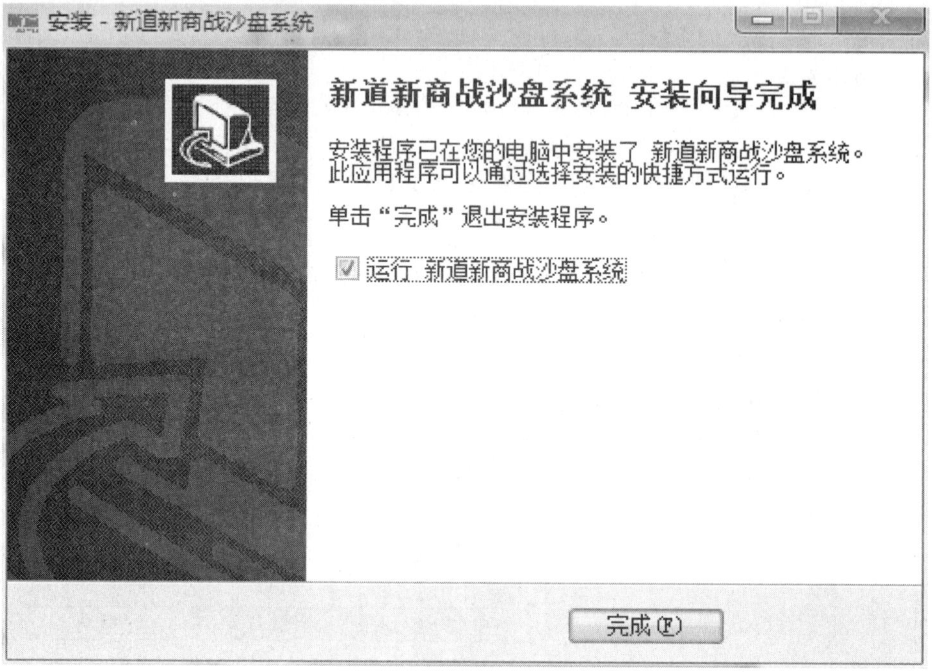

图 4-8　安装完成界面图

勾选了运行新道新商战沙盘系统，单击“完成”按钮，如果此时没有插入加密狗，程序无法正常运行，请插入加密狗，如图 4-9 所示。

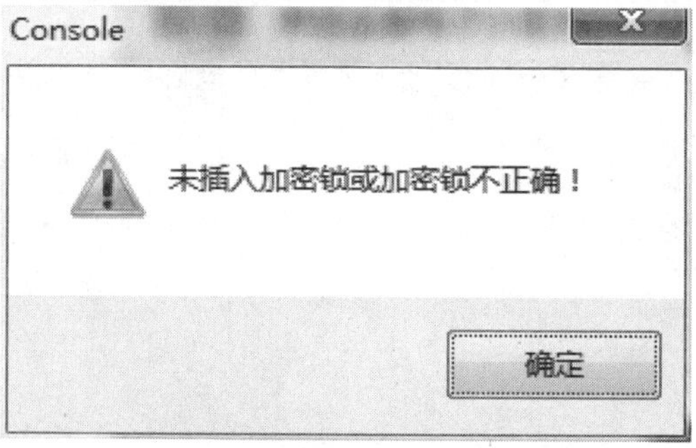

图 4-9　未插入加密狗系统运行提示图

（2）系统启动。商战电子沙盘系统安装完成后，在桌面上会显示出运行程序的快捷方式。在插入加密狗，并保证当前网络环境可连接外网的情况下单击快捷方式，弹出启动服务的对话框，如图 4-10 所示。

图 4-10　启动服务对话框提示图

在新道新商战沙盘系统后面会读取贵校的学校名称，也作为辨别正版产品的标示。

① 启动系统。单击启动商战电子沙盘系统，会弹出对话框自动运行服务，在显示出数据库已经启动好的信息后，如

```
信息: Server startup in 13453 ms
```

就可以在浏览器中输入 IP+端口，如 127.0.0.1：8081，运行即可。浏览器版本需为 IE8 以上，360 浏览器的话需要选择极速模式，兼容模式一般为 IE7 不符要求。

② 系统初始化。在启动服务后才可操作系统初始化按钮，此功能是清除系统中的规则方案和订单方案，保证系统数据库干净。

③ 用户登录。在浏览器中正确访问产品地址后，在用户登录中用户名处输入管理员账号 admin，初始密码 1，单击“用户登录”按钮，即可开始操作。登录界面如图 4-11 所示。

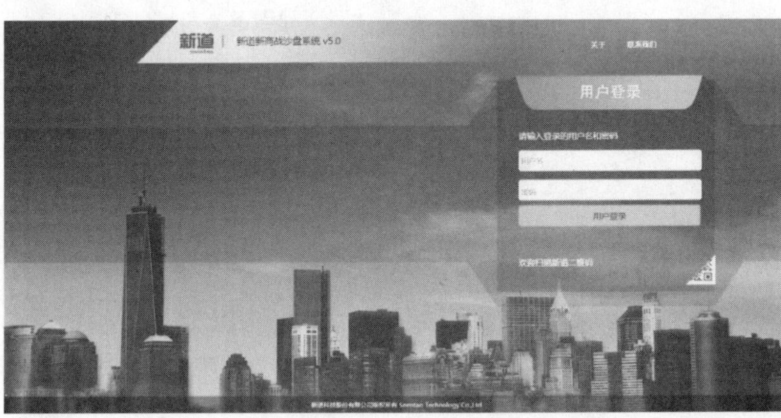

图 4-11　登录界面图

管理员端创建教学班时也需要保证加密狗插入的状态。如果不能登录，可能原因是当前网络环境没有连接外网，获取不到管理员登录的许可。请联网后再试。

3. 系统操作

（1）系统管理员端。在用户登录页面输入用户名、密码，单击“用户登录”按钮，如图4-12所示。用户名admin，初始密码为1。

图4-12　用户登录界面图

登录后显示管理员端功能菜单：创建教学班、老师管理、权限管理、数据备份。

（2）创建教学班。创建教学班支持多班教学，共用一台服务器，并且可以控制教学班的开课状态，暂停、关闭或删除，关闭的教学班教师仍可以查看历史数据，为院校教学统一管理提供便利，如图4-13所示。

序号	教学班名称	状态	操作
1	新商战演示3	未初始化	关闭
2	新商战演示4	正在进行	暂停　关闭
3	新商战演示2	已暂停	恢复　关闭
4	新商战演示	已结束	删除

图4-13　创建教学班界面图

创建教学班时要保证成功插入并安装了加密狗。

管理员端单击“创建教学班”图标，显示弹出框。在“请输入教学班名称”后的编辑框内输入教学班名称。单击“创建”按钮。

弹出提示框，教学班创建成功。

注：建成后的教学班有四种状态，四种状态的意思分别如下。

① “未初始化”，表示教学班建成后还未使用，单击“关闭”按钮变为“已关闭”状态，教学班无法再使用。

② “正在进行”，教学班正在使用中，单击“暂停”按钮变为“已暂停”状态，“暂停”状态的教学班学生端不能使用，单击“关闭”按钮变为“已关闭”状态。

③ “已暂停”，已在使用的教学班本次课程未完成，下次课程时间再次使用，单击“恢复”按钮变为“正在进行”状态，学生端就可以继续使用了，单击“关闭”按钮变为“已关闭”状态 。

④ “已结束”，此状态表示教学班已经完成教学计划且已经处于“关闭”状态，在此单击“删除”按钮后，可以将教学班的所有信息完全清除。

（3）教师管理。教师管理功能支持创建多个教师，支持多个教师管理多个教学班多对多的管理模式。

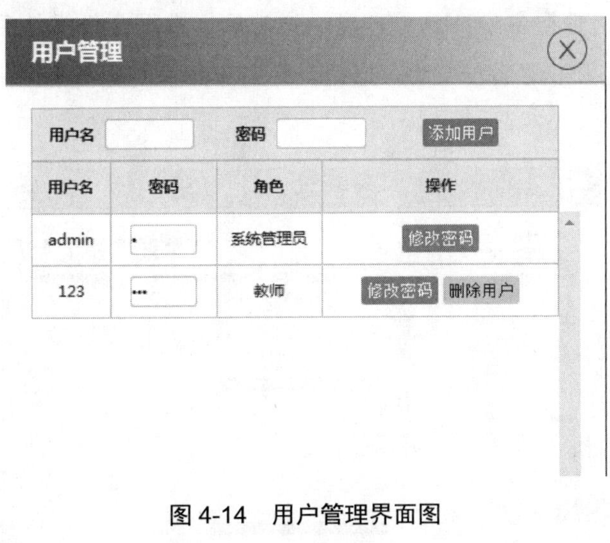

图 4-14 用户管理界面图

管理员端单击“老师管理”图标，显示弹出框。

将鼠标移动到角色“系统管理员”前面的编辑框，输入新密码，然后单击“修改密码”按钮，修改成功。

将鼠标移动到最下方用户名、密码后的编辑框内，输入新增的用户名、密码，单击“添加用户”按钮。添加老师成功，如图 4-14 所示。

（4）权限管理。管理员端单击“权限管理”菜单，显示弹出框。选择“老师”“教学班”，单击“确定”按钮，下方显示该老师担任的教学班名称列表，如图 4-15 所示。

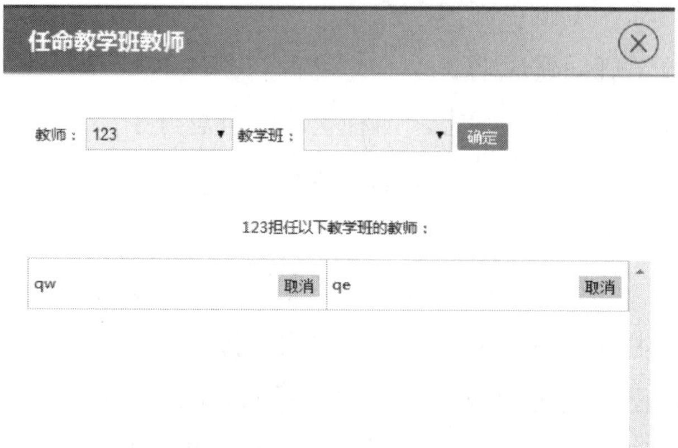

图 4-15　任命教学班教师界面图

权限管理用于关联教师和教学班，一个教师可以关联多个教学班，也可以单击“取消”按钮撤销关联。

（5）数据备份。数据备份用于多个教学班一次性备份，利于保存同期开课的教学班数据及存档。

管理员端单击“数据备份”菜单，显示弹出框。数据备份文件后有默认的文件名，可以单击进行编辑，单击“备份文件”按钮。新文件在手动备份还原下方显示，如图 4-16 所示。

图 4-16　数据备份界面图

单击“项目反选”按钮可以选择全部文件或取消。勾选某一个文件，单击“删除文件”按钮，该文件被删除。单击“文件还原”按钮可以还原该备份文件。

（6）企业登录注册。各队系统操作人员登录学生端（前台），在 IE 地址栏中键入“http：//

服务器地址”或“http：//服务器地址：端口”，以管理员为其分配的队名（u1、u2、u3）和初始密码（均为 1）登录系统。

（7）用户登记。首次进入系统需要修改密码、填写公司名称、宣言及各角色姓名，每一项都必须填。

第二节 商战电子沙盘运营流程与规则

企业之间的竞争需要遵循一定的规则，因此商战电子沙盘模拟运营流程与规则也尽可能体现企业运营和市场经营的情况。商战电子沙盘模拟实践的流程与运营规则如下。

一、全年运营流程说明

1. 年度运营总流程

新创业者模拟运营企业经营 6 个年度，每个年度分设 4 个季度运行。商战电子沙盘全年总体运营流程如图 4-17 所示。

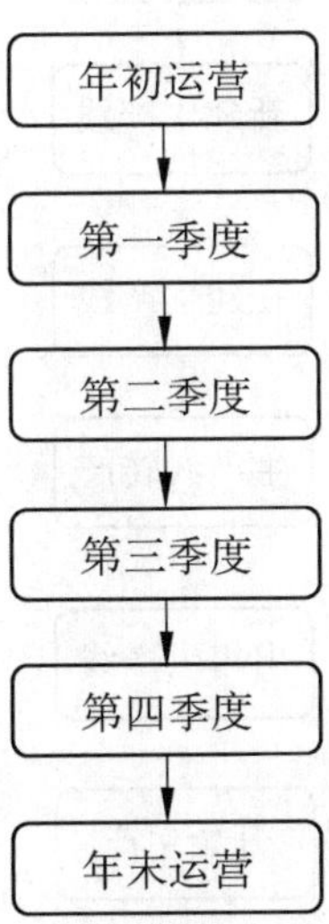

图 4-17 全年总体运营流程图

2. 年初运营流程

商战电子沙盘年初企业运营过程包括年度规划、投放广告、支付广告费、支付所得税、参加订货会、长期贷款。具体运营流程如图 4-18 所示。

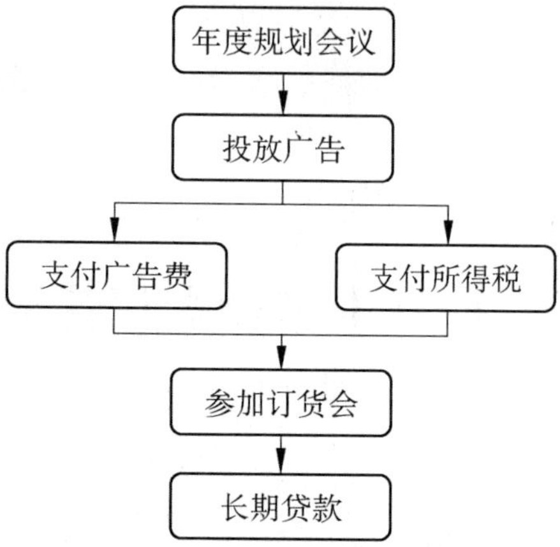

图 4-18　年初企业运营流程图

3. 每季度内运营流程

商战电子沙盘的每季度内运营流程如图 4-19 所示。

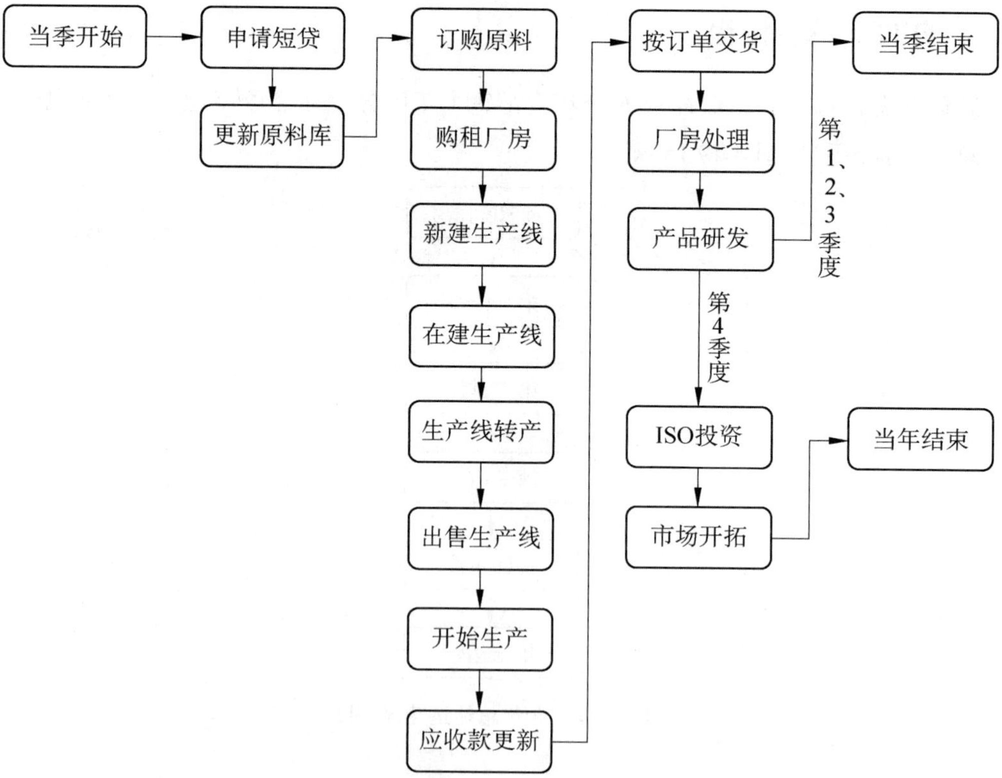

图 4-19　每季度内运营流程

4. 年末操作流程

年末运营操作主要包含填写报表和投放广告，商战电子沙盘具体流程如图 4-20 所示。

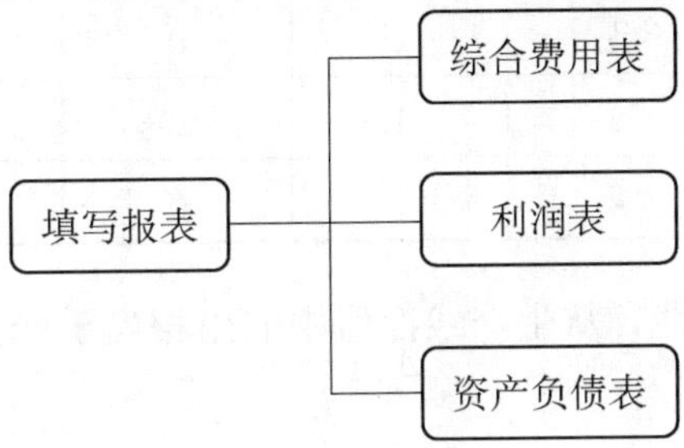

图 4-20　年末操作流程图

5. 流程外运营操作

除上述运营操作外，商战电子沙盘模拟企业随时可进行以下运营操作，如图 4-21 所示。

（注：为保证企业按规则经营，系统限制了各组企业在参加竞单会过程中进行紧急采购和间谍操作。）

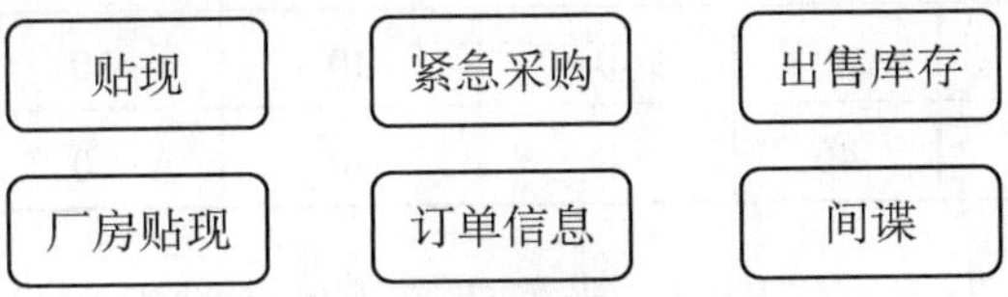

图 4-21　流程外运营操作图

二、商战电子沙盘模拟运营规则

商战电子沙盘模拟系统平台上单击主页面右上方的菜单“规则说明”，显示弹出框，即可查阅本场企业模拟经营的运营规则。该规则与初始化设置的系统参数一致，可根据每次参数设置不同而变动。

1. 运营规则

商战电子沙盘模拟运营规则：厂房规则、生产线规则、折旧、融资、市场准入、资格认证、产品、原料、紧急采购、选单规则、竞单会、订单违约、取整规则、特殊费用项目如下。

（1）生产线规则。商战电子沙盘模拟运营生产线规则如表 4-3 所示。

表 4-3　生产线规则表

生产线	购置费/W	安装周期/Q	生产周期/Q	总转产费/W	转产周期/Q	维修费/W/年	残值/W
手工线	35	无	2	0	无	10	10
自动线	150	3	1	20	1	20	30
柔性线	200	4	1	0	无	20	40

① 不论何时出售生产线，从生产线净值中取出相当于残值的部分计入现金，净值与残值之差计入损失。

② 只有空的并且已经建成的生产线方可转产。

③ 当年建成的生产线、转产中的生产线都要交维修费。

④ 生产线不允许在不同厂房间移动。

（2）折旧（平均年限法）。商战电子沙盘模拟运营折旧规则如表 4-4 所示。

表 4-4　折旧规则表

生产线	购置费/W	残值/W	建成第1年/W	建成第2年/W	建成第3年/W	建成第4年/W	建成第5年/W
手工线	35	5	0	10	10	10	
自动线	150	30	0	30	30	30	30
柔性线	200	40	0	40	40	40	40

当年建成的生产线当年不提折旧，当净值等于残值时生产线不再计提折旧，但可以继续使用。

（3）融资规则。商战电子沙盘模拟运营融资规则如表 4-5 所示。

表 4-5　融资规则表

贷款类型	贷款时间	贷款额度	年息	还款方式
长期贷款	每年年初	所有长贷和短贷之和不能超过上年权益的3倍	10%	年初付息，到期还本；每次贷款为10的倍数
短期贷款	每季度初		5%	到期一次还本付息；每次贷款为20的倍数
资金贴现	任何时间	视应收款额	10%（1季，2季） 12.5%（3季，4季）	变现时贴息，可对1、2季应收联合贴现（3、4季同理）
库存拍卖	原材料8折，成品按成本价			

长期利息计算是将所有不同年份长贷加总再乘以利率，然后四舍五入算利息。短贷利息是按每笔短贷分别计算。

（4）厂房规则。商战电子沙盘模拟运营厂房规则如表4-6所示。

表4-6　厂房规则表

厂房	买价/W	租金/W/年	售价/W	容量/条	
大厂房	440	44	440	4	厂房出售得到4个账期的应收款，紧急情况下：可将厂房贴现（4季贴现），直接得到现金，如厂房中有生产线，同时要扣租金
中厂房	300	30	300	3	
小厂房	180	18	180	2	

每季均可租或买，租满一年的厂房在满年的季度（如第二季租的，则在以后各年第二季为满年，可进行处理），需要用“厂房处置”进行“租转买”“退租”（当厂房中没有任何生产线时）等处理，如果未加处理，则原来租用的厂房在满年季末自动续租；厂房不计提折旧；生产线不允许在不同厂房间移动。

（5）市场准入规则。商战电子沙盘模拟运营市场准入规则如表4-7所示。

表4-7　市场准入规则表

市场	开发费/W/年	时间/年	
本地	10	1	开发费用按开发时间在年末平均支付，不允许加速投资，但可中断投资。 市场开发完成后，领取相应的市场准入证
区域	10	1	
国内	10	2	
亚洲	10	3	
国际	10	4	

无须交维护费，中途可停止使用，也可继续拥有资格并在以后年份使用。市场开拓，只有在第4季度才可以使用。

（6）资格认证规则。商战电子沙盘模拟运营资格认证规则如表4-8所示。

表4-8　资格认证规则表

认证	ISO9000	ISO14000	
时间/年	2	2	开发费用按开发时间在年末平均支付，不允许加速投资，但可中断投资。ISO开发完成后，领取相应的认证
费用/W/年	10	15	

无须交维护费，中途停止使用，也可继续拥有资格并在以后年份使用。ISO认证后，只有在第4季度才可以使用。

（7）产品规则。商战电子沙盘模拟运营产品规则如表4-9所示。

表 4-9　产品规则表

名称	开发费用/W/季	开发周期/季	加工费/W/个	直接成本/W/个	产品组成
P1	10	2	10	20	R1
P2	10	3	10	30	R2 + R3
P3	10	4	10	40	R1 + R3 + R2
P4	10	5	10	50	R2 + R3 + P1（注意 P1 为中间品）
P5	10	6	10	60	R3 + R4 + P2（注意 P2 为中间品）

（8）原料规则。商战电子沙盘模拟运营原料规则如表 4-10 所示。

表 4-10　原料规则表

名称	购买价格/W/个	提前期/季
R1	10	1
R2	10	1
R3	10	2
R4	10	2

（9）紧急采购。付款即到货，原材料价格为直接成本的 2 倍，成品价格为直接成本的 3 倍。

紧急采购原材料和产品时，直接扣除现金。上报报表时，成本仍然按照标准成本记录，紧急采购多付出的成本计入费用表损失项。

（10）选单规则。投 10W 广告有一次选单机会，每增加 20W 多一次机会；若投小于 10W 广告则无选单机会，但仍扣广告费，对计算市场广告额有效；广告投放可以是非 10 的倍数，如 11W、12W 等。

投广告，只有裁判宣布的最晚时间，没有最早时间。

以本市场本产品广告额投放大小顺序依次选单；如果两队本市场本产品广告额相同，则看本市场广告投放总额；如果本市场广告总额也相同，则看上年市场销售排名；如仍无法决定，先投广告者先选单。第一年无订单。

选单时，两个市场同时开单，各队需要同时关注两个市场的选单进展，其中一个市场先结束，则第三个市场立即开单，即任何时候会有两个市场同开，除非到最后只剩下一个市场选单未结束。如某年有本地、区域、国内、亚洲四个市场有选单，则系统将本地、区域同时放单，各市场按 P1、P2、P3、P4 顺序独立放单，若本地市场选单结束，则国内市场立即开单，此时区域、国内两市场保持同开，紧接着区域结束选单，则亚洲市场立即放单，即国内、亚洲两市场同开。选单时各队需要单击相应“市场”按钮，一市场选单结束，系统不会自动跳到其他市场。

提请注意：

- 出现确认框要在倒计时大于 5 秒时按下“确认”按钮，否则可能造成选单无效。
- 在某细分市场（如本地、P1）有多次选单机会，只要放弃一次，则视同放弃该细分市场所有选单机会。
- 本次比赛无市场老大。
- 破产队可以参加选单。

（11）竞单会（系统一次同时放 3 张订单同时竞，并显示所有订单，第三、六年有）。参与竞标的订单标明了订单编号、市场、产品、数量、ISO 要求等，而总价、交货期、账期三项为空。竞标订单的相关要求说明如下：

竞拍会的单子，价格、交货期、账期都是根据各个队伍的情况自己填写选择的，系统默认的总价是成本价，交货期为 1 期交货，账期为 4 账期，如要修改需要手工修改。

① 投标资质。参与投标的公司需要有相应市场、ISO 认证的资质，但不必有生产资格。

中标的公司需为该单支付 10W 标书费，在竞标会结束后一次性扣除，计入广告费里面。

如果（已竞得单数+本次同时竞单数）* 10 >现金余额，则不能再竞。即必须有一定现金库存作为保证金。如同时竞 3 张订单，库存现金为 54W，已经竞得 3 张订单，扣除了 30W 标书费，还剩余 24W 库存现金，则不能继续参与竞单，因为万一再竞得 3 张，24W 库存现金不足支付标书费 30W。

为防止恶意竞单，对竞得单张数进行限制，如果{某队已竞得单张数>ROUND（3*该年竞单总张数/参赛队数）}，则不能继续竞单。

提请注意：

- ROUND 表示四舍五入。
- 如上式为等于，可以继续参与竞单。
- 参赛队数指经营中的队伍，若破产继续经营也算在其内，破产退出经营则不算其内。

如某年竞单，共有 40 张，20 队（含破产继续经营）参与竞单，当一队已经得到 7 张单，因为 7>ROUND（3*40/20），所以不能继续竞单；但如果已经竞得 6 张，可以继续参与。

② 投标。参与投标的公司须根据所投标的订单，在系统规定时间（90 秒，以倒计时秒形式显示）填写总价、交货期、账期三项内容，确认后由系统按照：

$$得分=100+（5-交货期）\times 2+应收账期-8\times 总价/（该产品直接成本\times 数量）$$

以得分最高者中标。如果计算分数相同，则先提交者中标。

提请注意：

- 总价不能低于（可以等于）成本价，也不能高于（可以等于）成本价的三倍。

- 必须为竞单留足时间，如在倒计时小于等于5秒再提交，可能无效。
- 竞得订单与选中订单一样，算市场销售额。
- 竞单时不允许紧急采购，不允许市场间谍。
- 破产队不可以参与投标竞单。

（12）订单违约。订单必须在规定季或提前交货，应收账期从交货季开始算起。应收款收回系统自动完成，不需要各队填写收回金额。

（13）取整规则（均精确或舍到个位整数）。

- 违约金扣除——四舍五入。（每张单分开算）
- 库存拍卖所得现金——四舍五入。
- 贴现费用——向上取整。
- 扣税——四舍五入。
- 长短贷利息——四舍五入。

（14）特殊费用项目。库存折价拍卖、生产线变卖、紧急采购、订单违约、计入其他损失；增减资计入股东资本或特别贷款（均不算所得税）。

提请注意：增资只适用于破产队。

2. 重要参数

商战电子沙盘模拟运营重要参数如图4-22所示。

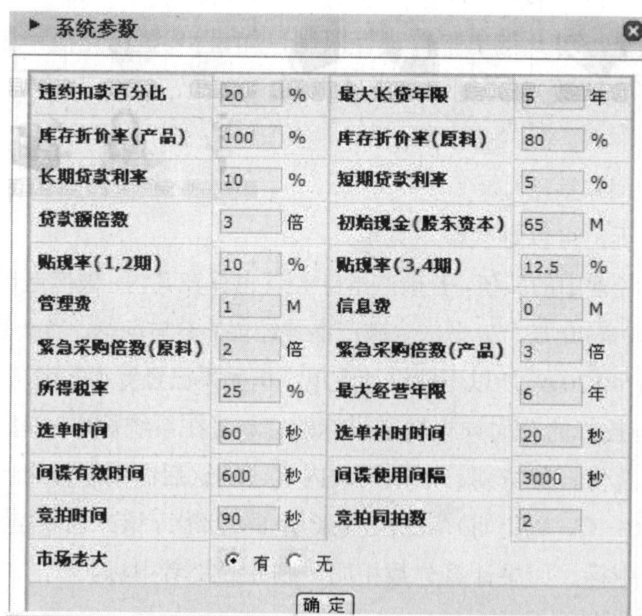

图4-22　重要参数图

提请注意：

● 每市场每产品选单时第一个队选单时间为 65 秒，自第二个队起，选单时间设为 45 秒，如果出现无法选单或时间停止跳动请立刻通知裁判暂停比赛。

● 初始资金为 600W。

● 信息费 1W/次/队，即交 1W 可以查看一队企业信息，交费企业以 Excel 表格形式获得被间谍企业详细信息。

间谍无法看到对手的选单情况。

3. 竞赛排名

完成预先规定的经营年限，将根据各队的最后分数进行评分，分数高者为优胜。

总成绩=所有者权益×（1+企业综合发展潜力/100）-罚分

企业综合发展潜力如表 4-11 所示。

表 4-11 综合发展系数的计算方法

项目	计算方法/分
自动线	+8/条
柔性线	+10/条
本地市场开发	+7
区域市场开发	+7
国内市场开发	+8
亚洲市场开发	+9
国际市场开发	+10
ISO9000	+8
ISO14000	+10
P1 产品开发	+7
P2 产品开发	+8
P3 产品开发	+9
P4 产品开发	+10
P5 产品开发	+11

提请注意：

如有若干队分数相同，则最后一年在系统中先结束经营（而非指在系统中填制报表）者排名靠前。

生产线建成即加分，无须生产出产品，也无须有在制品。手工线、租赁线、厂房无加分。

4. 罚分规则

（1）运行超时扣分。运行超时有两种情况：一是指不能在规定时间完成广告投放（可提前投广告）；二是指不能在规定时间完成当年经营（以单击系统中“当年结束”按钮并确认为准）。

处罚：按总分 10 分/分钟（不满一分钟算一分钟）计算罚分，最多不能超过 15 分钟。如果到 15 分钟后还不能完成相应的运行，将取消其参赛资格。

提请注意：投放广告时间、完成经营时间及提交报表时间系统均会记录，作为扣分依据。

（2）报表错误扣分。必须按规定时间在系统中填制资产负债表，如果上交的报表与系统自动生成的报表对照有误，在总得分中扣罚 20 分/次，并以系统提供的报表为准修订。

提请注意：对上交报表时间会作规定，延误交报表即视为错误一次，即使后来在系统中填制正确也要扣分。由运营超时引发延误交报表视同报表错误并扣分。

（3）其他违规扣分。在运行过程中下列情况属违规：①对裁判正确的判罚不服从；②其他严重影响比赛正常进行的活动如有以上行为者，视情节轻重，扣除该队总得分的 200～500 分。

5. 破产处理

当参赛队权益为负（指当年结束系统生成资产负债表时为负）或现金断流时（权益和现金可以为零），企业破产。

参赛队破产后，由裁判视情况适当增资后继续经营。破产队不参加有效排名。为了确保破产队不过多影响比赛的正常进行，限制破产队每年用于广告投放总和不能超过 80W。不允许参加竞单。

6. 操作要点

（1）生产线转产、下一批生产、出售生产线均在相应生产线上直接操作。

（2）应收款收回由系统自动完成，不需要各队填写收回金额。

（3）只显示可以操作的运行图标。

（4）选单时必须注意各市场状态（正在选单、选单结束、无订单），选单时各队需要单击相应“市场”按钮，一市场选单结束，系统不会自动跳到其他市场。

登录账号为 U01、U02 等（大写 U），初始密码统一为 1，登录后务必修改密码。

三、方案制作工具操作说明

1. 规则方案工具

从产品安装光盘中将“规则方案制作工具”及 msvcr120.dll、SeenTao.dll、VMProtect

SDK32.dll 插件文件复制到准备安装的目录下，保证加密狗插入并正常运行，双击制作工具。

打开登录页面后，单击“规则工具”按钮，跳转到操作页面。如图 4-23 与图 4-24 所示。

图 4-23　规则工具界面图

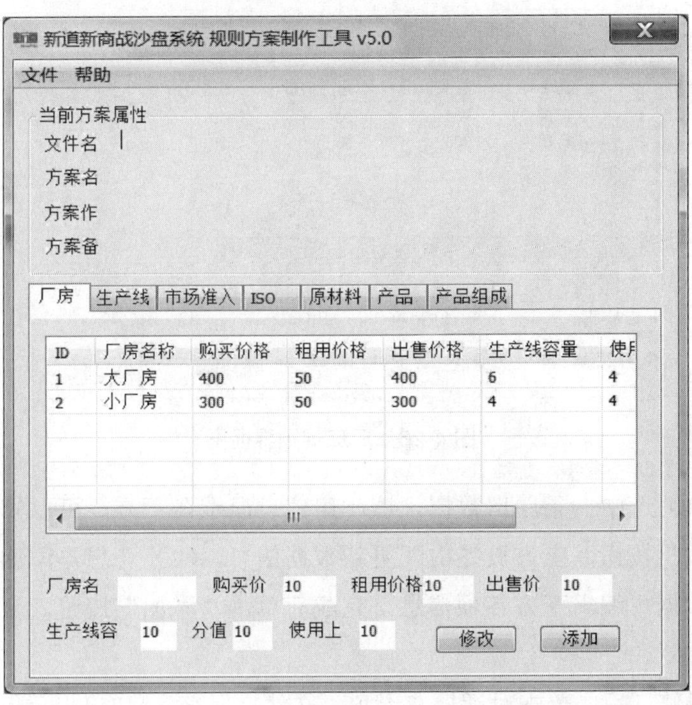

图 4-24　规则方案制作工具界面图

单击“文件—新建方案”，编辑文件名称、方案名称、作者、备注等信息，如图4-25所示。

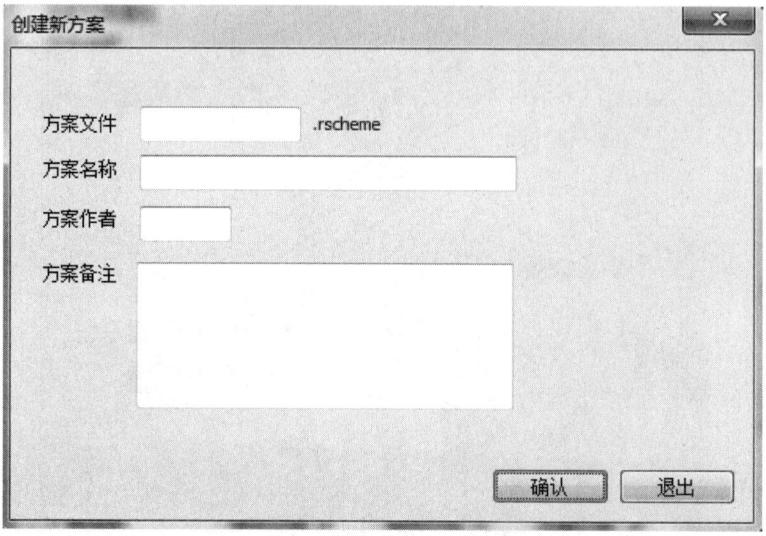

图4-25　创建新方案界面图

分别选择厂房、生产线、市场准入、ISO、原材料、产品、产品组成等页签进行规则编辑，如图4-26所示。

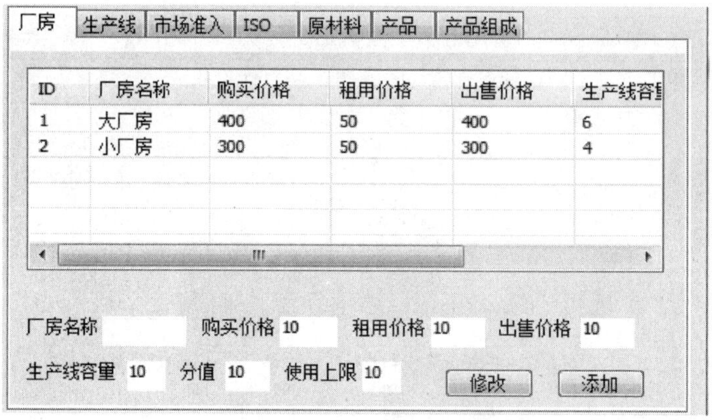

图4-26　厂房规则界面图

如厂房，（1）选中一条厂房数据，该厂房信息显示在下方，可以修改各字段值，确认后单击“修改”按钮，上方页签内即更新数据信息。（2）若想再添加厂房种类，不选中任一条已有数据，编辑下方各项信息，完成后单击“添加”按钮，新数据建立，但厂房名称不可以重复。

各页签完成修订后，单击对话框左上角“文件—保存”，弹出提示保存成功，且在安装目录下生成了一个文件夹“规则方案”，即规则文件所在，如图 4-27 所示。

图 4-27　规则文件所在界面图

其他页签修改/添加方法类似。

2. 订单方案工具

从产品安装光盘中将“订单方案制作工具”及 msvcr120.dll、SeenTao.dll、VMProtectSDK32.dll 插件文件复制到准备安装的目录下，保证加密狗插入并正常运行，双击制作工具 

。

打开登录页面后，单击“规则工具”按钮，跳转到操作页面，如图 4-28 与图 4-29 所示。

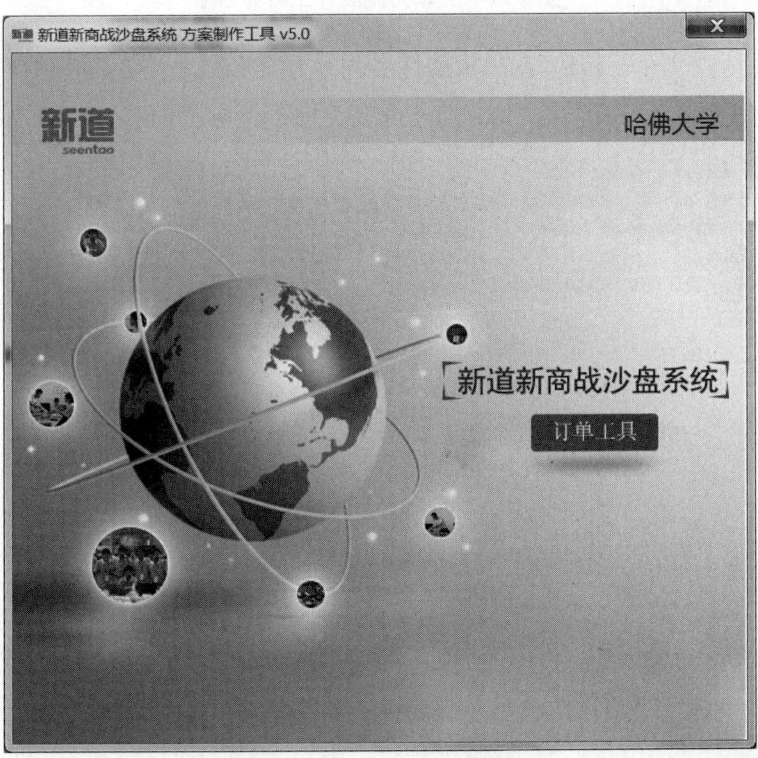

图 4-28　订单工具界面图

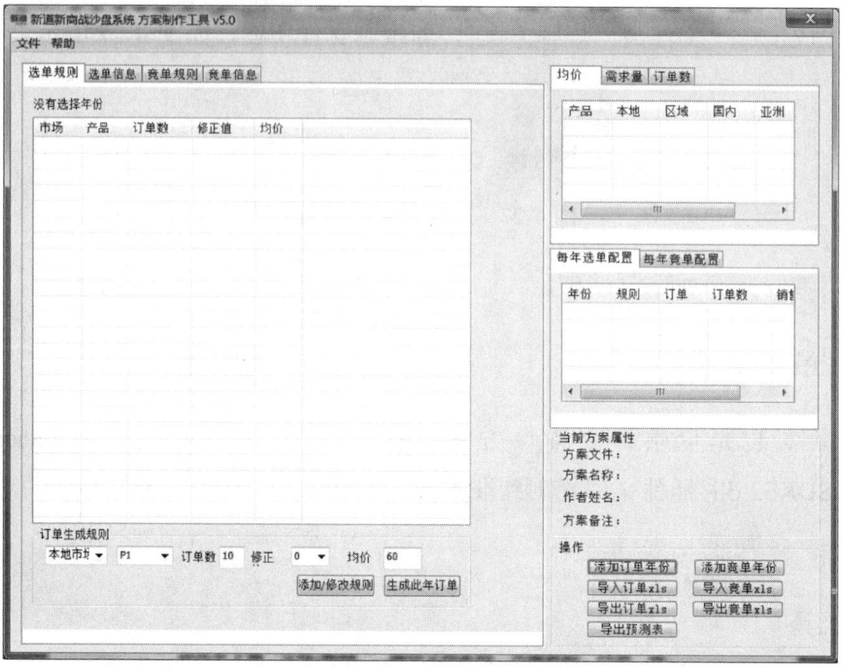

图 4-29　订单方案制作工具界面图

单击左上角“文件—新建”，编辑文件名称、方案名称、作者、备注等信息。

（1）添加订单。单击右下角“添加订单年份”按钮，弹出年份选择框，如图 4-30 所示。

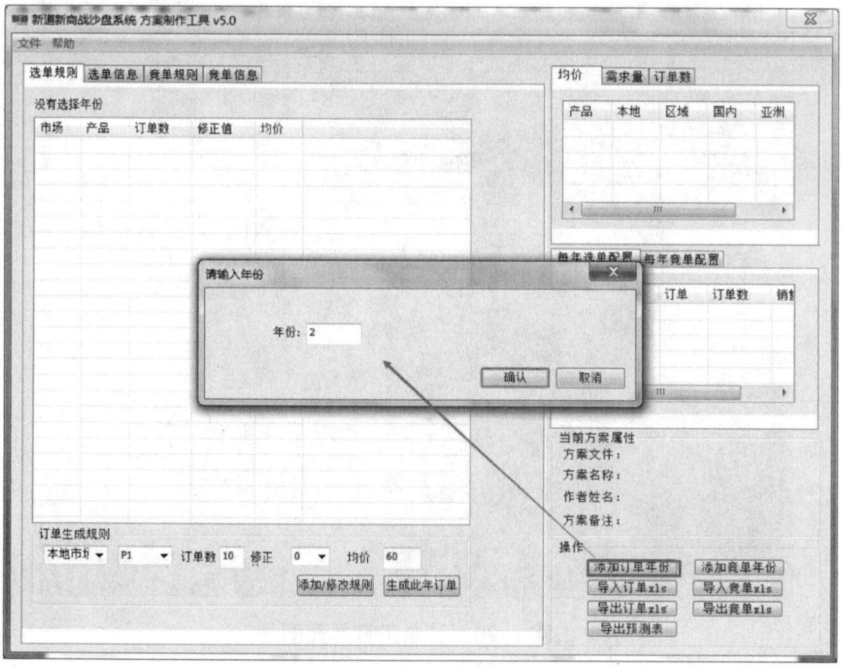

图 4-30　添加订单年份界面图

确认后右边每年选单配置增加了该年数据，选中该年，如图 4-31 所示。

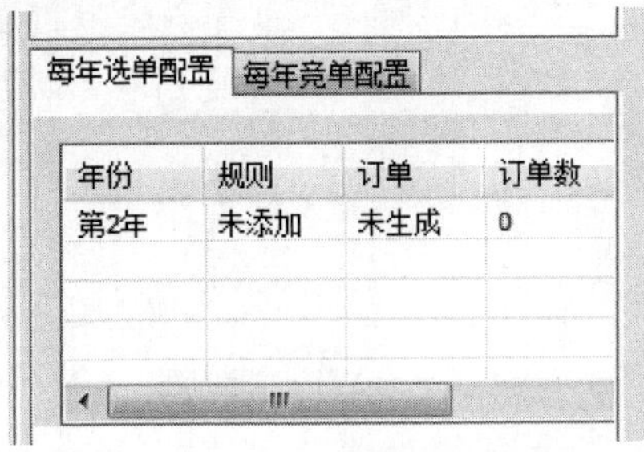

图 4-31　每年选单配置界面图

在左下角可以看到对于该年订单生成的规则字段，编辑信息，单击“添加/修改规则”按钮，该年的选单规则就产生了，如图 4-32～图 4-34 所示。

图 4-32　订单生成规则界面图

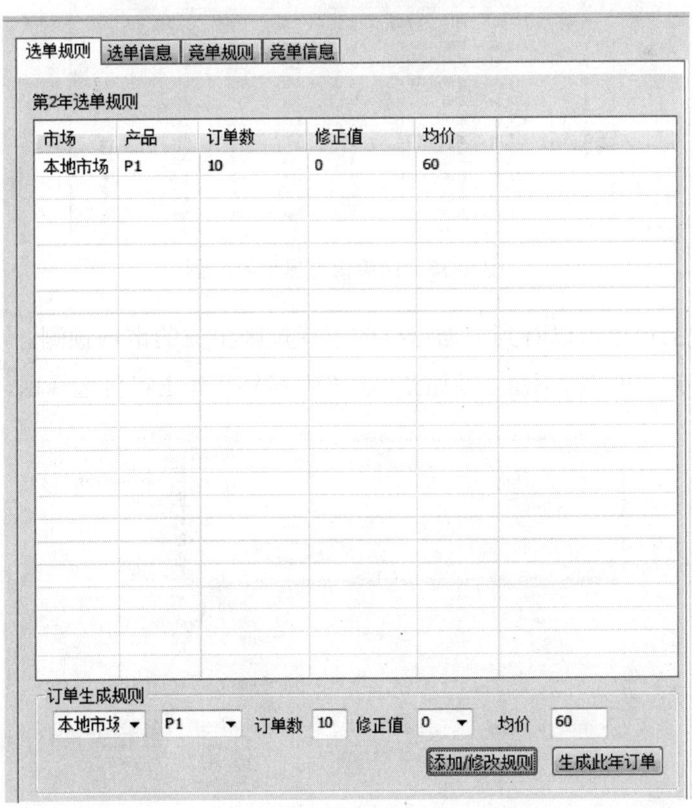

图 4-33　选单规则界面图

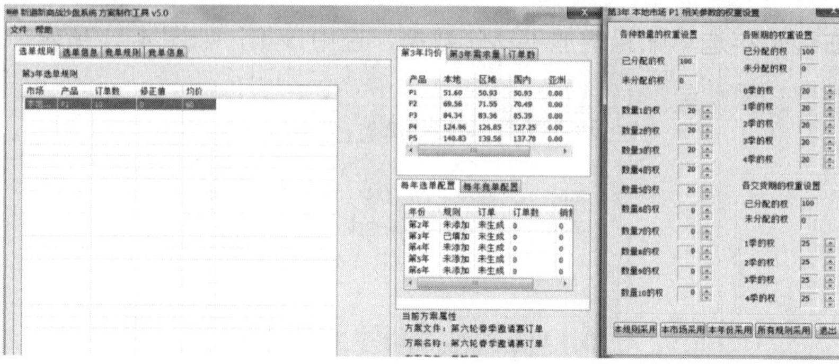

图 4-34　市场设置相关参数界面图

依此建立订单规则，单击生成的订单规则，页面右边弹出对话框——市场设置相关参数，可以对订单的数量、交货期等字段做出相应的权重选择，同类权重相加为 100，这样解决了以往订单不合理、废单等情况。编辑后，可以在下方选择应用范围、本市场或本规则等。

当规则定义好后，单击左下角的“生成此年订单”按钮，自动跳转到第二个页签显示订单详细信息，如图 4-35 所示。

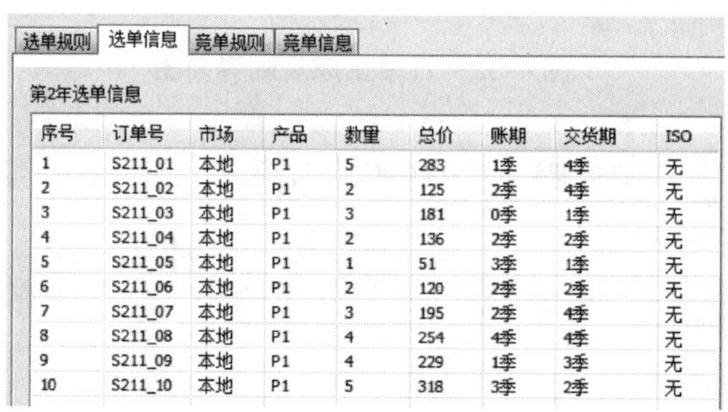

选单规则　选单信息　竞单规则　竞单信息

第2年选单信息

序号	订单号	市场	产品	数量	总价	账期	交货期	ISO
1	S211_01	本地	P1	5	283	1季	4季	无
2	S211_02	本地	P1	2	125	2季	4季	无
3	S211_03	本地	P1	3	181	0季	1季	无
4	S211_04	本地	P1	2	136	2季	2季	无
5	S211_05	本地	P1	1	51	3季	1季	无
6	S211_06	本地	P1	2	120	2季	2季	无
7	S211_07	本地	P1	3	195	2季	4季	无
8	S211_08	本地	P1	4	254	4季	4季	无
9	S211_09	本地	P1	4	229	1季	3季	无
10	S211_10	本地	P1	5	318	3季	2季	无

图 4-35　选单信息显示界面图

在页面的右上角也可以看到根据这样的选择规则生成的市场预测。

（2）添加竞单。单击右下角“添加竞单年份”按钮，弹出年份选择框，如图 4-36 所示。

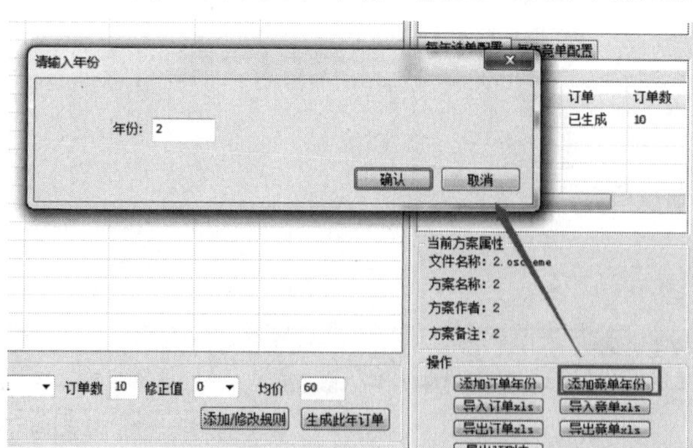

图 4-36　添加竞单年份界面图

确认后右边每年选单配置增加了该年数据，选中该年，如图 4-37 所示。

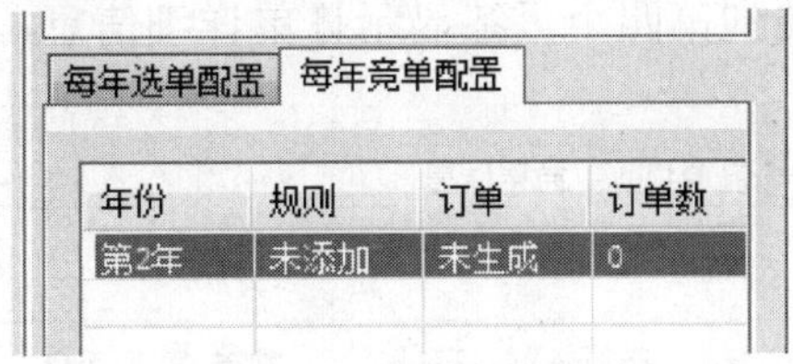

图 4-37　每年竞单配置界面图

在左下角可以看到对于该年订单生成的规则字段，编辑信息，单击“添加/修改规则”按钮，该年的选单规则就产生了，如图 4-38、图 4-39 所示。

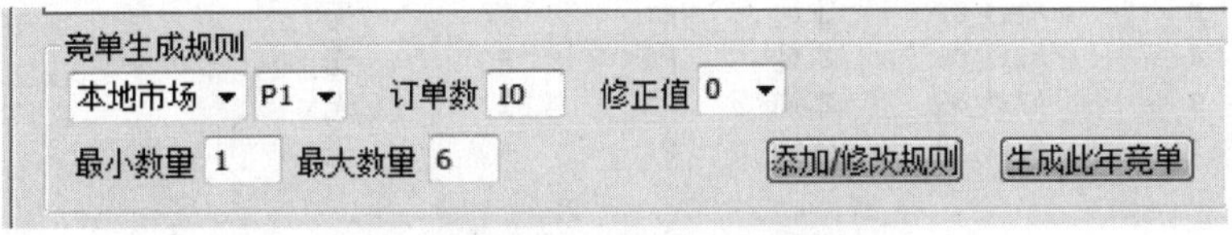

图 4-38　订单生成的规则界面图

图 4-39　生成的订单规则显示界面图

依此建立订单规则，单击生成的订单规则，当规则定义好后，单击左下角的“生成此年订单”按钮，自动跳转到第四个页签显示订单详细信息，如图 4-40 所示。

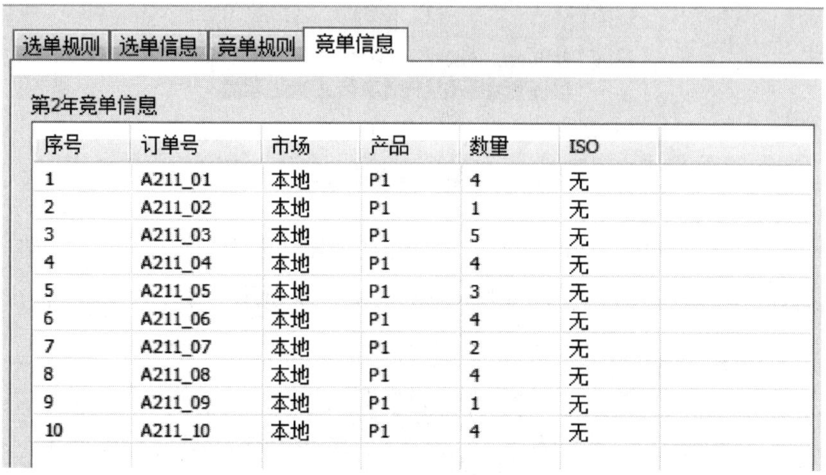

序号	订单号	市场	产品	数量	ISO
1	A211_01	本地	P1	4	无
2	A211_02	本地	P1	1	无
3	A211_03	本地	P1	5	无
4	A211_04	本地	P1	4	无
5	A211_05	本地	P1	3	无
6	A211_06	本地	P1	4	无
7	A211_07	本地	P1	2	无
8	A211_08	本地	P1	4	无
9	A211_09	本地	P1	1	无
10	A211_10	本地	P1	4	无

图 4-40　显示订单详细信息界面图

在页面的右上角也可以看到根据这样的选择规则生成的市场预测。

当订单和竞单方案完成制作后，单击左上角“文件—保存”，也可以选择右下角导出方案、导出市场预测等操作，如图 4-41 所示。

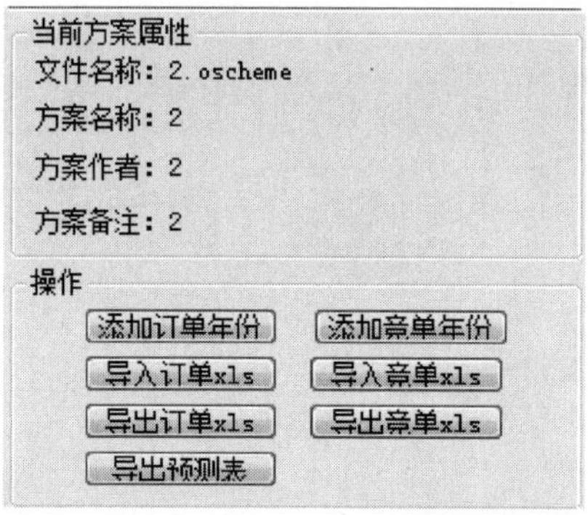

图 4-41　导出方案与市场预测等操作界面图

第三节　商战电子沙盘模拟实战过程

新组建的公司决策班子熟悉商战电子沙盘课程教学目标与内容、经营规则，电子沙盘的基本操作流程；实战过程由年初、年中和年末三个大的部分组成，年初工作涉及投放广告、参加订货会、长期贷款等；年中涉及各个季度的经营：短期贷款、原料采购、生产、交货、产品研发等；年末任务涉及市场开拓、生产认证、年末结账和报表等。在实战中了解商战过程，达到综合训练的目的。

一、商战电子沙盘课程设计

1. 商战电子沙盘模拟实训方式与时间安排

商战电子沙盘模拟实训适用：1～2 周的教学实训，本书以 2 周为例进行安排，如需要可根据实际情况适度压缩。

本实训主要分为五个阶段，各阶段建议安排如下。

第一阶段（3 天，第一周周一至周三）

（1）实训动员和规则介绍。一般安排在周一上午，主要进行实训动员，介绍“第一篇　导入篇”的主要内容，使学生掌握竞赛规则和企业运行流程。

（2）热身竞赛。一般从周一下午开始到周三上午结束，按照竞赛规则，在指导教师的监控下，学生进行企业经营沙盘模拟若干年（一般是六年）的热身赛。

（3）热身赛小结。一般安排在周三下午，对热身赛进行简要点评，同时部署下步实训内容。

第二阶段（2 天，第一周周四至周五）

（1）初步制定公司经营战略，各 CEO 主持（周四上午）。

（2）制定职能战略，由各角色进行相应职能战略制定（周四下午，同步进行）。

① 制定市场竞争策略，营销总监（CMO）主持。

② 制定新产品开发计划，技术总监主持。

③ 制订生产计划，生产总监主持。

④ 制订财务规划，CFO 主持。

⑤ 明晰组织架构及内部考核办法，人力资源总监（CHO）主持。

⑥ 依据生产计划制订相应采购计划，采购主管主持。

（3）形成公司经营战略方案，CEO 主持（周五）

第三阶段　实战对抗阶段（第二周周一至周三）

半天竞赛，半天听报告（上午听报告，下午竞赛）。聘请企业的人来做报告。

（1）周一：上午，CEO 报告；第一年运行。

（2）周一：下午，CFO 报告；第二年运行。

（3）周二：上午，营销总监报告；第三年运行。

（4）周二：下午，生产总监 / 技术总监报告；第四年运行。

（5）周三：上午，人力资源总监 / 采购主管报告；下午，第五年和第六年运行，并公布实战对抗竞赛结果。

第四阶段　案例讨论阶段（第二周周四）

安排 5 或 6 个不同类型（侧重不同角色）的典型案例，案例的讨论要把案例与沙盘模拟实战对抗结合起来。半天准备，半天讨论。

（1）周一：公司战略案例讨论。

（2）周二：竞争策略案例讨论。

（3）周三：财务管理案例讨论。

（4）周四：人力资源案例讨论。

（5）周五：产品开发与生产案例 / 物流管理案例讨论。

第五阶段　总结提升阶段（第二周周五）

（1）撰写模拟企业经营分析报告和个人实训总结。一般安排在周五上午进行，由 CEO 组织各企业按照经营分析报告的要求撰写报告，并进行模拟企业内部的总结。

（2）班级实训总结。一般安排在周五上午进行，由各模拟企业派代表做主旨发言，总结模拟企业经营的成败得失，指导教师做必要的点评与指引，允许并鼓励学生个别发言，谈感受和体验。指导教师做实训总结。

（3）年级实训交流。一般安排在周五下午进行，由班级选派的 2 或 3 名代表做主旨发言，总结交流模拟企业经营的成败得失，指导教师做必要的点评与指引，允许并鼓励学生个别发言，谈感受和体验。

以上为参考时间安排。具体时间以指导教师公布的时间为准。

2. 商战电子沙盘模拟实训要求与组织管理

（1）每个学生都要参与所有的实训流程，并承担一个具体的工作岗位。

（2）实训前要认真学习本实训手册的相关内容，明确实训目的、内容和相关要求，确保实训效果。

（3）在实训过程中，要树立端正的实训态度和良好的团队精神。

（4）在实训过程中要特别注意人身和财物的安全。

（5）遵守实训纪律，保证按时出勤，并完成相关任务；遵守国家法律法规，遵守实训教室的相关规定，听从安排。

（6）做好实训记录，记好实训日记，为撰写实训报告做好准备工作。

（7）认真撰写个人实训总结和模拟企业经营分析报告，字数分别不少于 5 000 字和 8 000 字。

模拟企业经营分析报告与该模拟企业 CEO 的个人实训总结合一。

商战电子沙盘模拟实训组织管理：

（1）学生分组由指导教师根据实际情况掌握。对于 6 组手工沙盘，以班级为单位进行对抗赛，最多可分 6 组，每组以 5 或 6 人为宜，人数少的班级可以分为 4 或 5 组。8 组以上手工沙盘或电子沙盘可以考虑进行年级对抗赛。填写《ERP 电子沙盘模拟团队组建与考核记录表》。

（2）角色分工由各团队自行协商产生。实训期间可做角色互换。

（3）在实训期间，各模拟企业 CEO 应管理好各企业人员。

商战电子沙盘模拟团队组建与考核记录表，如表 4-12 所示。

表 4-12　商战电子沙盘模拟团队组建与考核记录表

<table>
<tr><td colspan="2">团队名称</td><td colspan="8"></td></tr>
<tr><td rowspan="9">团
队
成
员</td><td></td><td>姓名</td><td>学号</td><td>角色</td><td colspan="3">出勤情况</td><td>实训表现</td><td>成绩</td></tr>
<tr><td>组长</td><td></td><td></td><td>CEO</td><td></td><td></td><td></td><td></td><td></td></tr>
<tr><td rowspan="7">组员</td><td></td><td></td><td>CFO</td><td></td><td></td><td></td><td></td><td></td></tr>
<tr><td></td><td></td><td>COO</td><td></td><td></td><td></td><td></td><td></td></tr>
<tr><td></td><td></td><td>CMO</td><td></td><td></td><td></td><td></td><td></td></tr>
<tr><td></td><td></td><td>采购总监</td><td></td><td></td><td></td><td></td><td></td></tr>
<tr><td></td><td></td><td>信息总监</td><td></td><td></td><td></td><td></td><td></td></tr>
<tr><td></td><td></td><td>间谍</td><td></td><td></td><td></td><td></td><td></td></tr>
<tr><td></td><td></td><td>财务助理</td><td></td><td></td><td></td><td></td><td></td></tr>
<tr><td>备
注</td><td colspan="9"></td></tr>
</table>

团队长：　　　　　　　指导教师：　　　　　　时间：　　年　　月　　日

3. 商战电子沙盘模拟实训成绩评定

学生成绩评定综合以下内容：企业间实战对抗的成绩，占 30%；每个成员在企业内的排名，占 20%；案例讨论的参与情况，占 20%；实训报告成绩，占 20%；出勤及遵守纪律情况等，占 10%。

二、商战电子沙盘操作说明

1. 年初运营操作

（1）年度规划会议。年度规划会议在每运营年度开始时召开，在软件中无须操作。年度规划会议一般由团队的CEO主持召开，会同团队中的采购、生产、销售等负责人一起进行全年的市场预测分析、广告投放、订单选取、产能扩张、产能安排、材料订购、订单交货、产品研发、市场开拓、筹资管理和现金控制等方面的分析和决策规划，最终完成全年运营的财务预算。

市场预测分析时，点击主页面右上方的菜单“市场预测”，显示弹出框，即可查阅此次企业模拟经营的市场预测信息，包含每个市场的需求数量值和市场均价，如图4-42所示。

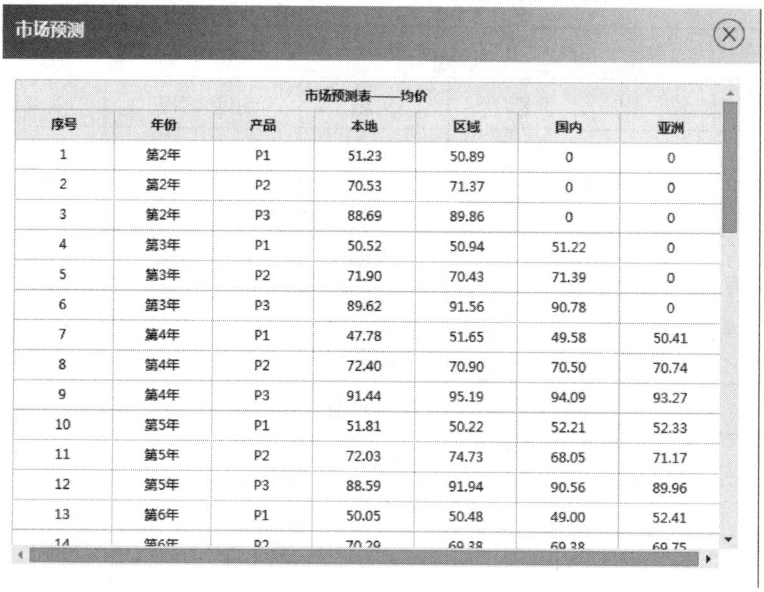
市场预测

市场预测表——均价

序号	年份	产品	本地	区域	国内	亚洲
1	第2年	P1	51.23	50.89	0	0
2	第2年	P2	70.53	71.37	0	0
3	第2年	P3	88.69	89.86	0	0
4	第3年	P1	50.52	50.94	51.22	0
5	第3年	P2	71.90	70.43	71.39	0
6	第3年	P3	89.62	91.56	90.78	0
7	第4年	P1	47.78	51.65	49.58	50.41
8	第4年	P2	72.40	70.90	70.50	70.74
9	第4年	P3	91.44	95.19	94.09	93.27
10	第5年	P1	51.81	50.22	52.21	52.33
11	第5年	P2	72.03	74.73	68.05	71.17
12	第5年	P3	88.59	91.94	90.56	89.96
13	第6年	P1	50.05	50.48	49.00	52.41
14	第6年	P2	70.29	69.38	69.38	69.75

图4-42 市场预测界面图

（2）支付广告费和支付所得税。单击“当年结束”，系统时间切换到下一年年初，需要投放广告，确认投放后系统会自动扣除所投放的广告费和上年应交的所得税。

（3）参加订货会。商战电子沙盘参加订货会操作：单击主页面下方操作区中菜单“参加订货会”，弹出“订货会就绪”对话框（见图4-43）或“参加订货会”对话框（见图4-44）。当其他企业存在未完成投放广告操作时，当前组显示如图4-43所示，当所有企业均已经完成投放广告，且教师/裁判已经启动订货会时，系统会显示如图4-44所示。

图 4-43　订货会就绪

ID	用户	产品广告	市场广告	销售额	次数
1	201	22	44	0	4

编号	总价	单价	数量	交货期	账期	ISO	操作
S211_02	112	56.00	2	4	2	-	-
S211_08	154	51.33	3	4	1	-	-
S211_09	216	54.00	4	4	2	-	-
S211_11	117	58.50	2	4	0	-	-
S211_12	161	53.67	3	3	1	-	-
S211_13	197	49.25	4	3	2	-	-

图 4-44　参加订货会

说明：

① 系统会提示正在进行选单的市场（显示为红色）、选单用户和剩余选单时间，企业选单时特别要关注上述信息。

② 对话框左边显示某市场的选单顺序，右边显示该市场的订单列表。未轮到当前用户选单时，右边操作一列无法点击。当轮到当前用户选单时，操作显示“选中”按钮，单击选中，成功选单。当选单倒计时结束后用户无法选单。

③ 选单时要特别注意有两个市场在同时进行选单的情况，此时很容易漏选市场订单。

全部市场选单结束后，订货会结束。

（4）长期贷款。商战电子沙盘长期贷款操作：单击主页面下方操作区中菜单“申请长贷”，弹出“申请长贷”对话框（见图 4-45）。弹出框中显示本企业当前时间可以贷款的最大额度，单击“需贷款年限”下拉框，选择贷款年限，在“需贷款额”录入框内输入贷款金额，单击“确认”按钮，即申请长贷成功。

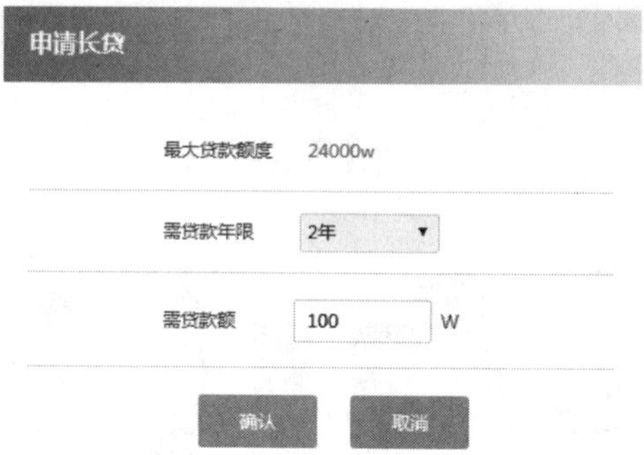

图 4-45　申请长贷对话框

说明：

① 需贷款年限，系统预设有1年、2年、3年、4年和5年，最大贷款额度系统设定为上年末企业所有者权益的 *N* 倍，*N* 具体为多少，由教师/裁判在参数设置中设定。需贷款额由企业在年度规划会议中根据企业运营规划确定，但不得超过最大贷款额度。

② 长期贷款为分期付息，到期一次还本。年利率有教师/裁判在参数设置中设定。

商战电子沙盘长期贷款应用举例：

若长期贷款年利率设定为10%，贷款额度设定为上年末所有者权益的3倍，企业上年末所有者权益总额为80W，则本年度贷款上限为240W（=80W×3），假定企业之前没有贷款，则本次贷款最大额度为本年度贷款上限，即为240W。若企业之前已经存在100W的贷款，则本次贷款最大额度为本年度贷款上限减去已贷金额，即为140W。

若企业第1年初贷入了100W，期限5年，则系统会在第2、3、4、5、6年初每年自动扣除长贷利息10W（=100W×10%），并在第6年初自动偿还贷款本金100W。

2. 每季度运营操作

（1）当季开始。商战电子沙盘当季开始操作：单击“当季开始”按钮，系统会弹出“当季开始”对话框，如图4-46所示，该操作完成后才能进入季度内的各项操作。

图 4-46　当季开始

说明：

当季开始操作时，系统会自动完成短期贷款的更新，偿还短期借款本息，检测更新生产/完工入库情况（若已完工，则完工产品会自动进入产品库，可通过查询库存信息了解入库情况）、检测生产线完工/转产完工情况。

（2）申请短贷。商战电子沙盘申请短贷操作：单击主页面下方操作区中菜单“申请短贷”，弹出“申请短贷”对话框。在“需贷款额”后输入金额，单击“确认”按钮即短贷成功，如图 4-47 所示。

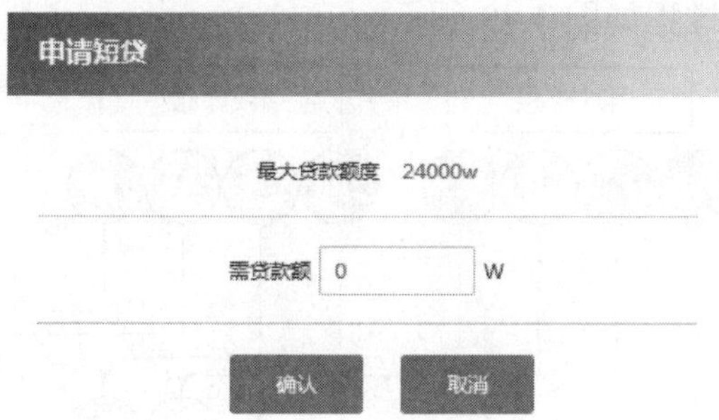

图 4-47　申请短贷

说明：

短贷期限默认为 1 年，到期一次还本付息，贷款年利率由教师/裁判在参数设置中设定，短贷申请时不得超过“申请短贷”对话框中的“最大贷款额度”。

商战电子沙盘申请短贷应用举例：

假定企业短期贷款年利率为 5%，则企业若在第 1 年第 1 季度贷入 20W，那么，企业需在第 2 年第 1 季度偿还该笔短贷的本金 20W 和利息 1W（=20×5%）。

（3）更新原料库。商战电子沙盘更新原料库操作：单击主页面下方操作区中菜单“更新原料库”，弹出“更新原料”对话框，如图 4-48 所示，提示当前应入库原料需支付的现金。确认金额无误后，单击“确认”按钮，系统扣除现金并增加原料库存。

图 4-48　更新原料

说明：

企业经营沙盘运营中，原材料一般分为 R1、R2、R3、R4 四种，它们的采购价由系统设定，一般每1个原材料价格均为1W。其中R1、R2原材料是在订购1个季度后支付，R3、R4原材料是在订购2个季度后支付。

商战电子沙盘更新原料库举例：

假定每种原材料每个采购价均为1W，若某企业在第1季度订购了R1、R2、R3、R4各1个，第2季度又订购了R1、R2、R3、R4各2个，则第2季度更新原料操作时，需支付的材料采购款为2W（是第1季度订购的R1和R2材料款），第3季度更新原料操作时，需支付的材料采购款为6W（是第1季度订购的R3、R4材料款和第2季度订购的R1、R2材料款）。分析过程如图4-49所示。

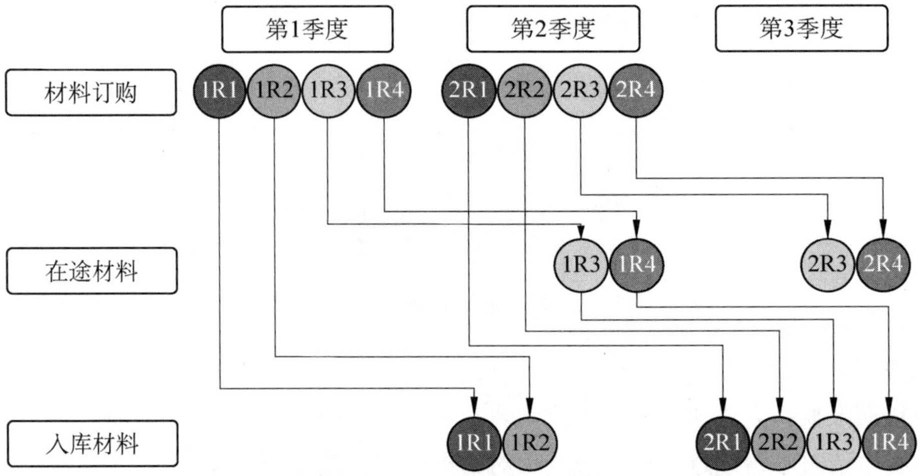

图4-49　分析过程图

（4）订购原料。商战电子沙盘订购原料操作：单击主页面下方操作区中菜单“订购原料”，弹出“订购原料”对话框，显示原料名称、价格以及运货周期信息，在数量一列输入需订购的原料量值，单击“确认”按钮即可，如图4-50所示。

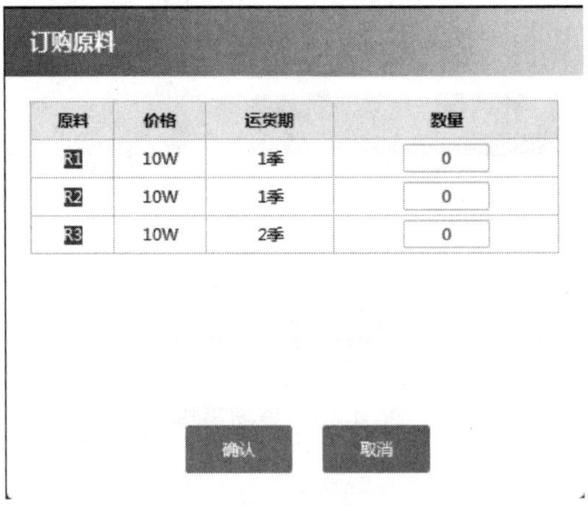

图4-50　订购原料

说明：

企业原材料一般分为 R1、R2、R3、R4 四种，其中 R1、R2 原材料需提前 1 个季度订购，在 1 个季度后支付材料款并入库，R3、R4 原材料需提前 2 个季度订购，在 2 个季度后支付材料款并入库。材料订购数量由后期生产需要来决定，订购多了会造成现金占用，订购少了则不能满足生产需要，会造成生产线停产，甚至不能按期完成产品交货，导致产品订单违约。

商战电子沙盘订购原料举例：

若企业第 2 季度需要领用 5R1、4R2，第 3 季度需要领用 3R1、4R2、5R3、4R4，第 4 季度需要领用 4R1、6R2、4R3、5R4，则企业第 1 季度需要订购的原材料即为图 4-51 中所示，第 2 季度需订购的原材料为 3R1、4R2、4R3、5R4。分析过程如图 4-51 所示。

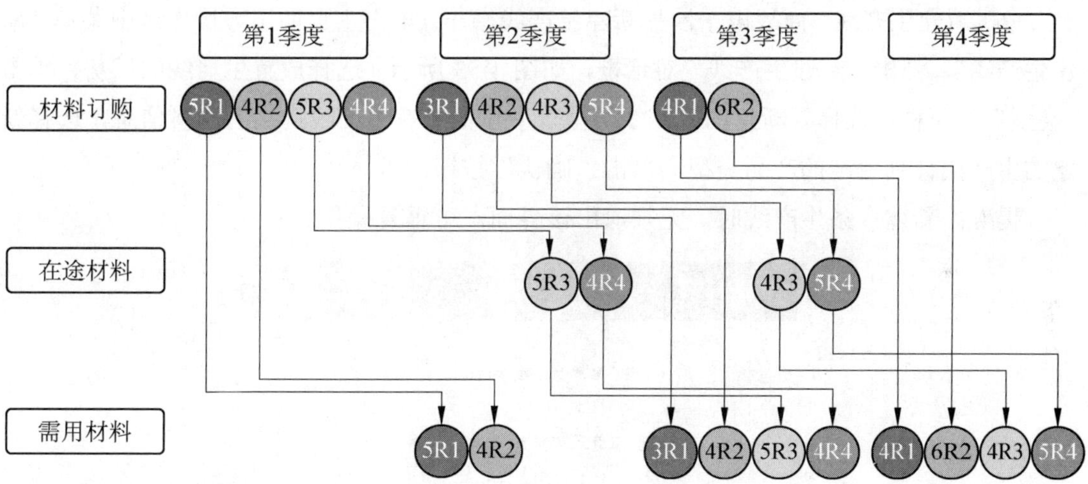

图 4-51　分析过程图

（5）购租厂房。商战电子沙盘购租厂房操作：单击主页面下方操作区中菜单“购租厂房”，弹出“购租厂房”对话框，如图 4-52 所示，单击下拉框选择厂房类型，下拉框中提示每种厂房的购买价格、租用价格等。选择订购方式，买或租，单击“确认”按钮即可。

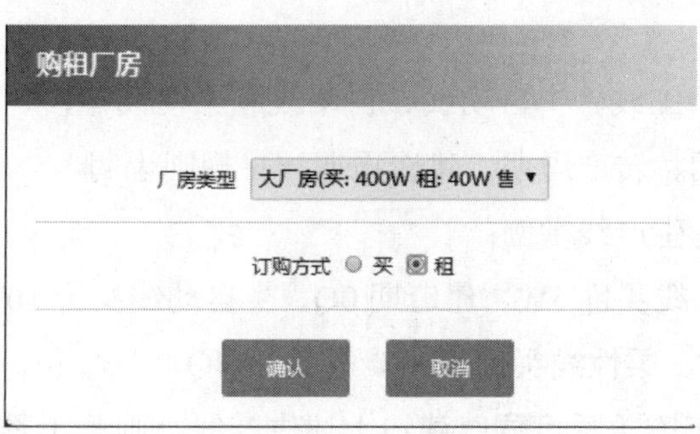

图 4-52　购租厂房

说明：

厂房类型根据需要选择大厂房或小厂房，订购方式可以根据需要选择买或租。厂房每季均可购入或租入。

若选择购买，则需一次性支付购买价款，无后续费用；若选择租入，则需每年支付租金，租金支付时间为租入当时以及以后每年对应季度的季末。

商战电子沙盘购租厂房举例：

若企业在第 1 年第 2 季度选择购入 1 个大厂房，则系统会在购入时一次性扣除相应的购买价款，以后不再产生相关扣款。

若企业在第 1 年第 2 季度选择租入 1 个大厂房，则需在第 1 年第 2 季度租入时支付第 1 年租金，以后每年的租金由系统自动在第 2 季度季末支付。

（6）新建生产线。商战电子沙盘新建生产线操作：单击主页面下方操作区中菜单“新建生产线”，弹出“新建生产线”对话框，如图 4-53 所示。选择放置生产线的厂房，单击“类型”下拉框，选择要新建的生产线类型，下拉框中有生产线购买的价格信息，选择新建的生产线计划生产的产品类型，单击“确认”按钮即可。

提醒：新建多条生产线时，无须退出该界面，可重复操作。

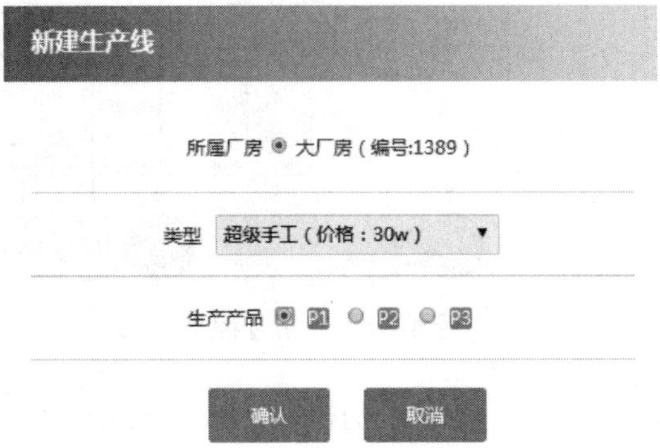

图 4-53　新建生产线

说明：

生产线一般包括手工线、半自动线、自动线和柔性线等，各种生产线的购买价格、折旧、残值、生产周期、转产周期、建造周期详见规则说明。

商战电子沙盘新建生产线举例：

若规则规定：手工线买价 5W、建造期 0Q，半自动线买价 10W、建造期 1Q，自动线买价 15W、建造期 3Q，柔性线买价 20W、建造期 4Q。

企业如果在第 1 年第 1 季度同时建造上述生产线，则第 1 季度新建生产线时需支付 25W（手工线 5W、半自动线 10W、自动线 5W、柔性线 5W），第 2 季度在建生产线时需支付 10W（自动线 5W、柔性线 5W），第 3 季度在建生产线时需支付 10W（自动线 5W、柔性线 5W），第 4 季度在建生产时需支付 5W（柔性线 5W）。建造过程如表 4-13 所示。

表 4-13　建造过程详表

	第 1 年第 1 季	第 1 年第 2 季	第 1 年第 3 季	第 1 年第 4 季	第 2 年第 1 季	总投资额
手工线	5W 建成					5W
半自动线	10W 在建	建成				10W
自动线	5W 在建	5W 在建	5W 在建	建成		15W
柔性线	5W 在建	5W 在建	5W 在建	5W 在建	建成	20W
当季投资总额	25W	10W	10W	5W		

（7）在建生产线。商战电子沙盘在建生产线操作：单击主页面下方操作区中菜单“在建生产线”，弹出“在建生产线”对话框，如图 4-54 所示。弹出框中显示需要继续投资建设的生产线的信息，勾选决定继续投资的生产线，单击“确认”按钮即可。

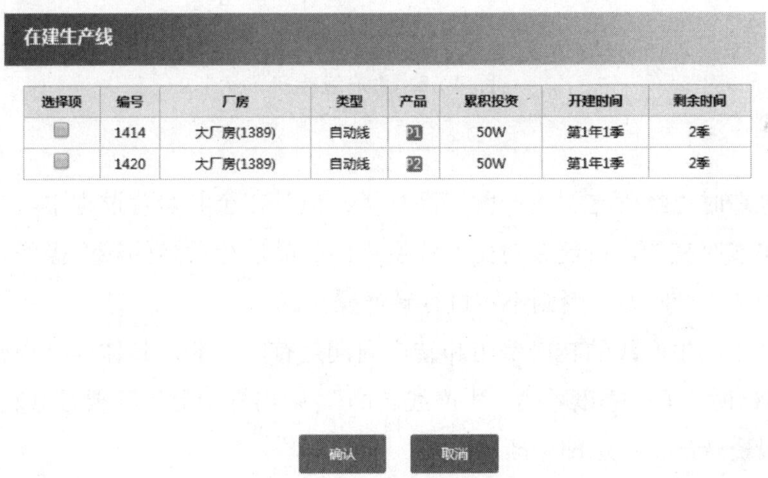

图 4-54　在建生产线

说明：

只有处在建造期的生产线才会在此对话框中显示，该对话框中会提供处于建造期间的生产线的累计投资额、开建时间和剩余建造期。

商战电子沙盘在建生产线举例：

详见“6. 新建生产线”。

（8）生产线转产。商战电子沙盘生产线转产操作：单击主页面下方操作区中菜单“生产线转产”，弹出“生产线转产”对话框，如图 4-55 所示。弹出框中显示可以进行生产转产的生产线信息，勾选转产的生产线以及转线要生产的产品，单击“确认”按钮即可。

图 4-55　生产线转产

说明：

生产线建造时已经确定了生产的产品种类，但是在企业运营过程中，为完成不同产品数量的订单按时交货，可能会对生产线生产的产品进行适当的转产操作，转产时要求该生产线处于待生产状态，否则不可进行转产操作。

转产时，不同生产线的转产费用和转产周期是有区别的，具体详见规则说明。当转产周期大于1Q时，下一季度单击“生产线转产”，弹出框中显示需要继续转产的生产线，勾选即继续投资转产，不选即中断转产。

商战电子沙盘生产线转产举例：

假定规则规定手工线转产周期为0Q、转产费用0W。若某手工线原定生产P1产品，现在需要转产为P2产品，则转产时要求该手工线上没有在产品方能转产，且转产当季即可上线生产新的P2产品，无须支付转产费用。

假定规则规定半自动线转产周期为1Q，转产费用1W。若某半自动线原定生产P1产品，现在需要转产为P2产品，则转产时要求该半自动线上没有在产品方能转产，且需进行1个季度的“生产线转产”操作后，方能上线生产新的P2产品，且需支付相应的转产费用1W。

（9）出售生产线。商战电子沙盘出售生产线操作：

单击主页面下方操作区中菜单“出售生产线”，弹出“出售生产线”对话框，如图4-56

所示，弹出框中显示可以进行出售的生产线信息。勾选要出售的生产线，单击“确认”按钮即可。

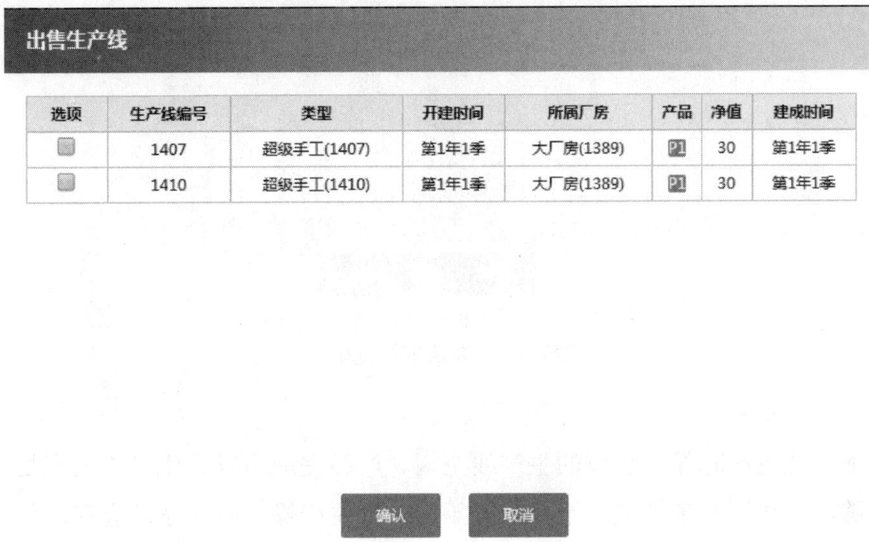

图 4-56　出售生产线

说明：

生产线出售的前提是该生产线是空置的，即没有在生产产品。出售时按残值收取现金，按净值（生产线的原值减去累计折旧后的余额）与残值之间的差额作企业损失。即已提足折旧的生产线不会产生出售损失，未提足折旧的生产线必然产生出售损失。

商战电子沙盘出售生产线举例：

假定规则确定半自动线建设期为 1Q、原值为 10W、净残值 2W、使用年限 4 年，若某企业第 1 年第 1 季度开建一条半自动线，则该生产线是第 1 年第 2 季度建成，只要该生产线处于待生产状态即可进行出售。

若建成后当年将其出售，则会收到 2W 现金，同时产生 8W 损失（=(原值 10W−累计折旧 0W)−净残值 2W)，若第 2 年将其出售，则会收到 2W 现金，同时产生 6W 损失(=(原值 10W−累计折旧 2W)−净残值 2W)，依此类推。

（10）开始生产。商战电子沙盘开始生产操作：

单击主页面下方操作区中菜单“开始生产”，弹出“开始下一批生产”对话框，如图 4-57 所示。弹出框中显示可以进行生产的生产线信息。勾选要投产的生产线，单击“确认”按钮即可。

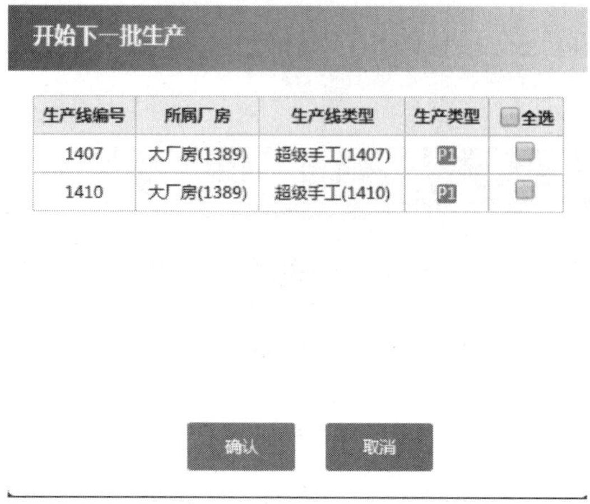

图 4-57　开始下一批生产

说明：

开始下一批生产时保证相应的生产线空闲、产品完成研发、生产原料充足，投产用的现金足够，上述四个条件缺一不可。开始下一批生产操作时，系统会自动从原材料仓库领用相应的原材料，并从现金处扣除用于生产的人工费用。

商战电子沙盘开始生产举例：

假定规则规定 P1 产品构成为 1R1+1W，当前想在某半自动线上上线生产 P1 产品，则要求该半自动线此时没有在产品（因为一条生产线同时只能生产 1 个产品），且原材料仓库需有 1 个 R1 原材料，以及 1W 的现金余额用于支付产品生产的人工费。上线生产后，系统会自动从 R1 原材料库中领用 1 个 R1，并从现金库中扣除 1W 的生产费用。

（11）应收款更新。商战电子沙盘应收款更新操作：

单击主页面下方操作区中菜单“应收款更新”，弹出“应收款更新”对话框，如图 4-58 所示，单击确认即可。

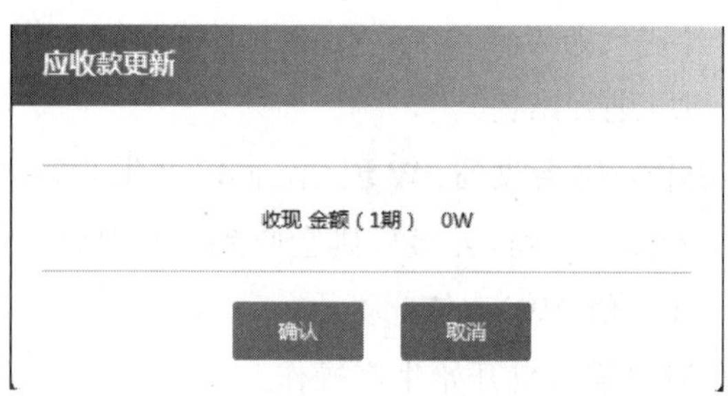

图 4-58　应收款更新

说明：

应收款更新操作实质上是将企业所有的应收款项减少 1 个收账期，它分为两种情况：

一是针对本季度尚未到期的应收款，系统会自动将其收账期减少 1 个季度；二是针对本季度到期的应收款，系统会自动计算并在“收现金额”框内显示，将其确认收到，系统自动增加企业的现金。

商战电子沙盘应收款更新举例：

若某企业上季度末应收账款有如下两笔：一笔为账期为 3Q、金额为 20W 的应收款；另一笔为账期为 1Q、金额为 30W 的应收款。则本季度进行应收款更新时，系统会将账期为 3Q、金额为 20W 的应收款更新为账期为 2Q、金额为 20W 的应收款，同时系统会自动将账期为 1Q、金额为 30W 的应收款收现。

（12）按订单交货。商战电子沙盘按订单交货操作：

单击主页面下方操作区中菜单“按订单交货”，弹出“交货订单”对话框，如图 4-59 所示。单击每条订单后的“确认交货”按钮即可。

交货订单

订单编号	市场	产品	数量	总价	得单年份	交货期	账期	ISO	操作
S211_01	本地	P1	4	208W	第2年	4季	1季	-	确认交货
S211_03	本地	P1	4	208W	第2年	4季	3季	-	确认交货
S211_04	本地	P1	2	96W	第2年	4季	2季	-	确认交货
S211_05	本地	P1	1	53W	第2年	4季	3季	-	确认交货
S211_06	本地	P1	4	201W	第2年	4季	1季	-	确认交货
S211_07	本地	P1	4	179W	第2年	4季	0季	-	确认交货
S211_10	本地	P1	2	96W	第2年	4季	2季	-	确认交货

图 4-59　交货订单

说明：

交货订单对话框中会显示年初订货会上取得的所有产品订单，该订单会提供订单销售收入总价、某订单需交的产品种类和数量、交货期限、账期等信息。单击相应订单右边的“确认交货”按钮后，若当相应产品库存足够的情况下提示交货成功，若库存不足的情况下弹出库存不足的提示框，订单交货后会收取相应的现金或产生相应的应收款。

商战电子沙盘按订单交货举例：

若企业获取的订单情况如图 4-59 中所示，则表示上述订单均要求在当年第 4 季度结束前交货，如果不能按时交货则取消该产品订单，且要支付相应的违约金（违约金比率有教师/裁判在系统参数中设置）。

若当前为当年的第 3 季度，库存 P2 产品有 3 个，则企业可选择 8-0016、8-0017、8-0018 三个订单中的一个进行交货，若企业选择 8-0018 订单交货，则交货后企业会产生账期为

1Q、金额为 18W 的应收款，该应收款可在下季度应收款更新中收回。同时，系统会从 P2 产品库中减少 3 个 P2 产品予以交货。

（13）厂房处理。商战电子沙盘厂房处理操作：

单击主页面下方操作区中菜单“厂房处理”，弹出“厂房处理”对话框，如图 4-60 所示。选择厂房的处理方式，系统会自动显示出符合处理条件的厂房以供选择。勾选厂房，单击“确认”按钮。

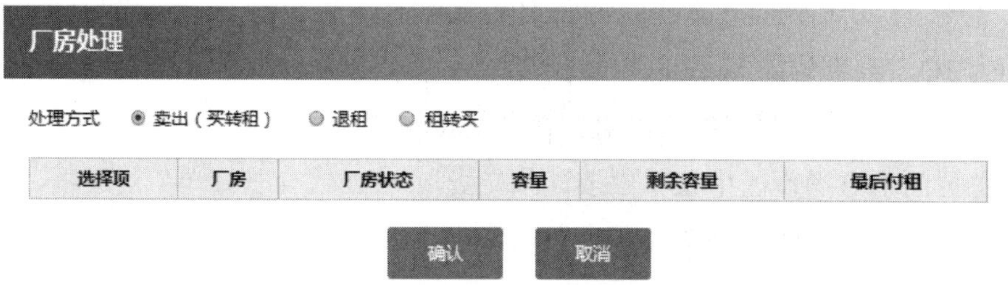

图 4-60　厂房处理

说明：

厂房处理方式包括卖出（买转租）、退租、租转买三种。

买转租操作针对原购入的厂房，实质上此操作包括两个环节：卖出厂房，同时将此厂房租回，卖出厂房将根据规则产生一定金额、一定账期的应收款（详见规则说明），租入厂房需支付对应的租金，这一操作无须厂房空置。

退租操作针对原租入的厂房，该操作要求厂房内无生产设备，若从上年支付租金时开始算租期未满 1 年的，则无须支付退租当年的租金，反之则需支付退租当年的租金。

租转买操作针对原租入的厂房，该操作实质上包括两个环节：一是退租，同时将该厂房买入。退租当年租金是否需要支付参照“退租操作”说明，购买厂房时需支付相应的购买价款，该操作无须厂房空置。

商战电子沙盘厂房处理举例：

假定规则规定某大厂房购买价为 30W，租金 4W/年。

若企业欲将原购入的大厂房买转租，则会产生期限为 4Q、金额为 30W 的应收款，同时系统会在买转租时自动扣除当期厂房租金 4W。

若企业于上年第 2 季度租入一个大厂房，如果在本年度第 2 季度结束前退租，则系统无须支付第 2 个年度的厂房租金；如果在本年度第 2 季度结束后退租，则系统需扣除第 2 个年度的厂房租金 4W。此操作要求该厂房内无生产设备。

若企业欲租转买原租入的大厂房，则系统仍会在大厂房租入的对应季度扣除当年的租金，并且在租转买时支付大厂房的购买价款 30W。

（14）产品研发。商战电子沙盘产品研发操作：单击主页面下方操作区中菜单“产品研发”，弹出“产品研发”对话框，如图 4-61 所示。勾选需要研发的产品，单击“确认”按钮。

图 4-61　产品研发

说明：

产品研发按照季度来投资，每个季度均可操作，中间可以中断投资，直至产品研发完成，产品研发成功后方能生产相应的产品。产品研发的规则详见规则说明。

商战电子沙盘产品研发举例：

若规则规定 P1、P2、P3、P4 的研发规则如图 4-61 所示，则某企业在第 1 年第 1 季度开始同时研发上述 4 种产品，且中间不中断研发，则第 1 年第 1 季度需支付研发费用 4W，第 1 季度无产品研发完成；第 1 年第 2 季度需支付研发费用 4W，此时 P1 产品研发完成，第 3 季度即可生产 P1 产品；第 1 年第 3 季度需支付研发费用 3W，此时 P2 产品研发完成，第 4 季度即可生产 P2 产品；第 1 年第 4 季度需支付研发费用 2W，此时 P3 产品研发完成，第 2 年第 1 季度即可生产 P3 产品；第 2 年第 1 季度需支付研发费用 1W，此时，P4 产品研发完成，第 2 年第 2 季度即可生产 P4 产品。具体研发过程如表 4-14 所示。

表 4-14　产品具体研发过程表

名称	第 1 年 第 1 季度	第 1 年 第 2 季度	第 1 年 第 3 季度	第 1 年 第 4 季度	第 2 年 第 1 季度	第 2 年 第 2 季度
P1	1W	1W	研发完成			
P2	1W	1W	1W	研发完成		
P3	1W	1W	1W	1W	研发完成	

续表

名称	第1年第1季度	第1年第2季度	第1年第3季度	第1年第4季度	第2年第1季度	第2年第2季度
P4	1W	1W	1W	1W	1W	研发完成
当季投资总额	4W	4W	3W	2W	1W	

（15）ISO投资。商战电子沙盘ISO投资操作：该操作只有每年第4季度才出现。单击主页面下方操作区中菜单“ISO投资”，弹出“ISO投资”对话框，如图4-62所示。勾选需要投资的ISO资质，单击“确认”按钮即可。

图4-62　ISO投资

说明：

ISO投资包括产品质量（ISO 9000）认证投资和产品环保（ISO 14000）认证投资。企业若想在订货会上选取带有ISO认证的订单，必须取得相应的ISO认证资格，否则不能选取该订单。ISO投资每年进行一次，可中断投资，直至ISO投资完成。

商战电子沙盘ISO投资举例：

若企业在订单市场中想选择带有ISO 9000的产品订单，则该企业必须已经完成ISO 9000的投资，否则不能选择该订单。

假定ISO投资规则如图4-62所示，企业若在第1年同时开始投资ISO 9000和ISO 14000，中间不中断投资，则第1年该企业需支付ISO投资额3W（ISO 9000投资费用1W+ISO 14000投资费用2W），第2年该企业还需支付ISO投资额3W，此时完成ISO投资，该企业方可在第三年的年度订货会中选取带有ISO资格要求的订单。

（16）市场开拓。商战电子沙盘市场开拓操作：该操作只有每年第4季度才出现。单击主页面下方操作区中菜单“市场开拓”，弹出“市场开拓”对话框，如图4-63所示。勾选需要研发的市场，单击“确认”按钮即可。

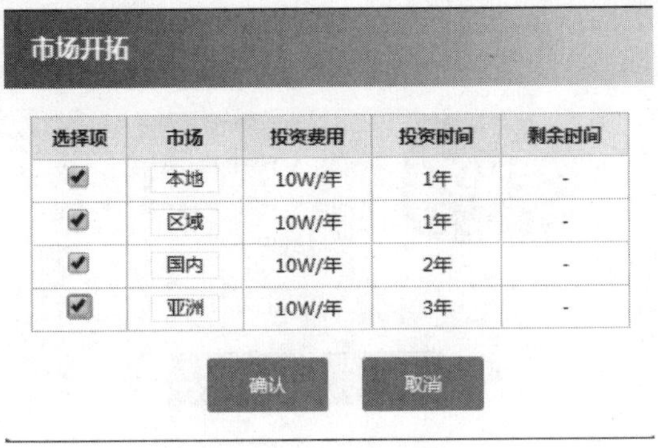

图 4-63　市场开拓

说明：

企业经营沙盘中市场包括：本地市场、区域市场、国内市场、亚洲市场和国际市场。市场开拓是企业进入相应市场投放广告、选取产品订单的前提。市场开拓相关规则详见规则说明。市场开拓每年第四季度末可操作一次，中间可中断投资。

商战电子沙盘市场开拓举例：

假定规则规定本地市场、区域市场、国内市场、亚洲市场和国际市场的开拓期分别为 0、1、2、3、4 年，开拓费用均为每年 1W。若企业从第 1 年末开始开拓所有市场，且中间不中断投资，则：

第 1 年需支付 5W（各类市场各 1W）市场开拓费用，且当即完成本地市场的开拓，即在第 2 年年初的订货会上可对本地市场投放广告、选取订单。

第 2 年年末需支付 3W（国内、亚洲、国际各 1W）市场开拓费用，且完成区域市场和国内市场的开拓，即在第 3 年初的订货会上可对本地市场、区域市场和国内市场投放广告、选取订单。

第 3 年年末需支付 2W（亚洲、国际各 1W）市场开拓费用，且完成亚洲市场的开拓，即在第 4 年年初的订货会上可对本地、区域、国内和亚洲市场投放广告、选取订单。

第 4 年年末需支付 1W（国际市场 1W）市场开拓费用，且完成国际市场的开拓，即在第 5 年初的订货会上可对所有市场投放广告、选取订单。

（17）当季（年）结束。该操作在每年 1～3 季度末显示“当季结束”，每年第 4 季度末显示“当年结束”。单击主页面下方操作区中菜单“当季结束”或“当年结束”，弹出“当季结束”（见图 4-64）或“当年结束”对话框（见图 4-65）。核对当季（年）结束需要支付或更新的事项。确认无误后，单击“确认”按钮即可。

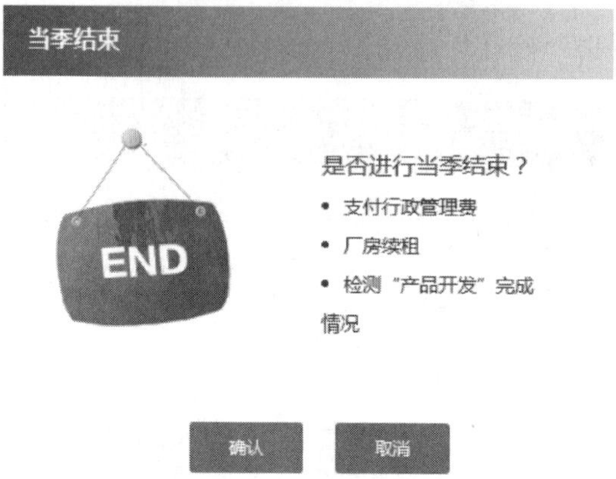

图 4-64　当季结束

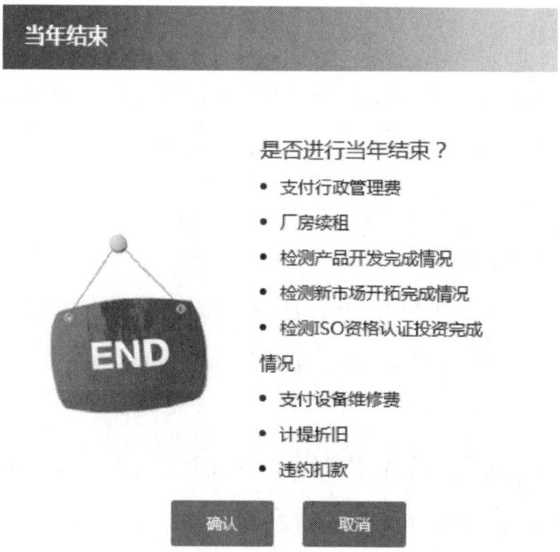

图 4-65　当年结束

说明：

当季结束时，系统会自动支付行政管理费、厂房续租租金，检查产品开发完成情况。

当年结束时，系统会自动支付行政管理费、厂房续租租金，检测产品开发、ISO 投资、市场开拓情况，自动支付设备维修费、计提当年折旧、扣除产品违约订单的罚款。

3. 年末运营操作

（1）填写报表。商战电子沙盘填写报表操作：

单击主页面下方操作区中菜单“填写报表”，弹出“综合费用表”对话框，如图 4-66 所示。依次在综合费用表、利润表、资产负债表的编辑框内输入相应计算数值，三张表填写过程中都可单击“保存”按钮，暂时保存数据。单击“提交”按钮，即提交结果，系统计算数值是否正确并在教师端公告信息中显示判断结果。

图 4-66　综合费用表

说明：

综合费用表反映企业期间费用的情况，具体包括管理费用、广告费、设备维护费、厂房租金、市场开拓费、ISO 认证费、产品研发费、信息费和其他等项目。其中，信息费是指企业为查看竞争对手的财务信息而支付的费用，具体由规则确定。

利润表反映企业当期的盈利情况，具体包括销售收入、直接成本、综合费用、折旧、财务费用、所得税等项目。其中，销售收入为当期按订单交货后取得的收入总额，直接成本为当期销售产品的总成本，综合费用根据“综合费用表”中的合计数填列，折旧是当期生产线折旧总额，财务费用为当期借款所产生的利息总额，所得税根据利润总额计算。

此外，下列项目系统自动计算，公式如下：

销售毛利=销售收入-直接成本

折旧前利润=销售毛利-综合费用

支付利息前利润=折旧前利润-折旧

税前利润=支付利息前利润-财务费用

净利润=税前利润-所得税

资产负债表反映企业当期财务状况，具体包括：现金、应收款、在制品、产成品、原材料等流动资产，土地建筑物、机器设备和在建工程等固定资产，长期负债、短期负债、特别贷款、应交税金等负债，以及股东资本、利润留存、年度净利等所有者权益项目。

其中，相关项目填列方法如下：

- 现金根据企业现金结存数填列。
- 应收款根据应收款余额填列。
- 在制品根据在产的产品成本填列。
- 产成品根据结存在库的完工产品总成本填列。
- 原材料根据结存在库的原材料总成本填列。
- 土地建筑物根据购入的厂房总价值填列。
- 机器设备根据企业拥有的已经建造完成的生产线的总净值填列。
- 在建工程根据企业拥有的在建的生产线的总价值填列。
- 长期负债根据长期借款余额填列。
- 短期负债根据短期借款余额填列。
- 特别贷款根据后台特别贷款总额填列（一般不会遇到）。
- 应交税金根据计算出的应缴纳的所得税金额填列。
- 股东资本根据企业收到的股东注资总额填列。
- 利润留存根据截至上年末至企业的利润结存情况填列。
- 年度利润根据本年度的利润表中的净利润填列。

（2）投放广告。商战电子沙盘投放广告操作：

该操作在每年年初进行，单击主页面下方操作区中菜单“投放广告”，弹出“投放广告”对话框（见图4-67），录入各市场广告费，单击“确认”按钮即可。

图4-67　投放广告

说明：

市场开拓完成，相应的市场显示为黑色字体，则可在该市场投放广告费。若市场显示为红色字体，则表示该市场尚未开拓完成，则不可在该市场投放广告费。市场广告费的投放要根据市场的竞争激烈程度、企业自身的产能布置、发展战略、竞争对手的广告投放策略等多方面因素综合考虑。广告投放后，就可等待教师/裁判开启订货会，订货会开始的前提是所有的小组均完成广告投放，教师/裁判才会开启订货会。

4. 流程外运营操作

（1）贴现。商战电子沙盘贴现操作：

此操作随时可进行，单击主页面下方操作区中菜单“贴现”，弹出“贴现”对话框，如图4-68所示。弹出框中显示可以贴现的应收款金额，选好贴现期，在贴现额一列输入要贴现的金额。单击“确定”按钮，系统根据不同贴现期扣除不同贴息，将贴现金额加入现金。

图 4-68　贴现

说明：

贴现是指将提前收回未到期的应收款，因为该应收款并非正常到期收回，所以贴现时需支付相应的贴现利息。贴现利息=贴现金额×贴现率，贴现率由教师/裁判在系统参数中设定，相关规定详见规则说明。这一操作一般在企业短期存在现金短缺，且无法通过成本更低的正常贷款取得现金流时才考虑使用。

商战电子沙盘贴现举例：

假定某企业账期为1Q和2Q的应收款贴现率为10%，账期为3Q和4Q的应收款贴现率为12.5%，若该期限现将账期为2Q、金额为10W的应收款和账期为3Q、金额为20W应收款同时贴现，则：

贴现利息=10W×10%+20W×12.5%=3.5W约等于4W（规则规定贴现利息一律向上取整）

实收金额=10+20−4=26W。

贴现后收到的26W，当即增加企业现金，产生的贴现利息4W，作为财务费用入账。

（2）紧急采购。商战电子沙盘紧急采购操作：

该操作随时可进行，单击主页面下方操作区中菜单“紧急采购”，弹出“紧急采购”对话框，如图4-69所示。显示当前企业的原料、产品的库存数量以及紧急采购价格，在订购量一列输入数值。单击“确认采购”按钮即可。

紧急采购

原料	现有库存	价格	订购量
R1	5	20W	0
R2	5	20W	0
R3	5	20W	0

确认采购

产品	现有库存	价格	订购量
P1	0	60W	0
P2	0	90W	0
P3	0	120W	0

确认采购

图 4-69　紧急采购

说明：

紧急采购是为了解决材料或产品临时短缺而出现的，企业原材料订购不足或产品未能按时生产出来，均可能造成产品订单不能按时交货，从而导致订单违约，而失去该订单收入和支付违约损失，为避免该损失，企业可通过紧急采购少量的短缺原材料或产品，从而满足生产或交货的需要，促使产品订单按时交货，由此取得相应的销售利润。紧急采购价格一般比正常的采购价要高很多，具体由教师/裁判在参数设置中设定。操作时既可以紧急采购原材料，也可以紧急采购库存产品。

（3）出售库存。商战电子沙盘出售库存操作：

该操作随时可进行，单击主页面下方操作区中菜单“出售库存”，弹出“出售库存”对话框，如图 4-70 所示。显示当前企业的原料、产品的库存数量以及出售价格，在出售数量一列输入数值，单击“确定”按钮即可。

出售库存

产品	库存数量	销售价格	出售数量
P1	0	20.0W/个	0
P2	0	30.0W/个	0
P3	0	40.0W/个	0

出售产品

原料	库存数量	销售价格	出售数量
R1	5	8.0W/个	0
R2	5	8.0W/个	0
R3	5	8.0W/个	0

出售原料

图 4-70　出售库存

说明：

企业一般只有在资金极度短缺时才会考虑出售库存。库存出售一般会在成本的基础上打折销售，出售价由教师/裁判在参数设置中设定。

（4）厂房贴现。商战电子沙盘厂房贴现操作：

该操作随时可进行，单击主页面下方操作区中菜单“厂房贴现”，弹出“厂房贴现”对话框，如图 4-71 所示。弹出框中显示可以贴现的厂房信息，选择某一条厂房，单击“确定”按钮贴现。系统根据每类厂房出售价格贴现，如果有生产线扣除该厂房的租金，保证厂房继续经营。

选择项	厂房	容量	剩余容量
	大厂房(3526)	4	4

图 4-71　厂房贴现

说明：

该操作实质上是将厂房卖出（买转租）产生的应收款直接贴现取得现金。它与厂房处理中的卖出（买转租）的区别就在于，“卖出（买转租）”操作时产生的应收款并未直接贴现，而厂房贴现则直接将卖出（买转租）产生的应收款同时贴现掉。

（5）订单信息。商战电子沙盘订单信息操作：

此操作随时可进行，单击主页面下方操作区中菜单“订单信息”，弹出“订单信息”对话框，如图 4-72 所示。弹出框中显示当前企业所有年份获得的订单，可以查询每条订单的完成时间、状态等信息。

订单编号	市场	产品	数量	总价	状态	得单年份	交货期	账期	ISO	交货时间
S211_06	本地	P1	4	201W	未到期	第2年	4季	1季	-	-
S211_07	本地	P1	4	179W	未到期	第2年	4季	0季	-	-
S211_03	本地	P1	4	208W	未到期	第2年	4季	3季	-	-
S211_05	本地	P1	1	53W	未到期	第2年	4季	3季	-	-
S211_01	本地	P1	4	208W	未到期	第2年	4季	1季	-	-
S211_04	本地	P1	2	96W	未到期	第2年	4季	2季	-	-
S211_10	本地	P1	2	96W	未到期	第2年	4季	2季	-	-

图 4-72　订单信息

说明：

企业随时可单击“订单信息”查阅所取得的订单情况，从而确定生产安排、交货安排等情况。

（6）间谍。商战电子沙盘间谍操作：单击主页面下方操作区中菜单“间谍”，弹出“间谍”对话框，如图 4-73 所示。单击“确认下载”按钮即可。

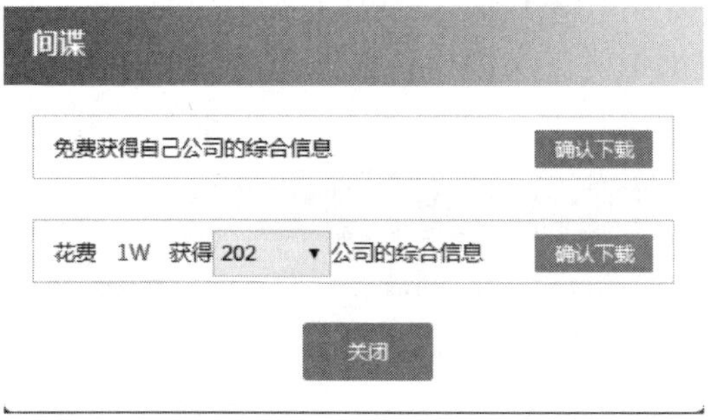

图 4-73　间谍

说明：

间谍中可显示获得自己公司信息和其他组信息两种，可免费获取自己公司信息，以 Excel 形式查阅或保存企业经营数据。若要查看其他公司的信息，则需支付教师/裁判在参数设置中设定的间谍费，才能以 Excel 形式查询其他企业任一组的数据。

三、账务处理

1. 经营流程表及账务处理要点

经营流程表可以看作是简单的现金流量表，他将每一步操作的现金收支情况作出记录；但又不完全等同于现金流量表，根据不同岗位也可以记录一些与现金无关的内容。一个年度经营细节在此表中可查询，记录如果较为规范，便于查找错误。综合费用表用于记录企业在一个会计年度中发生的各项费用。

表 4-15 列出了经营流程表中各项任务对应的账务处理要点。

表 4-15　财务处理要点

流　　程	说　　明
新年度规划会议	无
投放广告	计入综合费用表广告费
选单及竞单/登记订单	无
支付应付税	无

续表

流　程	说　明
支付长贷利息	计入利润表财务费用
更新长期贷款/长期贷款还款	无
申请长期贷款	无
季初盘点（请填金额）	无
更新短期贷款/短期贷款还本付息	利息计入利润表财务费用
申请短期贷款	无
原材料入库/更新订单原料	无
下原料订单	无
购买/租用——厂房	计入综合费用表厂房租金
更新生产/完工入库	无
新建/在建/转产/变卖——生产线	计入综合费用表转产费或其他损失
紧急采购（随时进行）	计入综合费用表其他损失
开始下一批生产	无
更新应收款/应收款收现	无
按订单交货	计入利润表销售收入和直接成本
产品研发投资	计入综合费用表产品研发
厂房——出售（买转租）/退租/租转买	租金计入综合费用表
新市场开拓/ISO 资格投资	计入综合费用表 ISO 资格研发
支付管理费/更新厂房租金	计入综合费用表管理费及厂房租金
出售库存	计入综合费用表其他损失
厂房贴现	租金计入综合费用表，贴息计入利润表财务费用
应收款贴现	贴息计入利润表财务费用
交纳违约订单罚款	计入综合费用表其他损失
支付设备维护费	计入综合费用表设备维护费
计提折旧	计入利润表折旧
新市场/ISO 资格换证	无

2. 利润表及钩稽关系

利润表是企业在一定期间的经营成果，表现为企业在该期间所取得的利润，它是企业经济效益的综合体现，又称为损益表或收益表。

完成一年经营后，首先根据盘面或系统各费用项生成综合费用表，之后再生成利润表。利润表数据来源及钩稽关系如表 4-16 所示。

表 4-16　利润表数据来源及钩稽关系表

编　号	项　目	数 据 来 源	钩 稽 关 系
1	销售收入	产品核算统计表	—
2	直接成本	产品核算统计表	—
3	毛利		=1−2
4	综合费用	综合费用表	—
5	折旧前利润	盘面或系统	=3−4
6	折旧		—
7	支付利息前利润		=5−6
8	财务费用	盘面或系统	—
9	税前利润		=7−8
10	所得税	税前利润的 25%	—
11	年度净利		=9−10

特别提示：

- 销售收入——不论该销售有无收视，均计入当年销售收入。
- 直接成本——已经实现销售的成品的直接成本。
- 财务费用——含长贷利息、短贷利息及贴息（只计已经付现的费用）。

3. 资产负债表数据来源

资产负债表是企业对外提供的主要财务报表。它是根据资产、负债和所有者权益之间的相互关系，即资产等于负债加所有者权益的恒等关系，按照一定的分类标准和一定的次序，把企业特定日期的资产、负债和所有者权益三项会计要素所属项目予以适当排列，并对日常会计工作中形成的会计数据加工、整理后编制而成的，其主要目的是反映企业在某一特定日期的财务状况。通过资产负债表可以了解企业所掌握的经济资源及其分布情况；了解企业资本结构；分析、评价、预测企业的短期偿债能力；正确评估企业的经营业绩。

完成利润表后，可以生成资产负债表，其数据来源如表 4-17 所示。

表 4-17　资产负债表数据来源表

项　目	来 源 说 明	项　目	来 源 说 明
现金	盘面或系统	长期负债	盘面或系统
应收款	盘面或系统	短期负债	盘面或系统
在制品	盘面或系统	应交所得税	本年利润表
产成品	盘面或系统	—	—
原材料	盘面或系统	—	—
流动资产合计	以上各项总和	负债合计	以上三项之和

续表

项　目	来源说明	项　目	来源说明
厂房	盘面或系统	股东资本	初始设定（不变）
生产线	盘面或系统	利润留存	上年利润留存+上年年度净利
在建工程	盘面或系统	年度净利	本年利润表
固定资产合计	以上三项总和	所有者权益合计	以上三项之和
资产总计	流动资产合计+固定资产合计	负债和所有者权益总计	负债合计+所有者权益合计

如果企业本年税前利润在弥补前五年亏损之后，仍有盈利，则“盈利部分×所得税率”计入当年所得税，并在下一年初缴纳。若第1～3年税前利润分别为−5W、−6W、20W，则第1年和第2年不计税，第3年计税为(−5−6+20)×25%=2.25W，则实际支付2W（四舍五入），并在第4年初付现缴纳，因第3年交过税，则该年未算所得税的1W应税利润可免税。

算所得税时还可能会遇到一种情况，如第1、2、3年税前利润分别为−5W、6W、3W，第2年产生应税利润1W，1×25%=0.25，四舍五入后当年不计税；但因第2年未交税，该1W应税利润要累计到下一年，故第3年应税利润为1+3=4W，计1W税。

特别提示：

在制品、产成品、原材料入账的是价值，而非数量。

第四节 商战沙盘竞赛技巧和常用策略

每一年度的沙盘大赛吸引着广大学生和老师的关注，有比赛自然有对抗，在不断的对抗过程中，无论学生还是老师，都积累了很多宝贵的技巧和战术。

一、沙盘竞赛技巧和战术经验

商战电子沙盘竞赛技巧和战术经验主要从商战电子沙盘运营流程中的一些关键环节进行分解，逐一对每一步所涉及的一些战术进行分析探讨。

1. 新年度规划会议（战略选择）

新年度规划会议，是一个队伍的战略会和全面预算会和决策会。在流程表中只有一个格子，没有资金的流动，也没有任何操作，因此很多初学者往往把新年度规划会议给忽视了。万事预则立，不预则废。没有好的预算，没有走一步看三步的眼光，只能是“哥伦布”式的管理，很难在比赛中获得好成绩。在沙盘里，最重要的法则之一就是靠数据检验，制定大的战略也是如此，要经过严谨周密的计算，提供翔实可靠的数据来支持决策。在比赛中，会设置一个巡盘（间谍）环节，其目的就是让大家做到知己知彼，百战不殆。竞争对手的市场开拓、产品选择、产能大小、现金多少等都是必须关注的，了解竞争对手的企业要像了解自己的企业一样，只有这样，才能够准确推断出对手的战略意图，从而进行有效的阻击。细节决定成败，在沙盘经营中，我们也必须从细节入手。关注细节是一种习惯，是要从平时点滴中慢慢积累培养的。在细节上没有把握好，犯了致命的“失误”，才导致了满盘皆输，到了高水平的巅峰对决时，比的就是细节的把控。一支真正成熟的队伍，应具备“泰山崩于前而不改色”的风范。同时可以因势利导，随机应变地处理各种突发事件。只有这样才能在瞬息万变的局势中转危为安，进而到胜利之道。

2. 该不该抢占“市场老大”

第一年，花多少广告费抢占“市场老大”？仔细算就会发现花多少代价抢占“市场老大”才是划算的。经常做沙盘的人都知道，通常由于市场逐渐开拓和产品种类的丰富，产品需求量在后两年会大幅增加，因此市场老大的真正价值也就是在于前四年的市场选单。由此，“市场老大”效应会延续到第四年，意味着如果第一年投 110W 广告费抢市场老大，之后三年每年投 20W 在这个市场拿两种产品的订单，则三年来在这个市场共投入150W（假设不抢老大，第一年也需要投 20W 广告费，剩余的 90W 可算到三年的广告费中，平均每年该市场广告费为 50W）。另外，规则中指出“市场老大”是指该市场上一年度所有产品总销售额最多的队，其有选单的权利。在没有“老大”的情况下，根据广告费多少来决定选单次序。于是很多人就会存在一个误区，以为市场老大就是比谁的广告费多。其实不然，“市场老大”最终比较的是该市场的总销售额，而非一个产品的单一销售量。例如甲公司只有 P1 产品，而乙公司拥有 P 和 P2 两种产品，那么在选单过程中，即使最大的 P1 订单是被甲公司获得了，但是只要乙公司 P 和 P2 两种产品的市场销售总额大于甲公司，则无论甲公司投多少广告费，“市场老大”仍不会归甲公司所有，这就要求我们在抢占“市场老大”时，不能只考虑用“蛮力”猛砸广告，还要更多地考虑利用“巧劲”，依靠合理的产品组合智取“市场老大”。

“市场老大”是把双刃剑，用好了威力无穷；用得不好，可能会“赔了夫人又折兵”，因此到底要不要抢占“市场老大”，以多少广告费去抢占“市场老大”，以什么样的产品组合去抢占“市场老大”，需要经过严密的计算然后再做博弈。

3. 合理"避税"

了解如何计算之后，自然就会想到利用"四舍五入"这一规则进行合理避税。假设系统采用 25%的税率政策，通过预算发现当年应税利润是（$4N+2$）时，其中 N 为非负整数，可以主动贴现，增加一个贴息，将应税利润减少到（$4N+1$），所得税将由（$N+1$）减少到 N。此情况下，年度净利润相同，但后者增加了资金流动性，保证了年初充裕的广告费。交税的时间，税是在年底算出来的，但是税款不是在当年结束时支付的，因此报表里"应交所得税"那一项是在负债里体现的。直到第 2 年投放广告费时，税会连同到期长贷本息和广告费一起支付，这个在系统里有明确的提示。有的组在投放广告时系统提示现金不足，无法投放广告，其原因就是除了广告费用外，还要扣所得税及长贷本息。

4. 融资策略

融资策略，不仅直接关系到企业的财务费用，更重要的是直接影响企业的资金流。在分析融资策略之前，我们必须明确几个基本概念。贷款的目的是为了赚钱，通俗地说，就是利用借来的钱所赚的要比所支付的利息多，在此种情况下只要允许，借得越久赚得越多；相反，如果赚的钱还不够支付利息，那么借得越多就亏得越多。这就是财务杠杆的作用，因此可以简单分析出，不贷款绝不是经营企业最好的策略。融资策略怎样是合理的呢？长贷用来做长期投资，如新建厂房和生产线、市场产品的研发投资等；短贷用来做短期周转，如原材料采购、产品加工费用等。这样自然是最稳妥的方法，但是在高水平的比赛中，如果仅采用这样保守的方案，不一定可以获得最大的收益。企业整体战略决策加上精准财务预算，是决定长短贷比例最重要的因素。只要合理调节好长短贷的比例，把每一分钱都投入到最需要的地方，让它变成盈利的工具，就可以让借来的钱为我们服务，创造出更多的利润。

5. 零库存管理

关于原材料的计算、采购计划排程，是 MRP 的核心内容之一，也是影响一个企业资金周转率的重要因素，要推崇"零库存"管理？因为资金是有时间成本的。通俗地说，在企业经营中，用贷款购买原材料，这钱是需要支付利息的；而在沙盘模拟企业中，原材料库存本身是不会产生利润的。因此原材料库存越多，就意味着需要更多的贷款，财务费用也越多，同时降低了资金周转率。因此减少库存是企业节流的一项重要举措。沙盘模型中，产品的物料清单（BOM）是确定的，且原材料采购的时间周期也是确定的，因此我们可以通过明确的生产计划，准确地计算出所需原材料的种类和数量，以及相应的采购时间。

实现“零库存”，说明已经可以熟练掌握生产排程，但是“零库存”管理是基于未来需求不变的情况下所做的安排，而实际比赛中，经常会利用柔性线转产来调整已有的一些生产计划以应对变化的市场。因此追求绝对的“零库存”，就会暴露一个问题：不能根据市场订单情况及时灵活地调整生产安排。因此在有柔性线的情况下，原材料采购计划应该多做几种方案，取各种采购方案中出现的原材料需求量最大值。做好原材料的灵活采购计划、“百变库存”管理，是保证后期机动调整产能、灵活选取订单的基础，同时需要兼顾资金的周转率，才能发挥出柔性生产线最大的价值。

6. 紧急采购策略

紧急采购规则相对不被重视，甚至很多人都忽略了它的存在，认为一旦涉及，就是亏本的买卖，不能做。事实上，恰恰是这么一个不起眼的规则，在市场选单和竞单过程中，可以发挥出奇兵的重要作用。

例如在选单过程中，第五年和第六年的国际市场，P1 产品均价可以达到 60W，而这个时候，P1 产品的紧急采购价格也就是 60W。这就意味着，选单时如果出现大单而自己产能不够，完全可以利用紧急采购来补充；另外，还可以利用这种类似代销的模式，扩大在该市场的销售额，从而帮助企业抢到市场老大的地位。同样，别的产品也是如此，通过销售紧急采购可以在无形中扩大自己的产能。

另外，在竞单规则中，由于产品最大销售价格可以是该产品直接成本的 3 倍，因此，如果接到的订单是直接成本 3 倍的价格，即使产能不够，也可以利用紧急采购来弥补；同时因为紧急采购是随时可以购买，即买也可以即卖，所以还可以在交货期上占有一定的优势。

但是要注意，用紧急采购来交货并不是完全没有副作用的，即使在成本上没有亏损，也会导致现金变成了应收款，因此在使用该方法时要先做好预算，看现金流是否可以支撑。

7. 产品研发投资策略

在实际操作中经常会发现，有的企业一上来还没考虑建生产线，就先投资研发产品，结果出现产品研发完成了，可是生产线还没建成，导致无法正常生产；或者是有的企业生产线早早建好了，但是因为产品研发没完成，导致生产线白白停工。

产品研发是按季度投资的，生产线的投资也是按季度投资建设的。那么最理想的状态应该是产品研发刚完成，生产线也刚刚建成可以投入使用。

如表 4-18 所示，P1 产品资格并不是从第一季度开始研发的，因为那样即使在第三季度研发成功了，根据生产线的投资规划，也没有生产线可以生产。P5 要到第二年第一季度才能完成投资，则生产线从第一年第三季度开始投资。

表 4-18　产品研发与生产线投资

项　目	第一年				第二年			
	第一季度	第二季度	第三季度	第四季度	第一季度	第二季度	第三季度	第四季度
P1 资格投资			10	10				
自动线产 P1		50	50	50				
P5 资格投资	10	10	10	10	10			
自动线产 P5			50	50	50			

因此，产品研发投资与生产线建设投资是密切相关的，两者协调好才能将有限的资源得到最大程度的利用。

8. 贴现策略

关于贴现，很多人都认为是增加财务费用的罪魁祸首，只有在资金周转不顺畅的时候，才会无奈地选择它，因此对贴现都抱有能不贴就不贴的态度。

但是否真如此呢？其实未必。与贷款相似，贴现是一种融资方式。贴现可以分两种情况：一种是在现金流遇到困难时，迫不得已去将应收款或者厂房做贴现处理，如果不贴，资金断流——属于被动贴现；另一种是主动贴现，如在市场宽松、资金不足的情况下，主动贴现以换取宝贵资金用于投入生产线的建设和产品的研发，从而达到迅速占领市场、扩大企业产能和市场份额的目的。

在被动贴现的情况下，一直处于以贴还债的境地，这个季度的现金不够了，就要将下一个季度的应收款贴现，虽然这个季度过去了，可是下个季度又会出现财务危机需要再次贴现，将陷入连环贴现的怪圈之中。

而主动贴现则不同，往往都是用于扩大企业生产规模和市场份额，追求效益最大化。贴息和利息一样都属于财务费用，从财务角度来看，只要创造出比财务费用更高的利润，就是有价值的。

9. 季末数据对账策略

一个有经验的团队，都会在一年操作之前做好全年预算。但在具体执行时偶尔也会出现较低级的操作失误，如忘记在建工程继续投资、忘记下一批生产等情况，如果到年底才发现，很可能就已经造成无可挽回的损失了。因此每个季度末的对账工作，是对该季度计划执行的一个检验，可以帮助各个企业及时发现问题，尽早想出对策。

季末盘点现金的另一个重要作用是通过分析季末现金，大概计算出企业的资金周转率。很多新人在经营初期都喜欢放很多现金在手上，觉得有“安全感”。事实上现金的流动性最好，收益性最差的资产形式，再多的现金握在手中，无论多少年，也不会增加。但是现金对于企业来说就像是人的血液，万万不能缺少，现金流一旦断链，意味着企业马上会陷入破产的境地。因此在保证现金流安全的前提下，应尽可能降低季末结余现金，提高资金的周转率，甚至在计算精准的前提下，将季末现金做到零，这时就表示你已经把所有的资源都用到了极限。

10. 商业情报收集/间谍

“知己知彼方能百战不殆！”自古兵家谋略都极其重视竞争对手的情报收集。沙盘虽小，但要想在激烈的竞争中脱颖而出，除了规划好企业自身的运作，还必须收集商业情报，时刻关注对手，针对其弱点制定相应的打击策略。

商业情报应该了解什么？简单地说，就是把别人的企业当成自己的企业来关注，通过间谍和观盘时间，尽可能多地记录下对手的信息，如现金流、贷款额度、ISO 资质认证、市场开拓、产品研发、原材料的订单和库存、订单详情、生产线的类型和成品库存等，然后逐个分析，找出真正的竞争对手。

其中最重要的事能够分析提炼出竞争对手各种产品的“产能”和“现金流”，这两个要素在市场选单博弈中最关键。通过竞争对手的生产线情况以及原材料采购情况，可以推测出对手的最大产能及可能进行的转产计划，甚至是每个季度可以交付哪些产品。只有这样才能在选单或者竞单博弈中，推断出对手的经营策略，并针对其产能采取遏制或规避战术。同样，对现金流的密切监控，可以分析出对手可能投放的广告量及拿单策略，这些信息都能为自身的决策提供重要依据。

订货会中，除了做好自己的选单，同时还要密切注意主要竞争对手的选单情况，不仅要记录他们销售的产品数量，还要对其交货期和账期进行密切关注和做好记录。尤其在有竞单规则的比赛中，关注对手的选单情况，就可以分析出他们在竞单市场的拿单能力，从而可以有针对性地制定竞单策略。

二、常用策略

为了使学生在起跑线上就能赢得先机，以下列出几种成功的经典策略供参考。

1. P1、P2 策略

该策略的研发费用较低，仅 60W，能有效地控制住综合费用，进而使得利润、所有者权益能够保持在一个较高的水平，这样对于后期的发展非常有利。依照笔者的经验，第一年的所有者权益控制在 440～450W 最佳，第二年实现盈利后，所有者权益会飙至 570W 以上。笔者就曾以此策略在第三年扩建成 10 条生产线，这是迄今为止扩大产能速度最快的一种策略。即便经营环境恶劣到第二年一个产品都没有卖出去，依然可以轻松坚持到下一年。如果要迅速扩张，以产能来挤压竞争对手的生存空间，此策略无疑是最优的。

该策略的优势非常明显，但劣势则不易察觉。使用该策略可以在前期创造很大的优势，但在后期通常会神不知鬼不觉地被超越，这类例子下到普通训练赛、上至国家级比赛不胜枚举。原因有两个：一是 P1、P2 策略在后期缺乏竞争力，利润显然不如 P3、P4，被所有者权益相差 200W 以内的对手反超不足为奇；二是当同学用此策略建立起前期优势后，难免有些心理上的松懈，赛场如战场，形式可能一日数变，如果缺乏足够的细心和耐心处理对手的信息，被对手在细节处超越的可能性也是很大的。

关键操作步骤：以 600W 初始权益为例，操作如下（本操作步骤只做一般性参考，读者切不可犯教条主义的错误）。

（1）第一年。

第一季度：研发 P2 扣 10W，管理费扣 10W，现金余额剩 580W。

第二季度：购买小厂房 300W，新建 2 条 P1 自动线、2 条 P2 自动线扣 200W，研发 P2 扣 10W，管理费扣 10W，现金余额剩 60W。

第三季度：借入短期贷款加 200W，订购原材料 R3 数量为 2，建生产线扣 200W，研发 P1、P2 扣 20W，管理费扣 10W，现金余额剩 30W。

第四季度：借入短期贷款 400W，订购原材料 R1、R2、R3 数量分别为 2、2、2，建生产线扣 200W，研发 P1、P2 扣 20W，管理费扣 10W，开拓全部市场扣 50W，ISO 开发 9K 扣 10W，现金余额为 140W，所有者权益为 440W。

（2）第二年，年初本地 P1 投 10W，P2 投 30W；区域 P1 投 10W，P2 投 30W。借入长期贷款 100W。

第一季度：到货原材料 R1、R2、R3 数量分别为 2、2、2，扣 60W；订购原材料 R1、R2、R3 数量分别为 2、2、2，生产 2 个 P1、2 个 P2，管理费扣 10W，现金余额为 250W。

（以下省略）

第四季度：市场开拓国内、亚洲、国际；ISO 开 9K，14K 视权益的多少而定。

在卖出 6 个 P1、5 个 P2 后最终权益可以达到 570W。

（3）第三年的贷款全部贷出，将所有应收账款拿出贴现，订单应多接小单，最优是每季产出就能卖出，其余细节就不赘述了。

（4）该策略使用环境。

主要用在初学者的比赛中，当对手大多采用 P3、P4 时也可运用该策略。

2. P2、P3策略

这套策略可以称之为攻守兼备，推荐选择2条柔性线，P2、P3各有一条自动线。

此策略的优势在于使用者可以在比赛全程获得产品上的优势；P2在第三、四两年的毛利可以达到50/个，这时可以用3条生产线生产P2，达到利润的最大化；后期P2的利润仍然保持在40/个左右，而P3利润为45/个左右，差距不是很大；此外，P2柔性线转产可使后期P2只有一条，极大地增加了转产其他产品的机动性。所以，该策略的优势概括起来就是全程保持较高的利润，无论战况如何都能处于一个有利的位置。

这套策略虽然可以使经营趋于一种稳定的状态，但倘若想要有大的作为，必须要再添几分筹码，如后期扩张时多开几条P4生产线。

关键操作步骤：因为P3最快也要到第二年第三季度才能投入使用，所以应该把一条P3的生产线设置在第三季度刚好能够使用，这样才能最大限度控制资金流。

倘若读者考虑到广告等问题，觉得在第二年生产P3没有什么必要，也可以缓一下，到第三年生产P3，这样可以省下一条生产线的维修费用，折旧也可以推迟。需要注意的是，这里也要做到生产线和研发的匹配，严格控制现金流。

第一年市场可以考虑不全开，因为产品的多元化已经能够起到分散销售产能的作用，大可不必亚洲、国际市场全开；ISO方面，P2、P3对于14K要求不严格，可以暂缓，但是9K一定要开，因为第三年市场往往会出现9K标志的订单，拥有认证就能占得先机。

第二年由于市场较小，P2产能过大，可以考虑提高P2广告，初学者建议每个市场40W、50W足够，高级别比赛则要仔细斟酌。

当所有产品的对手分布比较均衡，或者P1、P4市场过于拥挤，可以使用此策略。

3. 纯P2策略

P2是一个低成本高利润的产品，前期倘若能卖出数量可观的P2产品必定能使企业腾飞。

开发P2产品所需成本仅为40W，而P2产品利润均在35W以上，最高的在第三、四两年单个产品利润可以超过50W，即便后期的第五、六两年P2产品的利润也在40W以上，倘若可以在前期拿到足够的订单，便可以迅速崛起。

由于P2产品的利润相当高，觊觎这块肥肉的人自然不在少数，所以极有可能造成市场紧张，以致拿不到足够的订单，风险颇大。

前期由于市场比较紧张，所以推荐小厂房，第二年开发完成3条P2产品生产线，第三年再加1条。

第二年的广告多多益善，但总额最好不要超过100W。

市场开拓方面建议全部开拓，ISO在第1年的时候9K可投可不投，第四年再开也无妨，14K 前期不要开，可在第四年以后开。

扩展生产线速度要快，能多快就多快，因为战机就在第三、四两年，不可放过。

P2 产品的市场不是很紧张就好，P2 产品生产线占总体的 40%以下均可使用。

4. 纯 P3 产品策略

纯 P3 策略堪称经典。原因有两个：一是只研发 P3 产品的费用不高，只有 60W；二是三年以后 P3 产品的市场颇为可观。

无论何种程度的比赛，P3 产品似乎都是一块鸡肋，表面上看来是“食之无味，弃之可惜”。但如果读者能够静下心来仔细揣摩参赛者的心理就可以明白，P3 产品前期不如 P2 的利润大，后期不如 P4 的利润大，况且 P3 产品的门槛不太高，这都是 P3 产品的明显缺陷。正是由于这些缺陷的存在才导致了 P3 产品从来不会过于显眼，所以使用纯 P3 产品的策略往往可以起到规避风险的效果，这样就可以大大降低市场广告费用的投放，也就变相提高了产品的利润。此外，P3 产品后期利润有所增加，市场很大，故而可以建成多条生产线。笔者就曾用这套策略在训练赛中击败过 3 名高手。

因为 P3 产品的研发周期较长，所以第二年卖不出多少，第二年若真的要生产将会面临生产线维修等诸多问题，需要考虑周全，从第三年开始生产就会导致权益太低，前期被压制，心理压力大，一旦失手就会输掉比赛。因此，选择这种策略一定要沉着冷静，需要具备很高的心理素质。

关键操作步骤：推荐在第三年生产 P3 产品，小厂房，4 条自动线，这个时候市场很大，不需要多少广告就可以卖光产品。

市场要全部开拓，因为产品集中。

ISO 研发选择 9K，第三年要拥有资格，14K 可放弃。

如果生产 P3 产品的对手过多，可在四年以后增加两条 P1 产品生产线，以缓解压力。

在第二年生产 P3 产品也可以，因为这样在第三年可以比别人多产出一季度的 P3 产品。

在 P2 或者 P4 被普遍看好的情况下，或者参赛队生产 P3 总量不足需求量的七成。

5. 纯 P4 产品策略

纯 P4 产品策略绝对可以称为一个险招，所谓“不成功便成仁”。

很明显，P4 产品的利润巨大，当你每卖出一个产品都能获得比别人多 10W 以上的利润时，1 条生产线可以多出 40W，4 条就可以多 160W。比赛前期的 160W 意味着什么？意味着你可以多贷出 480W，480W 的贷款就可以多建 3 条生产线，一般来说，前期的 50W 差距到后期就可以扩大到 200W 以上，何况 160W。此外，P4 产品还有一个优势就是要进入这个市场比进入 P3 市场难多了，不仅多了 60W 研发费用，原料成本也是很大的，所以如果对手不在初期进入市场，后期基本进不去，一旦前期确立了优势，那就意味着胜利到手了。而且 P4 产品的单价极高，倘若比赛规则中有市场老大，则使用纯 P4 产品可以轻易占据市场老大的地位，从而以最低的广告成本选择最优的订单。

因为纯 P4 产品的前期投入很大，会损失大量的所有者权益，所以往往要采用长期贷款的策略，这就背负上了很大的还款压力。而且 P4 产品的市场容量较小，所以，一旦前期对手较多则可能导致优势减弱或者全无优势，陷入苦战之中，那么结局就会很悲惨了。例如，2009 年全国总决赛中，本科组 28 支队伍中研发生产 P4 产品的队伍在第二年达到了 16 支，这直接导致所有走纯 P4 产品路线的队伍在第四年就退出了竞争的行列，无一幸免。

关键操作步骤：前期需要借长期贷款，对于初学者来说基本要接触 1 500W，控制长期贷款的利息是很困难的，一定要小心谨慎。

可以使用短期贷款，但真的很困难，不建议初学者使用。

倘若竞争对手很多，一定要在市场上挤垮对手，因为 P4 产品在前期市场比较紧，只要有一次接到不合适的单子就很难生存下去了，能坚持到最后的才是王者，所以，千万不要吝惜广告费。

如果运用短贷，前期一定要控制权益，ISO 不要开，市场可以缓开一个，等到第三、四年缓过来再开不迟。

P4 产品的市场不是很挤，P4 产品生产线占总生产线的 25%以下可放心使用。

6. P2、P4 的策略

这套策略可以视为保守的 P4 产品策略，道理浅显易懂。

前期在 P4 产品订单不足时可以将一定的产能分散到 P2，保证了第二年的盈利，这样就可以解决纯 P4 产品全借长贷的问题，至少可以部分使用短期贷款。第二年的利润大大地增加，扩建生产线的速度可以提高。此外，P2 产品、P4 产品的搭配对于夺得市场老大也是很有优势的，两个产品进攻同一个市场，一般对手根本挡不住。

前期研发费用有 160W，太高了，而且生产这两种产品的生产成本很高，资金周转速度太慢，需要较高的控制水平。

关键操作步骤：第一年短贷在第三、四季度各借 200W，第二季度买小厂房 300W；两条 P2 生产线，第二季度开建，第四季度完成投资；建两条 P4 产品线，第四季度开建，下年第二季度完成；市场开 4 个，ISO 不开，保持在 400W 的所有者权益。

第二年广告费尽可能少投，长贷不借，各季度短贷分别为 200W、400W、400W、200W，市场全开，ISO 视所有者权益的多少进行开拓，权益在 470W 以上可以全部开拓。

该策略适用于有“市场老大”且 P4 产品竞争对手较多时，当然也要根据市场环境适当地进行调整，灵活把握，避免犯教条主义的错误。

第五节 商战电子沙盘模拟记录册

附录 1 各年经营用表格

第一年资金预算表

	1	2	3	4
期初库存现金				
贴现收入				
支付上年应交税				
市场广告投入				
长贷本息收支				
支付到期短期贷款				
申请短贷				
原料采购支付现金				
厂房租买开支				
生产线（新在建、转、买）				
工人工资（下一批生产）				
收到应收款				
产品研发				
支付管理费用及厂房续租				
市场及 ISO 开发（第四季）				
设备维护费用				
违约罚款				
其他				
库存现金余额				

要点记录

第 1 季度：________________________

第 2 季度：________________________

第 3 季度：________________________

第 4 季度：________________________

第一年经营

	手工操作流程	系统操作	手工记录			
年初	新年度规划会议					
	广告投放	输入广告费确认				
	选单/竞单/登记订单	选单				
	支付应付税	系统自动				
	支付长贷利息	系统自动				
	更新长期贷款/长期贷款还款	系统自动				
	申请长期贷款	输入贷款数额并确认				
1	季初盘点（请填余额）	产品下线，生产线完工（自动）				
2	更新短期贷款/短期贷款还本付息	系统自动				
3	申请短期贷款	输入贷款数额并确认				
4	原材料入库/更新原料订单	需要确认金额				
5	下原料订单	输入并确认				
6	购买/租用——厂房	选择并确认，自动扣现金				
7	更新生产/完工入库	系统自动				
8	新建/在建/转产/变卖——生产线	选择并确认				
9	紧急采购（随时进行）	随时进行输入并确认				
10	开始下一批生产	选择并确认				
11	更新应收款/应收款收现	需要输入到期金额				
12	按订单交货	选择交货订单并确认				
13	产品研发投资	选择并确认				
14	厂房——出售（买转租）/退租/租转买	选择并确认，自动转应收款				
15	新市场开拓/ISO资格投资	仅第四季允许操作				
16	支付管理费/更新厂房租金	系统自动				
17	出售库存	输入并确认（随时进行）				
18	厂房贴现	随时进行				
19	应收款贴现	输入并确认（随时进行）				
20	季末收入合计					
21	季末支出合计					
22	季末数额对账（1+20−21）					
年末	交纳违约订单罚款（20%）	系统自动				
	支付设备维护费	系统自动				
	计提折旧	系统自动				
	新市场/ISO资格换证	系统自动				
	结账					

订单登记表

订单号											合计
市场											
产品											
数量											
账期											
销售额											
成本											
毛利											
未售											

产品销售额核算

	P1	P2	P3	P4	合计
数量					
销售额					
成本					
毛利					

市场销售核算统计表

	本地	区域	国内	亚洲	国际	合计
数量						
销售额						
成本						
毛利						

组间交易明细表

买入			卖出		
产品	数量	金额	产品	数量	金额

第一年财务报表

综合费用表

项目	金额
管理费	
广告费	
设备维护费	
其他损失	
转产费	

利润表

项目	金额
销售收入	
直接成本	
毛利	
综合费用	
折旧前利润	

续表

项目	金额	项目	金额
厂房租金		折旧	
新市场开拓		支付利息前利润	
ISO资格认证		财务费用	
产品研发		税前利润	
信息费		所得税	
合计		年度净利	

资产负债表

项目	金额	项目	金额
现金		长期负债	
应收款		短期负债	
在制品		应交所得税	
产成品			
原材料			
流动资产合计		负债合计	
厂房		股东资本	
生产线		利润留存	
在建工程		年度净利	
固定资本合计		所有者权益合计	
资产合计		负债和所有者权益总计	

注：库存折价拍价、生产线变卖、紧急采购、订单违约及注资计入损失。

第二年资金预算表

	1	2	3	4
期初库存现金				
贴现收入				
支付上年应交税				
市场广告投入				
长贷本息收支				
支付到期短期贷款				
申请短贷				
原料采购支付现金				
厂房租买开支				
生产线（新在建、转、买）				
工人工资（下一批生产）				

续表

	1	2	3	4
收到应收款				
产品研发				
支付管理费用及厂房续租				
市场及 ISO 开发（第四季）				
设备维护费用				
违约罚款				
其他				
库存现金余额				

要点记录

第 1 季度：______________________________

第 2 季度：______________________________

第 3 季度：______________________________

第 4 季度：______________________________

第二年经营

	手工操作流程	系 统 操 作	手 工 记 录			
年初	新年度规划会议					
	广告投放	输入广告费确认				
	选单/竞单/登记订单	选单				
	支付应付税	系统自动				
	支付长贷利息	系统自动				
	更新长期贷款/长期贷款还款	系统自动				
	申请长期贷款	输入贷款数额并确认				
1	季初盘点（请填余额）	产品下线，生产线完工（自动）				
2	更新短期贷款/短期贷款还本付息	系统自动				
3	申请短期贷款	输入贷款数额并确认				
4	原材料入库/更新原料订单	需要确认金额				
5	下原料订单	输入并确认				
6	购买/租用——厂房	选择并确认，自动扣现金				
7	更新生产/完工入库	系统自动				
8	新建/在建/转产/变卖——生产线	选择并确认				
9	紧急采购（随时进行）	随时进行输入并确认				
10	开始下一批生产	选择并确认				
11	更新应收款/应收款收现	需要输入到期金额				
12	按订单交货	选择交货订单并确认				
13	产品研发投资	选择并确认				
14	厂房——出售（买转租）/退租/租转买	选择并确认，自动转应收款				

续表

	手工操作流程	系 统 操 作	手 工 记 录			
15	新市场开拓/ISO 资格投资	仅第四季允许操作				
16	支付管理费/更新厂房租金	系统自动				
17	出售库存	输入并确认（随时进行）				
18	厂房贴现	随时进行				
19	应收款贴现	输入并确认（随时进行）				
20	季末收入合计					
21	季末支出合计					
22	季末数额对账（1+20−21）					
年末	交纳违约订单罚款（20%）	系统自动				
	支付设备维护费	系统自动				
	计提折旧	系统自动				
	新市场/ISO 资格换证	系统自动				
	结账					

订单登记表

订单号											合计
市场											
产品											
数量											
账期											
销售额											
成本											
毛利											
未售											

产品销售额核算

	P1	P2	P3	P4	合计
数量					
销售额					
成本					
毛利					

市场销售核算统计表

	本地	区域	国内	亚洲	国际	合计
数量						
销售额						
成本						
毛利						

组间交易明细表

买入			卖出		
产品	数量	金额	产品	数量	金额

第二年财务报表

综合费用表

项目	金额
管理费	
广告费	
设备维护费	
其他损失	
转产费	
厂房租金	
新市场开拓	
ISO 资格认证	
产品研发	
信息费	
合计	

利润表

项目	金额
销售收入	
直接成本	
毛利	
综合费用	
折旧前利润	
折旧	
支付利息前利润	
财务费用	
税前利润	
所得税	
年度净利	

资产负债表

项目	金额	项目	金额
现金		长期负债	
应收款		短期负债	
在制品		应交所得税	
产成品			
原材料			
流动资产合计		负债合计	
厂房		股东资本	
生产线		利润留存	
在建工程		年度净利	
固定资产合计		所有者权益合计	
资产合计		负债和所有者权益总计	

注：库存折价拍价、生产线变卖、紧急采购、订单违约及注资计入损失。

第三年资金预算表

	1	2	3	4
期初库存现金				
贴现收入				
支付上年应交税				
市场广告投入				
长贷本息收支				
支付到期短期贷款				
申请短贷				
原料采购支付现金				
厂房租买开支				
生产线（新在建、转、买）				
工人工资（下一批生产）				
收到应收款				
产品研发				
支付管理费用及厂房续租				
市场及ISO开发（第四季）				
设备维护费用				
违约罚款				
其他				
库存现金余额				

要点记录

第1季度：________________________________

第2季度：________________________________

第3季度：________________________________

第4季度：________________________________

第三年经营

	手工操作流程	系 统 操 作	手 工 记 录			
年初	新年度规划会议					
	广告投放	输入广告费确认				
	选单/竞单/登记订单	选单				
	支付应付税	系统自动				
	支付长贷利息	系统自动				
	更新长期贷款/长期贷款还款	系统自动				
	申请长期贷款	输入贷款数额并确认				
1	季初盘点（请填余额）	产品下线，生产线完工（自动）				
2	更新短期贷款/短期贷款还本付息	系统自动				
3	申请短期贷款	输入贷款数额并确认				

续表

	手工操作流程	系统操作	手工记录			
4	原材料入库/更新原料订单	需要确认金额				
5	下原料订单	输入并确认				
6	购买/租用——厂房	选择并确认，自动扣现金				
7	更新生产/完工入库	系统自动				
8	新建/在建/转产/变卖——生产线	选择并确认				
9	紧急采购（随时进行）	随时进行输入并确认				
10	开始下一批生产	选择并确认				
11	更新应收款/应收款收现	需要输入到期金额				
12	按订单交货	选择交货订单并确认				
13	产品研发投资	选择并确认				
14	厂房——出售（买转租）/退租/租转买	选择并确认，自动转应收款				
15	新市场开拓/ISO 资格投资	仅第四季允许操作				
16	支付管理费/更新厂房租金	系统自动				
17	出售库存	输入并确认（随时进行）				
18	厂房贴现	随时进行				
19	应收款贴现	输入并确认（随时进行）				
20	季末收入合计					
21	季末支出合计					
22	季末数额对账（1+20−21）					
年末	交纳违约订单罚款（20%）	系统自动				
	支付设备维护费	系统自动				
	计提折旧	系统自动				
	新市场/ISO 资格换证	系统自动				
	结账					

订单登记表

订单号										合计
市场										
产品										
数量										
账期										
销售额										
成本										
毛利										
未售										

产品销售额核算

	P1	P2	P3	P4	合计
数量					
销售额					
成本					
毛利					

市场销售核算统计表

	本地	区域	国内	亚洲	国际	合计
数量						
销售额						
成本						
毛利						

组间交易明细表

买入			卖出		
产品	数量	金额	产品	数量	金额

第三年财务报表

综合费用表

项目	金额
管理费	
广告费	
设备维护费	
其他损失	
转产费	
厂房租金	
新市场开拓	
ISO 资格认证	
产品研发	
信息费	
合计	

利润表

项目	金额
销售收入	
直接成本	
毛利	
综合费用	
折旧前利润	
折旧	
支付利息前利润	
财务费用	
税前利润	
所得税	
年度净利	

资产负债表

项目	金额	项目	金额
现金		长期负债	
应收款		短期负债	
在制品		应交所得税	
产成品			
原材料			
流动资产合计		负债合计	
厂房		股东资本	
生产线		利润留存	
在建工程		年度净利	
固定资产合计		所有者权益合计	
资产合计		负债和所有者权益总计	

注：库存折价拍价、生产线变卖、紧急采购、订单违约及注资计入损失。

第四年资金预算表

	1	2	3	4
期初库存现金				
贴现收入				
支付上年应交税				
市场广告投入				
长贷本息收支				
支付到期短期贷款				
申请短贷				
原料采购支付现金				
厂房租买开支				
生产线（新在建、转、买）				
工人工资（下一批生产）				
收到应收款				
产品研发				
支付管理费用及厂房续租				
市场及 ISO 开发（第四季）				
设备维护费用				
违约罚款				
其他				
库存现金余额				

要点记录

第 1 季度：________________________

第 2 季度：________________________

第 3 季度：________________________

第 4 季度：________________________

第四年经营

	手工操作流程	系统操作	手工记录			
年初	新年度规划会议					
	广告投放	输入广告费确认				
	选单/竞单/登记订单	选单				
	支付应付税	系统自动				
	支付长贷利息	系统自动				
	更新长期贷款/长期贷款还款	系统自动				
	申请长期贷款	输入贷款数额并确认				
1	季初盘点（请填余额）	产品下线，生产线完工（自动）				
2	更新短期贷款/短期贷款还本付息	系统自动				
3	申请短期贷款	输入贷款数额并确认				
4	原材料入库/更新原料订单	需要确认金额				
5	下原料订单	输入并确认				
6	购买/租用——厂房	选择并确认，自动扣现金				
7	更新生产/完工入库	系统自动				
8	新建/在建/转产/变卖——生产线	选择并确认				
9	紧急采购（随时进行）	随时进行输入并确认				
10	开始下一批生产	选择并确认				
11	更新应收款/应收款收现	需要输入到期金额				
12	按订单交货	选择交货订单并确认				
13	产品研发投资	选择并确认				
14	厂房——出售（买转租）/退租/租转买	选择确认，自动转应收款				
15	新市场开拓/ISO资格投资	仅第四季允许操作				
16	支付管理费/更新厂房租金	系统自动				
17	出售库存	输入并确认（随时进行）				
18	厂房贴现	随时进行				
19	应收款贴现	输入并确认（随时进行）				
20	季末收入合计					
21	季末支出合计					
22	季末数额对账（1+20−21）					
年末	交纳违约订单罚款（20%）	系统自动				
	支付设备维护费	系统自动				
	计提折旧	系统自动				
	新市场/ISO资格换证	系统自动				
	结账					

订单登记表

订单号											合计
市场											
产品											
数量											
账期											
销售额											
成本											
毛利											
未售											

产品销售额核算

	P1	P2	P3	P4	合计
数量					
销售额					
成本					
毛利					

市场销售核算统计表

	本地	区域	国内	亚洲	国际	合计
数量						
销售额						
成本						
毛利						

组间交易明细表

买入			卖出		
产品	数量	金额	产品	数量	金额

第四年财务报表

综合费用表

项目	金额
管理费	
广告费	
设备维护费	
其他损失	
转产费	

利润表

项目	金额
销售收入	
直接成本	
毛利	
综合费用	
折旧前利润	

续表

项目	金额	项目	金额
厂房租金		折旧	
新市场开拓		支付利息前利润	
ISO 资格认证		财务费用	
产品研发		税前利润	
信息费		所得税	
合计		年度净利	

资产负债表

项目	金额	项目	金额
现金		长期负债	
应收款		短期负债	
在制品		应交所得税	
产成品			
原材料			
流动资产合计		负债合计	
厂房		股东资本	
生产线		利润留存	
在建工程		年度净利	
固定资产合计		所有者权益合计	
资产合计		负债和所有者权益总计	

注：库存折价拍价、生产线变卖、紧急采购、订单违约及注资计入损失。

第五年资金预算表

	1	2	3	4
期初库存现金				
贴现收入				
支付上年应交税				
市场广告投入				
长贷本息收支				
支付到期短期贷款				
申请短贷				
原料采购支付现金				
厂房租买开支				
生产线（新在建、转、买）				
工人工资（下一批生产）				
收到应收款				
产品研发				
支付管理费用及厂房续租				
市场及 ISO 开发（第四季）				

续表

	1	2	3	4
设备维护费用				
违约罚款				
其他				
库存现金余额				

要点记录

第 1 季度：________________________________

第 2 季度：________________________________

第 3 季度：________________________________

第 4 季度：________________________________

第五年经营

	手工操作流程	系统操作	手工记录			
年初	新年度规划会议					
	广告投放	输入广告费确认				
	选单/竞单/登记订单	选单				
	支付应付税	系统自动				
	支付长贷利息	系统自动				
	更新长期贷款/长期贷款还款	系统自动				
	申请长期贷款	输入贷款数额并确认				
1	季初盘点（请填余额）	产品下线，生产线完工（自动）				
2	更新短期贷款/短期贷款还本付息	系统自动				
3	申请短期贷款	输入贷款数额并确认				
4	原材料入库/更新原料订单	需要确认金额				
5	下原料订单	输入并确认				
6	购买/租用——厂房	选择并确认，自动扣现金				
7	更新生产/完工入库	系统自动				
8	新建/在建/转产/变卖——生产线	选择并确认				
9	紧急采购（随时进行）	随时进行输入并确认				
10	开始下一批生产	选择并确认				
11	更新应收款/应收款收现	需要输入到期金额				
12	按订单交货	选择交货订单并确认				
13	产品研发投资	选择并确认				
14	厂房——出售（买转租）/退租/租转买	选择确认，自动转应收款				
15	新市场开拓/ISO 资格投资	仅第四季允许操作				
16	支付管理费/更新厂房租金	系统自动				
17	出售库存	输入并确认（随时进行）				
18	厂房贴现	随时进行				

续表

	手工操作流程	系统操作	手工记录			
19	应收款贴现	输入并确认（随时进行）				
20	季末收入合计					
21	季末支出合计					
22	季末数额对账（1+20−21）					
年末	交纳违约订单罚款（20%）	系统自动				
	支付设备维护费	系统自动				
	计提折旧	系统自动				
	新市场/ISO资格换证	系统自动				
	结账					

订单登记表

订单号											合计
市场											
产品											
数量											
账期											
销售额											
成本											
毛利											
未售											

产品销售额核算

	P1	P2	P3	P4	合计
数量					
销售额					
成本					
毛利					

市场销售核算统计表

	本地	区域	国内	亚洲	国际	合计
数量						
销售额						
成本						
毛利						

组间交易明细表

买入			卖出		
产品	数量	金额	产品	数量	金额

第五年财务报表

综合费用表

项目	金额
管理费	
广告费	
设备维护费	
其他损失	
转产费	
厂房租金	
新市场开拓	
ISO 资格认证	
产品研发	
信息费	
合计	

利润表

项目	金额
销售收入	
直接成本	
毛利	
综合费用	
折旧前利润	
折旧	
支付利息前利润	
财务费用	
税前利润	
所得税	
年度净利	

资产负债表

项目	金额	项目	金额
现金		长期负债	
应收款		短期负债	
在制品		应交所得税	
产成品			
原材料			
流动资产合计		负债合计	
厂房		股东资本	
生产线		利润留存	
在建工程		年度净利	
固定资产合计		所有者权益合计	
资产合计		负债和所有者权益总计	

注：库存折价拍价、生产线变卖、紧急采购、订单违约及注资计入损失。

第六年资金预算表

	1	2	3	4
期初库存现金				
贴现收入				

续表

	1	2	3	4
支付上年应交税				
市场广告投入				
长贷本息收支				
支付到期短期贷款				
申请短贷				
原料采购支付现金				
厂房租买开支				
生产线（新在建、转、买）				
工人工资（下一批生产）				
收到应收款				
产品研发				
支付管理费用及厂房续租				
市场及ISO开发（第四季）				
设备维护费用				
违约罚款				
其他				
库存现金余额				

要点记录

第1季度：________________________________

第2季度：________________________________

第3季度：________________________________

第4季度：________________________________

第六年经营

	手工操作流程	系统操作	手工记录			
年初	新年度规划会议					
	广告投放	输入广告费确认				
	选单/竞单/登记订单	选单				
	支付应付税	系统自动				
	支付长贷利息	系统自动				
	更新长期贷款/长期贷款还款	系统自动				
	申请长期贷款	输入贷款数额并确认				
1	季初盘点（请填余额）	产品下线，生产线完工（自动）				
2	更新短期贷款/短期贷款还本付息	系统自动				
3	申请短期贷款	输入贷款数额并确认				
4	原材料入库/更新原料订单	需要确认金额				
5	下原料订单	输入并确认				

续表

	手工操作流程	系统操作	手工记录			
6	购买/租用——厂房	选择并确认，自动扣现金				
7	更新生产/完工入库	系统自动				
8	新建/在建/转产/变卖——生产线	选择并确认				
9	紧急采购（随时进行）	随时进行输入并确认				
10	开始下一批生产	选择并确认				
11	更新应收款/应收款收现	需要输入到期金额				
12	按订单交货	选择交货订单并确认				
13	产品研发投资	选择并确认				
14	厂房——出售（买转租）/退租/租转买	选择确认，自动转应收款				
15	新市场开拓/ISO 资格投资	仅第四季允许操作				
16	支付管理费/更新厂房租金	系统自动				
17	出售库存	输入并确认（随时进行）				
18	厂房贴现	随时进行				
19	应收款贴现	输入并确认（随时进行）				
20	季末收入合计					
21	季末支出合计					
22	季末数额对账（1+20−21）					
年末	交纳违约订单罚款（20%）	系统自动				
	支付设备维护费	系统自动				
	计提折旧	系统自动				
	新市场/ISO 资格换证	系统自动				
	结账					

订单登记表

订单号											合计
市场											
产品											
数量											
账期											
销售额											
成本											
毛利											
未售											

产品销售额核算

	P1	P2	P3	P4	合计
数量					
销售额					

续表

	P1	P2	P3	P4	合计
成本					
毛利					

市场销售核算统计表

	本地	区域	国内	亚洲	国际	合计
数量						
销售额						
成本						
毛利						

组间交易明细表

买入			卖出		
产品	数量	金额	产品	数量	金额

第六年财务报表

综合费用表

项目	金额
管理费	
广告费	
设备维护费	
其他损失	
转产费	
厂房租金	
新市场开拓	
ISO 资格认证	
产品研发	
信息费	
合计	

利润表

项目	金额
销售收入	
直接成本	
毛利	
综合费用	
折旧前利润	
折旧	
支付利息前利润	
财务费用	
税前利润	
所得税	
年度净利	

资产负债表

项目	金额	项目	金额
现金		长期负债	
应收款		短期负债	
在制品		应交所得税	
产成品			

续表

项目	金额	项目	金额
原材料			
流动资产合计		负债合计	
厂房		股东资本	
生产线		利润留存	
在建工程		年度净利	
固定资产合计		所有者权益合计	
资产合计		负债和所有者权益总计	

生产计划与原料订购（一）

		11	12	13	14	21	22	23	24	31	32	33	34
1	产品												
	原料												
2	产品												
	原料												
3	产品												
	原料												
4	产品												
	原料												
5	产品												
	原料												
6	产品												
	原料												
7	产品												
	原料												
8	产品												
	原料												
9	产品												
	原料												
10	产品												
	原料												
合计	产品												
	原料												

生产计划与原料订购（二）

		41	42	43	44	51	52	53	54	61	62	63	64
1	产品												
	原料												
2	产品												
	原料												
3	产品												
	原料												
4	产品												
	原料												
5	产品												
	原料												
6	产品												
	原料												
7	产品												
	原料												
8	产品												
	原料												
9	产品												
	原料												
10	产品												
	原料												
合计	产品												
	原料												

市场预测（5、6 年数量预测包括招标的数量）

本地市场P系列产品需求量预测

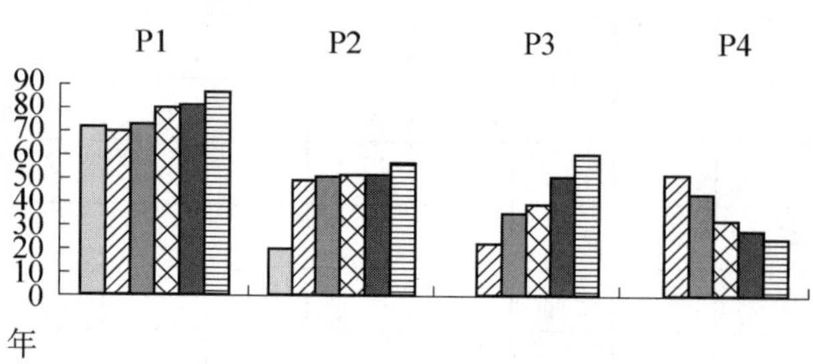

本地市场产品价格预测

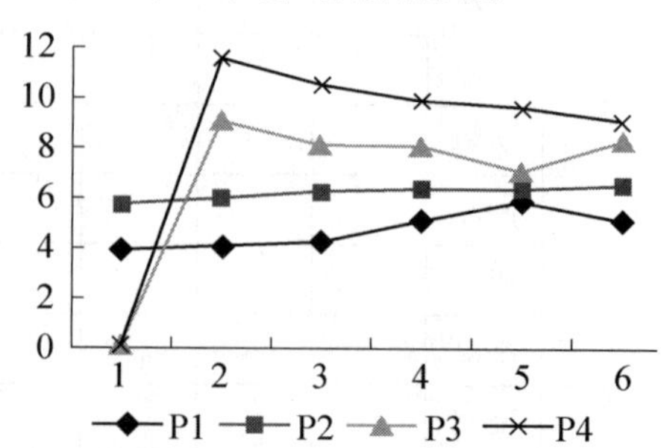

续表

区域市场P系列产品需求量预测	区域市场产品价格预测
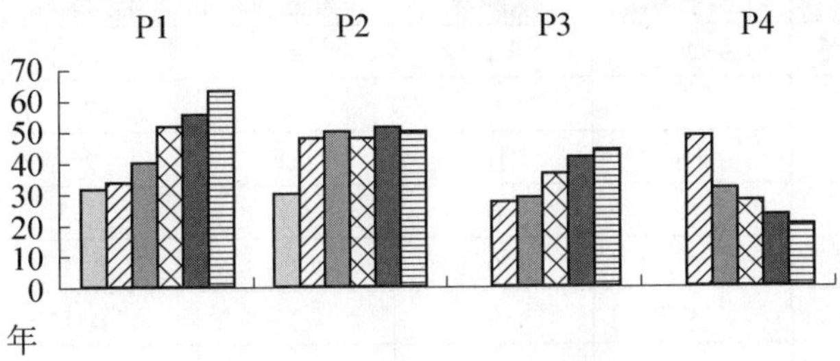	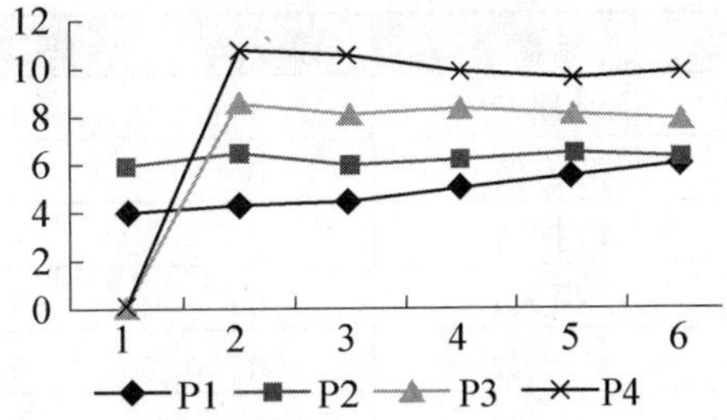
国内市场P系列产品需求量预测	国内市场产品价格预测
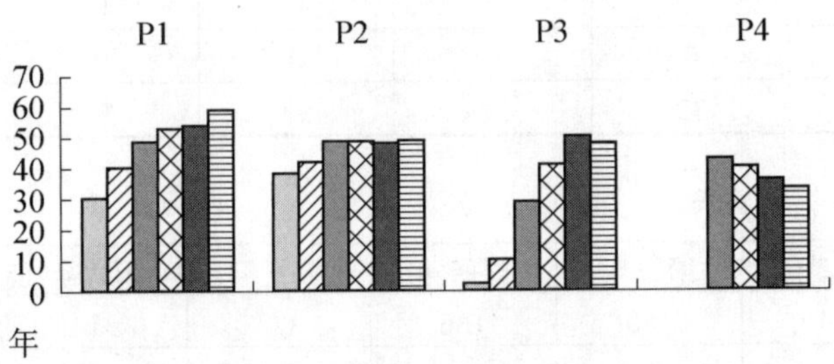	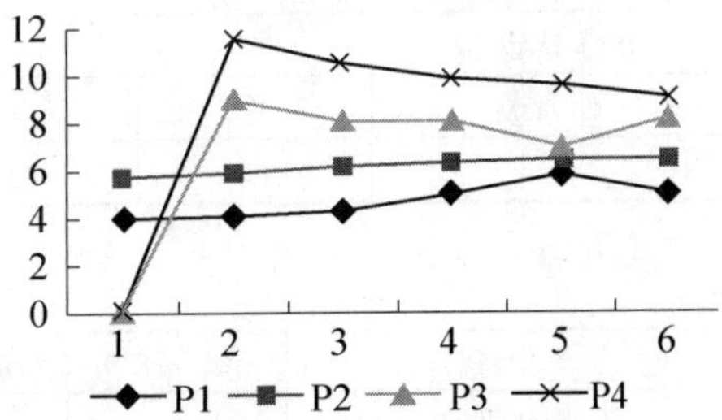
亚洲市场P系列产品需求量预测	亚洲市场产品价格预测
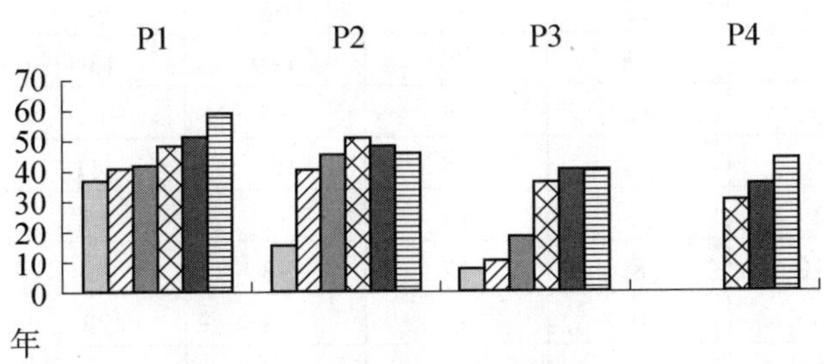	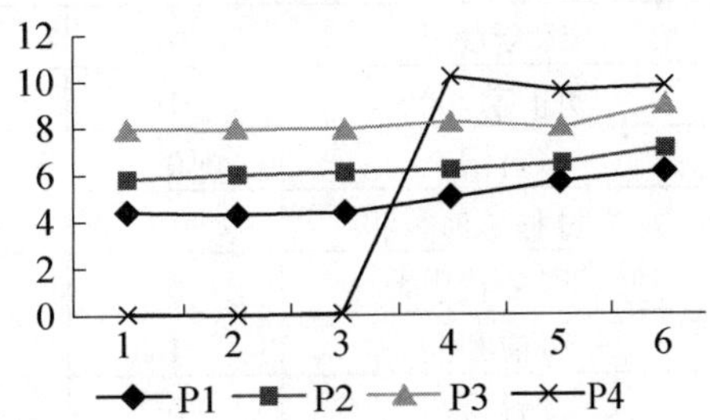
国际市场P系列产品需求量预测	国际市场产品价格预测
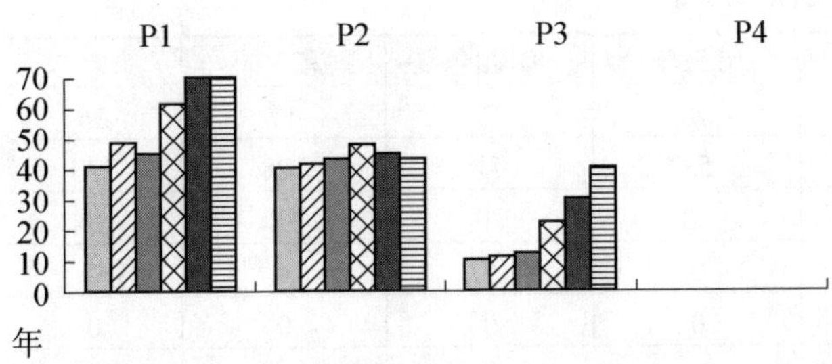	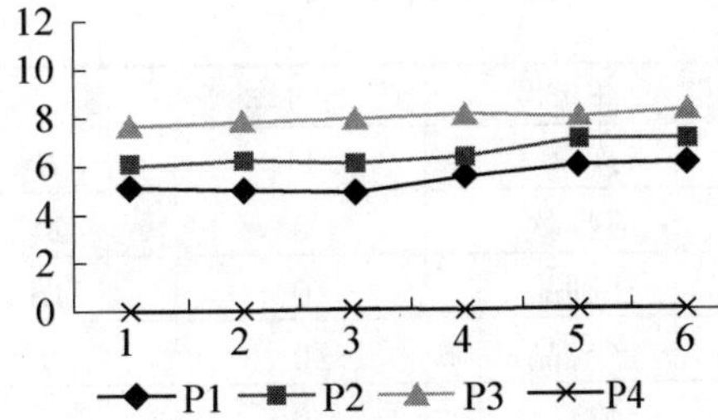

财务报表

综合费用表

年度	第一年	第二年	第三年	第四年	第五年	第六年
管理费	4	4	4	4	4	4
广告费	0	2	9	9	12	17
维护费	0	8	10	10	20	12
损失	0	5	0	0	53	21
转产费	0	0	0	0	0	0
租金	0	0	5	8	3	0
市场开拓费	5	3	2	1	0	0
产品研发费	4	2	0	2	0	0
ISO 认证费	1	1	2	2	0	0
信息费	0	0	0	0	0	0
合计	14	25	32	36	92	54

利润表

年度	第一年	第二年	第三年	第四年	第五年	第六年
销售收入	0	34	149	166	333	314
直接成本	0	16	72	80	122	130
毛利	0	18	77	86	211	184
综合费用	14	25	32	36	92	54
折旧前利润	−14	−7	45	50	119	130
折旧	0	0	12	15	15	19
支付利息前利润	−14	−7	33	35	104	111
财务费用	0	3	25	18	11	19
税前利润	−14	−10	8	17	93	92
所得税	0	0	0	0	23	23
年度净利润	−14	−10	8	17	70	69

资产负债表

年度	第一年	第二年	第三年	第四年	第五年	第六年
现金	11	6	8	7	17	26
应收款	0	24	53	41	128	273
在制品	0	16	20	20	32	14
产成品	0	0	0	0	4	0
原料	0	0	0	0	0	0
流动资产合计	11	46	81	68	181	313
厂房	40	40	0	0	40	70
机器设备	0	60	63	48	113	70
在建工程	25	10	0	75	0	0

续表

年度	第一年	第二年	第三年	第四年	第五年	第六年
固定资产合计	65	110	63	123	153	140
资产总计	76	156	144	191	334	453
长期负债	10	40	40	50	80	150
短期负债	20	80	60	80	100	80
所得税	0	0	0	0	23	23
负债合计	30	120	100	130	203	253
股东资本	60	60	60	60	60	60
利润留存	0	−14	−24	−16	1	71
年度净利	−14	−10	8	17	70	69
所有者权益合计	46	36	44	61	131	200
负债和所有者权益合计	76	156	144	191	334	453

复习思考题

1. 描述商战电子沙盘简介。
2. 比较 ERP 实物沙盘经营流程与商战电子沙盘经营流程的异同。
3. 简述商战电子沙盘模拟运营规则。
4. 简述商战电子沙盘模拟过程。
5. 如何进行商战电子沙盘模拟实战演练。
6. 简述商战电子沙盘经营流程。

管理游戏

青年游戏比赛

在一次中、美、日三国青年游戏比赛中，各队出 16 名男队员，1 名女队员，共设三个比赛项目。

第一个项目是走原木。各队 16 名男队员站在一根原木上，然后，要想办法让本队的女队员通过这根原木，从原木的一端走到另一端。以最快到者为胜，但是女队员和男队员都不允许从原木上掉下来。

美国队率先表演，他们的 16 名男队员整齐排列在原木上，那名女队员走原木，来到第一名男队员面前，她要通过这名男队员，两个人必须配合默契地抱在一起保持平衡，然后女队员再小心谨慎地转到第二个男队员的怀里，结果这些男队员就像传篮球一样，顺利地把女队员从原木的一端传到了另一端，惹得在场的观众哈哈大笑。

随后是日本队出场，他们的男队员整齐地站在原木上，然后躬着腰双手扶原木，把他们的脊梁对接成一条路，那名女队员爬上男队员的脊背，晃晃悠悠走到了另一端。日本队的表演，引来了观众们一片感叹之声。

最后出场的是中国队，男队员们两个人一组，面对面，手拉手，脚对脚站在原木上，身体则向两侧倾斜，把中间空当让出来，8 对男队员在原木上组成了一条通道，那名女队员迅速从通道的一端跑到了另一端，中国队的出色表演赢得了在场观众的热烈掌声。

第一项比赛结束，中国队以最快的速度赢得第一名，日本队第二，美国队第三。裁判给予中国队最佳技巧奖，给予日本队最佳协作奖，美国队则获得最佳娱乐奖。

第二个比赛项目是过河。树林中有一条齐腰深湍急的小河，男队员要想尽一切办法让女队员走过河去，比赛的规则是女队员的脚不能湿，也不能抬着女队员过河。工具是绳子、斧头、锯，还有像手臂长的短木板。

裁判的哨音一响，三国的队员迅速行动起来。日本队 16 名男队员一起跑下河，排成一队，把短木板反搭在他们的肩头，准备让女队员从男队员肩膀上的木板走过河去。

美国队拿起斧头和锯，要把河边一棵树锯倒，让女队员从独木桥上过河去。

中国队则派出两名队员，拿着绳子的一端，飞快游过河去，把绳子系在河两边的树上，架起空中绳索。

日本队女队员站在男队员的肩膀上，一步三晃，提心吊胆地向前迈进，女队员每走过一名男队员，这名男队员则抽身迅速走到前面排队，继续向对岸铺设这条用肩膀搭成的板桥。

中国队男队员把绳索系好之后，迅速在河里站成一排给女队员搭成人桥，女队员稳稳抓住绳索，从男队员的肩膀上顺利走到了河对岸。日本姑娘由于没有扶手保持平衡，两次从男队员的肩膀上掉下来坠入水中。不过最终，他们还是到达了对岸，美国小伙子手下锋利的斧头和锯很快就把树砍倒了，美国的姑娘轻松自如地从独木桥上过了河。

这项游戏竞赛，中国队获得了第一名，并获得最佳创新奖，日本女队员获得忧患奖，美国队获得了消耗自然资源奖。

第三项游戏竞赛比较复杂。这项游戏是给女队员各自一只漏桶，里面要求装 2 000 克水，跑一百米，看看谁余下的水多、谁跑得最快，男队员可以用身体辅助女队员想办法不让水漏掉，除了身体之外，不允许用其他的办法堵漏桶，但可以利用身体和衣物运送水。

中国队男队员脱掉鞋，把 2 000 克水分装在鞋里，迅速抵达了终点，赢得了在场观众一片掌声，但是水却被鞋消化了 300 克。

日本队把水含在嘴里，跟随在中国队的后面，那扭捏的姿态和欲吞不能、欲吐不行的神态，让观众们忍俊不禁，他们到达终点后水却多出 400 克。

最让观众笑破肚皮的是美国队。他们 14 个人站成两排，肩膀对肩膀形成一副担架，让女队员平躺在这副担架上，然后把漏桶放在女队员的肚皮上，让肚皮堵住桶底儿。再由两名队员把水倒进桶里，并负责稳固，然后他们优哉游哉地向目的地进发，乐得全场观众前仰后合。自然美国队是最后一个到达终点，但是他们的水却几乎没有遗失。

这回美国队赢得了最佳游戏奖和最佳节约奖；中国队获得了最快速度奖；日本队只得到了最佳忍耐奖。

[讨论题]

1．评价一下整个比赛情况，你有什么体会和感想？

2．你有类似的经历吗？谁有过与这种类似的经历？感觉如何？

第三篇　实践分析篇

只有善于思考和分析的人，才能获得最大的收获与提高。

成长在于积累。笔记是积累的一种方式，这种方式最笨，也最聪明。它记录了你的发现、你的成长、你的感悟。把它们收集起来，这是你的财富，也是你永久的珍藏。

开篇语

沙盘模拟实战的过程是热闹的，真正的收获与提高是在实践的过程与总结交流。经过了三天模拟六年的经营实践过程，及时认真地总结、反思是必要的。赢要知道赢在哪，输也要知道输在哪。不知道赢在哪不是真正的赢，只能说是瞎猫碰上了死耗子。赢者也会有失误的地方，输者也会有精彩的地方。只有能挖掘出成败背后的原因才是真正的赢家。本篇主要包括三部分内容：ERP 沙盘模拟实践训练、ERP 沙盘模拟实践技巧与综合评价和 ERP 沙盘模拟实践的总结与成绩考核。

只有实践才能真正检验我们学到了什么，才能真正超越自己。几天的学习和实践，你肯定有很多感想，知识和技能也装了一箩筐，虽然可能仅仅是知识点。你可能会有些许遗憾，因为你总是匆忙行动而顾不及运用你刚学到的知识，或是想当然地认为应该怎么做而忽略了本竞赛的市场规划和企业运营规则，致使运营出错或是竞赛失利；你可能会有一个小小的愿望：假如我们可以重新再来……

那么，就开动你的脑筋，拿起你的笔进行实践、反思和总结吧！

第五章
ERP 沙盘模拟实战技巧

章前导读

“不打无准备之仗，不打无把握之仗”，这是著名军事家的古训，因此我们对战略问题不得不察。商场如战场，在战术上要重视敌人，这样才能做到知己知彼、百战不殆。战略明确了，执行是关键。战略也不是一成不变的，需要根据内外部环境的变化适当调整。

成长在于理论之事的积累和实践。是理论就要“讲清楚”，就要合逻辑，就要公共地验证，就要力求放之四海而皆准，就要“同而不和”。是实践就要“想周全”，就不能认死理——只要一家、拒斥其余，就要综合考虑一切出场的因素，并博采各家之长，以求事情本身的集成优化，就要“和而不同”。既不能用实践的方式搞理论，也不能用理论的方式搞实践，要分工而互补。在企业实际工作中，要理论结合实践，只有将理论与实践有机地结合起来，才能少走弯路。理论知识源自实践的土壤，而不是理论研究者闭门造车的产物。没有实践的根基，只能筑起空中楼阁，最终成为空谈，其结果及其价值必然遭受怀疑。通过学习 ERP 沙盘模拟理论，与企业管理实践工作相结合，让理论指导实践，以实践来验证理论，才能行之有效。

教学目标

本章主要学习 ERP 沙盘模拟实战案例，ERP 沙盘模拟实战战略与战术技巧。主要了解 ERP 沙盘模拟实战案例，掌握 ERP 沙盘模拟实战战略与战术技巧等内容。

知识要点

ERP 沙盘模拟实战案例　ERP 沙盘模拟实战战略技巧　ERP 沙盘模拟实战战术技巧

第一节 ERP 沙盘模拟实战案例

研究别人的实战经验，取长补短，进一步提高经营水平。本节介绍×××模拟公司的实战案例。在案例中可以领略创业的艰辛、竞争的惨烈、失误的惋惜、胜利的喜悦，在别人的经验中加深对规则的理解。

一、×××模拟公司 ERP 沙盘模拟战例

×××公司由三男两女组成，CEO 智勇双全，营销总监老谋深算，财务总监聪颖敏慧且纵观全局。在激烈的竞争中勇夺桂冠，在实战中以敢打敢拼著称，魄力无限，勇不可当。积极占领本地市场，多卖快上生产线。经过六年的激战，最后在六个公司中脱颖而出，荣获第一。

1. ×××公司第一年经营情况

（1）在新年度规划会议上，大家讨论热烈，各持己见，最后达成共识：采用激进策略，广告费投入 14M。

（2）参加订货会议。投入 14M 广告费，排名第一，得到一张订单，详情如表 5-1 所示。

表 5-1 第一年订单

订单号	1									合计
市场	本地									
产品	P1									
数量	7									
账期	2Q									
销售额	36M									36M
成本	14M									14M
毛利	22M									22M
未售										

说明：表中销售额、成本和毛利也可在交货时填写，以掌握交货情况。

（3）制订新年度计划。

现有四台设备满负荷生产 P1 产品。

第一季度开始研发 P2 产品，每季投入资金 1M，第三季度开始研发 P3 产品，每季投入资金 2M。

第三季开始投入两台全自动生产线资金，每季 8M。

年末借入长期贷款 80M，开拓国内、亚洲和国际市场，投资 3M，进行 ISO 9000 和 ISO14000 认证，投资 2M。

（4）×××公司第一年的运营情况如表 5-2 所示。

表 5-2 ×××公司第一年运营表

内　容	第一季度	第二季度	第三季度	第四季度
新年度规划会议	√			
参加订货会 / 登记销售订单	−14M			
制订新年度计划	√			
支付应付税	−1M			
季初现金盘点（请填余额）	27M	24M	19M	5M
更新短期贷款/还本付息/申请短期贷款（高利贷）	×	×	×	20M
更新应付款/归还应付款	×	×	×	×
原材料入库/更新原料订单		−1M	−1M	−2M
下原料订单	√	√	√	√
更新生产/完工入库	√	√	√	√
投资新生产线/变卖生产线/生产线转产	×	×	−8M	−8M
向其他企业购买原材料/出售原材料	×	×	×	×
开始下一批生产	−1M	−2M	−1M	−2M
更新应收款/应收款收现	×	×	√	√
出售厂房	×	×	×	×
向其他企业购买成品/出售成品	×	×	×	×
按订单交货		×	√①	×
产品研发投资	−1M	−1M	−3M	−3M
支付行政管理费	−1M	−1M	−1M	−1M
其他现金收支情况登记	×	×	×	×
支付利息/更新长期贷款/申请长期贷款				−4M+80M②
支付设备维护费				−4M③
支付租金/购买厂房				×
计提折旧				（4M）④
新市场开拓/ISO 资格认证投资				−5M
结账				√
现金收入合计	0	0	0	100M
现金支出合计	−3M	−5M	−14M	29M
期末现金对账（请填余额）	24M	19M	5M	76M

说明：

① 1 号订单在第三期交货。

② 年初有 40M 的长期贷款，按 10%计算利息，利息为 4M，年末又借入 80M 的长期贷款。

③ 本年有 4 条生产线生产产品，故设备维护费为 4M。

④ 按规则，当年的每条生产线均按 1M 计提折旧，故折旧费为 4M。

（5）填写商品核算统计表。交货时在订单登记表中登记，到年末统计出全年的商品销售情况，并填写商品核算统计表，如表5-3所示。

表5-3　商品核算统计表

	P1	P2	P3	P4	合计
数量	7				7
销售额	36M				36M
成本	14M				14M
毛利	22M				22M

（6）填写费用明细表。将全年的费用汇总，填写全年的费用明细表，如表5-4所示。

表5-4　费用明细表　　单位：百万元

项　目	金　额	备　注
管理费	4	
广告费	14	
维修费	4	
租金		
转产费		
市场准入开拓	3	√区域　√国内　√亚洲　√国际
ISO资格认证	2	√ISO9000　√ISO14000
产品研发	8	P2（√）　P3（√）　P4（√）
其他		
合计	35	

（7）编制利润表。根据本年发生的经济业务，编制本年的利润表，如表5-5所示。

表5-5　利润表　　单位：百万元

项　目	上 年 数	本 年 数
销售收入		36
直接成本		14
毛利		22
综合费用		35
折旧前利润		−13
折旧		4
支付利息前利润		−17
财务收入/支出		−4
其他收入/支出		
税前利润		−21
所得税		
净利润		−21

（8）编制资产负债表。根据本年发生的经济业务，年末编制本年的资产负债表，如表 5-6 所示。

表 5-6　资产负债表　　单位：百万元

资产	期初数	期末数	负债和所有者权益	期初数	期末数
流动资产：			负债：		
现金		76	长期负债		120
应收款		36	短期负债		20
在制品		8	应付账款		
成品		4	应交税金		0
原料			一年内到期的长期负债		
流动资产合计		124	负债合计		140
非流动资产：			所有者权益：		
土地和建筑		40	股东资本		50
机器与设备		5	利润留存	14	16[①]
在建工程		16	年度净利	2	−21
非流动资产合计		61	所有者权益合计		45
资产总计		185	负债和所有者权益总计		185

说明：① 期末数利润留存 16 为期初数利润留存 14 加期初数年度净利 2 得来。

2. ×××公司第二年经营情况

（1）广告费投入 2M，如表 5-7 所示。

表 5-7　第二年广告费投入表

市场	本地			区域			国内			亚洲			合计
产品	P1	P2	P3	P1	P2	P3	P1	P2	P3	P1	P2	P3	2M
广告	1M	1M											
9K													
14K													

（2）营销总监参加订货会议。得到订单，内容如表 5-8 所示。

表 5-8　第二年订单

订单号	1	2	3	4	5					合计
市场	本地	本地								
产品	P1	P2								
数量	6	2								
账期	2Q	2Q								
销售额	29M	15M								44M
成本	12M	6M								18M
毛利	17M	9M								26M
未售										

（3）制订新年度计划。

第一季度、第二季度各卖一手工生产线。

第二季度、第三季度各上一全自动生产线，拟生产P3产品。

继续开发国内、亚洲和国际市场，进行ISO 9000和ISO 14000认证。

（4）×××公司第二年运营情况，如表5-9所示。

表5-9　×××公司第二年运营表

内　容	第一季度	第二季度	第三季度	第四季度
新年度规划会议	√			
参加订货会/登记销售订单	−2M			
制订新年度计划	√			
支付应付税	×			
季初现金盘点（请填余额）	74M	99M	82M	63M
更新短期贷款/还本付息/申请短期贷款（高利贷）	×	×	×	−20M+20M
更新应付款/归还应付款	×	×	×	×
原材料入库/更新原料订单		−1M	−5M	−5M
下原料订单	√	√	√	√
更新生产/完工入库	√	√	√	√
投资新生产线/变卖生产线/生产线转产	−8M+1M	−12M+1M	−8M	−8M
向其他企业购买原材料/出售原材料	×	×	×	×
开始下一批生产		−1M	−3M	−3M
更新应收款/应收款收现	36M			
出售厂房	×	×	×	×
向其他企业购买成品/出售成品	×	×	×	×
按订单交货			√①	√②
产品研发投资	−3M	−3M	−2M	−2M
支付行政管理费	−1M	−1M	−1M	−1M
其他现金收支情况登记	×	×	×	×
支付利息/更新长期贷款/申请长期贷款				−12M
支付设备维护费				−4M③
支付租金/购买厂房				
计提折旧				（2M）④
新市场开拓/ISO资格认证投资				−5M

续表

内　　容	第一季度	第二季度	第三季度	第四季度
结账				√
现金收入合计	37M	1M		20M
现金支出合计	−12M	−18M	−19M	−61M
期末现金对账（请填余额）	99M	82M	63M	22M

说明：

① 1 号单在此期交货。

② 2 号单在此期交货。

③ 当年新建成投产的两台全自动生产线不计提折旧，但要发生设备维护费，目前企业有 4 条生产线生产，故设备维护费为 4M。

④ 1 条手工生产线和 1 条半自动生产线各提 1M 折旧，故本年的折旧费为 2M（至此手工生产线已提足折旧）。规则规定固定资产折旧提到 0 为止（这不符合实际会计制度的规定，如需要教师可根据具体情况对规则进行改动）。

（5）填写商品核算统计表。交货时在订单登记表中登记，到年末统计出全年的商品销售情况，并填写商品核算统计表，如表 5-10 所示。

表 5-10　商品核算统计表

	P1	P2	P3	P4	合计
数量	6	2			8
销售额	29M	15M			44M
成本	12M	6M			18M
毛利	17M	9M			26M

（6）填写费用明细表。将全年的费用汇总，填写全年的费用明细表，如表 5-11 所示。

表 5-11　费用明细表　　单位：百万元

项　　目	金　　额	备　　注
管理费	4	
广告费	2	
维修费	4	
租金		
转产费		
市场准入开拓	3	区域　√国内　√亚洲　√国际
ISO 资格认证	2	√ISO9000　　√ISO14000
产品研发	10	P2（√）　P3（√）　P4（）
其他		
合计	25	

（7）编制利润表。根据本年发生的经济业务，编制本年的利润表，如表 5-12 所示。

表 5-12　利润表　　单位：百万元

项　　目	上　年　数	本　年　数
销售收入		44
直接成本		18
毛利		26
综合费用		25
折旧前利润		1
折旧		2
支付利息前利润		−1
财务收入/支出		−13
其他收入/支出		
税前利润		−14
所得税		
净利润		−14

（8）编制资产负债表。根据本年发生的经济业务，年末编制本年的资产负债表，如表 5-13 所示。

表 5-13　资产负债表　　单位：百万元

资产	期初数	期末数	负债和所有者权益	期初数	期末数
流动资产：			负债：		
现金		22	长期负债		120
应收款		44	短期负债		20
在制品		10	应付账款		
成品		2	应交税金		
原料		0	一年内到期的长期负债		
流动资产合计		78	负债合计		140
非流动资产：			所有者权益：		
土地和建筑		40	股东资本		50
机器与设备		33	利润留存		−5
在建工程		20	年度净利		−14
非流动资产合计		93	所有者权益合计		31
资产总计		171	负债和所有者权益总计		171

3. ×××公司第三年经营情况

（1）广告费投入 11M，如表 5-14 所示。

表 5-14　第三年广告费投入表

市场	本地			区域			国内			亚洲			合计
产品	P1	P2	P3	P1	P2	P3	P1	P2	P3	P1	P2	P3	11M
广告	1M	1M		5M	4M								

续表

市场	本地	区域	国内	亚洲	合计
9K					
14K					

（2）营销总监参加订货会议。得到订单，内容如表 5-15 所示。

表 5-15　第三年订单

订单号	1	2	3	4	5						合计
市场	本地	本地	本地	本地	国内						
产品	P1	P2	P3	P3	P2						
数量	3	4	1	2	2						
账期	2Q	2Q	2Q	3Q	2Q						
销售额	15M	30M	10M	17M	17M						89M
成本	6M	12M	4M	8M	6M						36M
毛利	9M	18M	6M	9M	11M						53M

（3）编制资金预算表（见表 5-16）。

表 5-16　第三年资金预算表

内容	第一季度	第二季度	第三季度	第四季度
期初库存现金	22M	44M	27M	18M
支付上年应交税				
市场广告投入	−12M			
贴现费用				
利息（短期贷款）	+20M			−1M+40M
支付到期短期贷款				−20M
原料采购支付现金	−4M	−9M	−10M	−11M
转产费用				
生产线投资	−8M	−4M		
工人工资	−2M	−5M	−4M	−5M
产品研发投资				
收到现金前的所有支出	−26M	−18M	−14M	−37M
应收款到期	+29M	15M	17M	15M
支付管理费用	−1M	−1M	−1M	−1M
利息（长期贷款）				
支付到期长期贷款				
设备维护费用				
租金				
购买新建筑				
市场开拓投资				
ISO 认证投资				

续表

内容	第一季度	第二季度	第三季度	第四季度
其他				
库存现金余额	44M	27M	18M	14M

（4）制订新年度计划。

第一季度卖掉大厂房。

第一季度借入短期贷款20M，第四季度借入短期贷款。

开拓亚洲市场和国际市场，投入资金2M。

（5）×××公司第三年经营情况，如表5-17所示。

表5-17　×××公司第三年运营表

内容	第一季度	第二季度	第三季度	第四季度
新年度规划会议	√			
参加订货会/登记销售订单	−12M			
制订新年度计划	√			
支付应付税	×			
季初现金盘点（请填余额）	10M	44M	40M	42M
更新短期贷款/还本付息/申请短期贷款（高利贷）	20M	×	×	−21M+40M
更新应付款/归还应付款	×	×	×	×
原材料入库/更新原料订单	−4M	−9M	−10M	−11M
下原料订单	√	√	√	√
更新生产/完工入库	√	√	√	√
投资新生产线/变卖生产线/生产线转产	−8M	−4M	×	
向其他企业购买原材料/出售原材料	×	×	×	×
开始下一批生产	−2M	−5M	−4M	−5M
更新应收款/应收款收现	29M	15M	17M	15M
出售厂房	√	×	×	×
向其他企业购买成品/出售成品	×	×	×	×
按订单交货	√①	√②	√③	√④
产品研发投资			×	×
支付行政管理费	−1M	−1M	−1M	−1M
其他现金收支情况登记	×	×	×	×
支付利息/更新长期贷款/申请长期贷款				−12M
支付设备维护费				−6M⑤
支付租金/购买厂房				5M
计提折旧				（11M）⑥
新市场开拓/ISO资格认证投资				−2M
结账				√
现金收入合计	49M	15M	17M	55M

续表

内容	第一季度	第二季度	第三季度	第四季度
现金支出合计	−15M	−19M	−15M	−83M
期末现金对账（请填余额）	44M	40M	42M	14M

说明：

① 5 号订单在此期交货。

② 1 号订单在此期交货。

③ 2、3 号订单在此期交货。

④ 4 号订单在此期交货。

⑤ 目前企业共有 6 条生产线（1 条手工生产线、一条半自动生产线和 4 条全自动生产线），故需支付设备维护费为 6 M。

⑥ 本年需提折旧的生产线为 1 条半自动生产线（净值 1 M）和 2 条全自动生产线（每条净值 16M），全自动生产线每条应提折旧＝16×1/3＝5M（取整数部分），故折旧费用合计为 11M。

（6）填写商品核算统计表。交货时在订单登记表中登记，到年末统计出全年的商品销售情况，并填写商品核算统计表，如表 5-18 所示。

表 5-18　商品核算统计表

	P1	P2	P3	P4	合计
数量	1	4	3		8
销售额	15M	47M	27M		89M
成本	6M	18M	12M		36M
毛利	9M	29M	15M		53M

（7）填写费用明细表。将全年的费用汇总，填写全年的费用明细表，如表 5-19 所示。

表 5-19　费用明细表　　单位：百万元

项　目	金　额	备　注
管理费	4	
广告费	12	
维修费	6	
租金	5	
转产费		
市场准入开拓	2	区域　国内　√亚洲　√国际
ISO 资格认证	0	ISO9000　ISO14000
产品研发		P2（）　P3（）　P4（）
其他		
合计	29	

（8）编制利润表。根据本年发生的经济业务，编制本年的利润表，如表 5-20 所示。

表 5-20　利润表　　单位：百万元

项　目	上　年　数	本　年　数
销售收入		89
直接成本		36

续表

项　　目	上　年　数	本　年　数
毛利		53
综合费用		29
折旧前利润		24
折旧		11
支付利息前利润		13
财务收入/支出		−13
其他收入/支出		
税前利润		0
所得税		
净利润		0

（9）编制资产负债表。根据本年发生的经济业务，年末编制本年的资产负债表，如表5-21所示。

表5-21　资产负债表　　单位：百万元

资产	期初数	期末数	负债和所有者权益	期初数	期末数
流动资产：			负债：		
现金		14	长期负债		100
应收款		97	短期负债		60
在制品		18	应付账款		
成品		8	应交税金		
原料			一年内到期的长期负债		
流动资产合计		137	负债合计		160
非流动资产：			所有者权益：		
土地和建筑		0	股东资本		50
机器与设备		54	利润留存		−19
在建工程			年度净利		0
非流动资产合计		54	所有者权益合计		31
资产总计		191	负债和所有者权益总计		191

4. ×××公司第四年经营情况

（1）广告费投入共18M，如表5-22所示。

表5-22　第四年广告费投入表

市场	本地			区域			国内			亚洲			合计
产品	P1	P2	P3	P1	P2	P3	P1	P2	P3	P1	P2	P3	18M
广告	1M	3M	1M					4M	3M	1M		3M	
9K		1M									1M		
14K													

（2）营销总监参加订货会议。得到订单，内容如表 5-23 所示。

表 5-23　第四年订单

订单号	1	2	3	4	5	6	7	8			合计
市场	本地	本地	本地	本地	国内	国内	亚洲	亚洲			
产品	P1	P2	P2	P3	P2	P3	P1	P3			
数量	3	5	2	2	3	2	1	4			
账期	3Q	3Q	3Q	2Q	2Q	1Q	1	3Q			
销售额	14M	41M	19M	20M	24M	17M	5M	35M			175M
成本	6M	15M	6M	8M	9M	8M	2M	16M			70M
毛利	8M	26M	13M	12M	15M	9M	3M	19M			105M
未售											

（3）制订新年度计划。

第一季度初借高利贷 20M，贴现 7M，取得现金 6M，付贴息 1M。

第一季度还短期贷款加利息共 21M，又借入短期贷款 20M。

第二季度上全自动四条，一条拟生产 P1，其余三条拟生产 P3。

第四季度还短期贷款加利息共 42M，又借入短期贷款 40M。

（4）×××公司第四年经营情况，如表 5-24 所示。

表 5-24　×××公司第四年运营表

内容	第一季度	第二季度	第三季度	第四季度
新年度规划会议	20M+7M−1M			
参加订货会/登记销售订单	−18M			
制订新年度计划	√			
支付应付税	×			
季初现金盘点（请填余额）	22M	84M	56M	79M
更新短期贷款/还本付息/申请短期贷款（高利贷）	−21M+20M		√	−42M+40M
更新应付款/归还应付款	×	×	×	×
原材料入库/更新原料订单	−11M	−11M	−10M	−12M
下原料订单	√	√	√	√
更新生产/完工入库	√	√	√	√
投资新生产线/变卖生产线/生产线转产	×	−16M	−16M	−16M
向其他企业购买原材料/出售原材料	×	×	×	×
开始下一批生产	−5M	−5M	−4M	−6M
更新应收款/应收款收现	80M	5M	54M	17M
出售厂房	×	×	×	×
向其他企业购买成品/出售成品	×	×	×	×
按订单交货	√①	√②	√	√③

续表

内容	第一季度	第二季度	第三季度	第四季度
产品研发投资	×	×	×	×
支付行政管理费	−1M	−1M	−1M	−1M
其他现金收支情况登记	×	×	×	×
支付利息/更新长期贷款/申请长期贷款				−10M
支付设备维护费				−20M
支付租金/购买厂房				−8M
计提折旧				（16M）④
新市场开拓/ISO 资格认证投资				−3M
结账				√
现金收入合计	100M	5M	54M	57M
现金支出合计	−38M	−33M	−31M	−124M
期末现金对账（请填余额）	84M	56M	79M	12M

说明：

① 4、5、7 号订单在此期交货。

② 3、6 号订单在此期交货。

③ 1、2、8 号订单在此期交货。

④ 本年应提折旧的生产线为四台全自动生产线，其中两条每条净值为 11M，每条应提折旧=11×1/3=3M（取整数部分），另两条每条净值为 16M，每条应提折旧=16×1/3=5M（取整数部分），故本年折旧费用合计为 2×3+2×5=16M。

（5）填写商品核算统计表。交货时在订单登记表中登记，到年末统计出全年的商品销售情况，并填写商品核算统计表，如表 5-25 所示。

表 5-25 商品核算统计表

	P1	P2	P3	P4	合计
数量	4	10	8		22
销售额	19M	84M	72M		175M
成本	8M	30M	32M		70M
毛利	11M	54M	40M		105M

（6）填写费用明细表。将全年的费用汇总，填写全年的费用明细表，如表 5-26 所示。

表 5-26 费用明细表 单位：百万元

项 目	金 额	备 注
管理费	4	
广告费	18	
维修费	6	
租金	8	
转产费		
市场准入开拓	2	√区域 国内 亚洲 √国际
ISO 资格认证	1	ISO9000 √ISO14000

续表

项　目	金　额	备　注
产品研发		P2（）　P3（）　P4（）
其他		
合计	39	

（7）编制利润表。根据本年发生的经济业务，编制本年的利润表，如表 5-27 所示。

表 5-27　利润表　　单位：百万元

项　目	上　年　数	本　年　数
销售收入		175
直接成本		70
毛利		105
综合费用		39
折旧前利润		66
折旧		16
支付利息前利润		50
财务收入/支出		−14
其他收入/支出		
税前利润		36
所得税		
净利润		36

说明：

当年取得的利润可弥补前三年度亏损，剩余部分才需计算税金。经计算得应纳税金为 1M，税金应为 0M，即 1×1/3=1/3（取整数部分后为 0）。

（8）编制资产负债表。根据本年发生的经济业务，年末编制本年的资产负债表，如表 5-28 所示。

表 5-28　资产负债表　　单位：百万元

资产	期初数	期末数	负债和所有者权益	期初数	期末数
流动资产：			负债：		
现金		12	长期负债		80
应收款		109	短期负债		80
在制品		18	应付账款		
成品		2	应交税金		
原料			一年内到期的长期负债		
流动资产合计		141	负债合计		160
非流动资产：			所有者权益：		
土地和建筑		0	股东资本		50
机器与设备		38	利润留存		−19
在建工程		48	年度净利		36

续表

资产	期初数	期末数	负债和所有者权益	期初数	期末数
非流动资产合计		86	所有者权益合计		67
资产总计		227	负债和所有者权益总计		227

5. ×××公司第五年经营情况

（1）广告费投入共21M，详情如表5-29所示。

表5-29 第五年广告费投入表

市场	本地			区域			国内			亚洲			合计
产品	P1	P2	P3	P1	P2	P3	P1	P2	P3	P1	P2	P3	21M
广告		1M	1M			2M			2M	4M	3M	4M	
9K	1M			1M			1M			1M			
14K													

（2）营销总监参加订货会议。得到订单，内容如表5-30所示。

表5-30 第五年订单

订单号	1	2	3	4	5	6	7	8	9	合计
市场	本地	本地	区域	国内	亚洲	国际	国际	国际	国际	
产品	P2	P3	P3	P3	P3	P1	P1	P2	P2	
数量	4	3	3	2	4	4	2	3	1	
账期	3Q	4Q	1Q	2Q	3Q	2Q	2Q	2Q	1Q	
销售额	32M	25M	27M	16M	35M	23M	13M	20M	7M	198M
成本	12M	12M	12M	8M	16M	8M	4M	9M	3M	84M
毛利	20M	13M	15M	8M	19M	15M	9M	11M	4M	114M
未售										

说明：竞单后取得国际市场老大地位。

（3）制订新年度计划。

年初贴现70 M救急。

第一季度还高利贷及利息24M，短贷及利息21M，借入短贷40M。

第二季度新建成四条全自动生产线投入使用。

（4）×××公司第五年经营情况，如表5-31所示。

表5-31 ×××公司第五年运营表

内容	第一季度	第二季度	第三季度	第四季度
新年度规划会议	70M−10M			
参加订货会/登记销售订单	−21M			
制订新年度计划	√			

续表

内容	第一季度	第二季度	第三季度	第四季度
支付应付税				
季初现金盘点（请填余额）	51M	34M	10M	55M
更新短期贷款/还本付息/申请短期贷款（高利贷）	−45M+40M		40M	−42M+20M
更新应付款/归还应付款	×	×	×	×
原材料入库/更新原料订单	−10M	−21M	−21M	−21M
下原料订单	√	√	√	√
更新生产/完工入库	√	√	√	√
投资新生产线/变卖生产线/生产线转产	−16M	×	×	×
向其他企业购买原材料/出售原材料	×	×	×	×
开始下一批生产	−9M	−9M	−9M	−9M
更新应收款/应收款收现	19M	7M	36M	33M
出售厂房	×	×	×	×
向其他企业购买成品/出售成品	×	×	×	×
按订单交货	√①	√②	√③	√④
产品研发投资	×	×	×	×
支付行政管理费	−1M	−1M	−1M	−1M
其他现金收支情况登记	×	×	×	×
支付利息/更新长期贷款/申请长期贷款				−8M+20M
支付设备维护费				−10M
支付租金/购买厂房				−8M
计提折旧				（10M）⑤
新市场开拓/ISO 资格认证投资				×
结账				√
现金收入合计	59M	7M	76M	113M
现金支出合计	−76M	−31M	−31M	−99M
期末现金对账（请填余额）	34M	10M	55M	69M

说明：

① 4、9 号订单在此期交货。

② 7、8 号订单在此期交货。

③ 3、5 号订单在此期交货。

④ 1、2、6 号订单在此期交货。

⑤ 本年应提折旧的生产线为四台全自动生产线，其中两条每条净值为 11 M，每条应提折旧：11×1/3=3M（取整数部分），另两条每条净值为 8M，每条应提折旧＝8×1/3＝2M（取整数部分），故本年折旧费用合计为 2×3+2×2＝10 M。

（5）填写商品核算统计表，如表 5-32 所示。

表 5-32　第五年商品核算统计表

	P1	P2	P3	P4	合计
数量	6	8	12		26
销售额	36M	59M	103M		198M

续表

	P1	P2	P3	P4	合计
成本	12M	24M	48M		84M
毛利	24M	35M	55M		114M

（6）填写费用明细表，如表 5-33 所示。

表 5-33　费用明细表　　单位：百万元

项　　目	金　　额	备　　注
管理费	4	
广告费	21	
维修费	10	
租金	8	
转产费		
市场准入开拓		区域　国内　亚洲　国际
ISO 资格认证		ISO9000　ISO14000
产品研发		P2（　）　P3（　）　P4（　）
其他		
合计	43	

（7）编制利润表，如表 5-34 所示。

表 5-34　利润表　　单位：百万元

项　　目	上　年　数	本　年　数
销售收入		198
直接成本		84
毛利		114
综合费用		43
折旧前利润		71
折旧		10
支付利息前利润		61
财务收入/支出		−25
其他收入/支出		
税前利润		36
所得税		12
净利润		24

（8）编制资产负债表，如表 5-35 所示。

表 5-35　资产负债表　　单位：百万元

资产	期初数	期末数	负债和所有者权益	期初数	期末数
流动资产：			负债：		
现金		69	长期负债		120
应收款		142	短期负债		120
在制品		32	应付账款		
成品		8	应交税金		12
原料			一年内到期的长期负债		
流动资产合计		251	负债合计		252
非流动资产：			所有者权益：		
土地和建筑		0	股东资本		50
机器与设备		92	利润留存		17
在建工程			年度净利		24
非流动资产合计		92	所有者权益合计		91
资产总计		343	负债和所有者权益总计		343

6. ×××公司第六年经营情况

（1）广告费投入共 34M，详情如表 5-36 所示。

表 5-36　第六年广告费投入表

市场	本地		区域	国内	亚洲	国际			合计
产品	P2	P3	P3	P3	P3	P1	P2	P3	34M
广告	1M	3M	5M	5M	5M	3M	3M	1M	
9K	1M		1M	1M	1M	1M			
14K	1M			1M		1M			

（2）营销总监参加订货会议。得到订单，内容如表 5-37 所示。

表 5-37　第六年订单

订单号	1	2	3	4	5	6	7	8	9	10	11	合计
市场	本地	本地	本地	区域	国内	亚洲	国际	国际	国际	国际	国际	
产品	P2	P3	P3	P3	P3	P3	P1	P1	P2	P2	P3	
数量	3	5	3	4	3	3	2	5	4	1	2	
账期	2Q	2Q	3Q	2Q	3Q	3Q	2Q	3Q	3Q	2Q	3Q	
销售额	20M	45M	30M	36M	28M	29M	13M	29M	27M	8M	17M	282M
成本	9M	20M	12M	16M	12M	12M	4M	10M	12M	3M	8M	118M
毛利	11M	25M	18M	20M	16M	17M	9M	19M	15M	5M	9M	164M
未售												

（3）制订新年度计划。

年初贴现 28M 救急。

年末购入大、小厂房。

（4）×××公司第六年经营情况，如表5-38所示。

表5-38　×××公司第六年运营表

内容	第一季度	第二季度	第三季度	第四季度
新年度规划会议	28M−4M			
参加订货会/登记销售订单	−34M			
制订新年度计划	√			
支付应付税	−12M			
季初现金盘点（请填余额）	47M	43M	68M	90M
更新短期贷款/还本付息/申请短期贷款（高利贷）	−42M+40M		−42M+20M	−42M+100M
更新应付款/归还应付款	×	×	×	×
原材料入库/更新原料订单	−20M	−22M	−20M	−21M
下原料订单	√	√	√	√
更新生产/完工入库	√	√	√	√
投资新生产线/变卖生产线/生产线转产			×	×
向其他企业购买原材料/出售原材料	×	×	×	×
开始下一批生产	−8M	−10M	−8M	−9M
更新应收款/应收款收现	27M	58M	73M	108M
出售厂房	×	×	×	×
向其他企业购买成品/出售成品	×	×	×	×
按订单交货	√①	√②	√③	√④
产品研发投资	×	×	×	×
支付行政管理费	−1M	−1M	−1M	−1M
其他现金收支情况登记	×	×	×	×
支付利息/更新长期贷款/申请长期贷款				−92M
支付设备维护费				−10M
支付租金/购买厂房				−70M
计提折旧				（28M）⑤
新市场开拓/ISO资格认证投资				×
结账				√
现金收入合计	67M	58M	93M	208M
现金支出合计	−71M	−33M	−71M	−245M
期末现金对账（请填余额）	43M	68M	90M	53M

说明：

① 3、4、9号订单在此期交货。

② 1、2、7号订单在此期交货。

③ 11号订单在此期交货。

④ 8、5、10号订单在此期交货。

⑤ 本年应提折旧的生产线为8条全自动生产线，其中四条每条净值为16 M，每条应提折旧=16×1/3=5M（取整数部分）；两条每条净值为8M，每条应提折旧=8×1/3=2M（取整数部分）；两条每条净值为6M，每条应提折旧＝6×1/3＝2M（取整数部分）。故本年折旧费用合计为4×5+2×2+2×2＝28M。

（5）填写商品核算统计表，如表 5-39 所示。

表 5-39　第六年商品核算统计表

	P1	P2	P3	P4	合计
数量	7	8	20		11
销售额	42M	55M	185M		282M
成本	14M	24M	80M		118M
毛利	28M	31M	105M		164M

（6）填写费用明细表，如表 5-40 所示。

表 5-40　费用明细表　　单位：百万元

项　目	金　额	备　注
管理费	4	
广告费	34	
维修费	10	
租金		
转产费		
市场准入开拓		区域　国内　亚洲　国际
ISO 资格认证		ISO9000　ISO14000
产品研发		P2（）　P3（）　P4（）
其他		
合计	48	

（7）编制利润表，如表 5-41 所示。

表 5-41　利润表　　单位：百万元

项　目	上 年 数	本 年 数
销售收入		282
直接成本		118
毛利		164
综合费用		48
折旧前利润		116
折旧		28
支付利息前利润		88
财务收入/支出		−22
其他收入/支出		
税前利润		66
所得税		22
净利润		44

（8）编制资产负债表，如表5-42所示。

表5-42 资产负债表 单位：百万元

资产	期初数	期末数	负债和所有者权益	期初数	期末数
流动资产：			负债：		
现金		53	长期负债		40
应收款		130	短期负债		160
在制品		32	应付账款		
成品		8	应交税金		22
原料			一年内到期的长期负债		
流动资产合计		223	负债合计		222
非流动资产：			所有者权益：		
土地和建筑		70	股东资本		50
机器与设备		64	利润留存		41
在建工程			年度净利		44
非流动资产合计		134	所有者权益合计		135
资产总计		357	负债和所有者权益总计		357

评注：资金摆布合理，筹资没有遇到太大的困难。广告费使用恰到好处，生产线安排合理。成绩斐然，夺冠当之无愧。

第二节 ERP沙盘模拟实战战略与战术技巧

ERP沙盘模拟在战略和战术上灵活多变，似乎难以捉摸，但也不是无任何规律可循。因而，有必要对常见战略和战术加以了解和深入研究，在实战中才能有的放矢，决胜千里。学习ERP沙盘战略和战术技巧，进而形成自己的独特运营方式。

一、ERP沙盘模拟战略战术选用原则

以上战术和方法各有利弊，实战时都可采用，也可同时采用几种。选用时只要满足以下一些原则即可。这些原则有：权益最大原则、均衡合理原则、规避竞争和勇于竞争相结合原则、整体考虑和注意联系原则、随机应变原则与团队认可原则。

1. 权益最大原则

权益是原则之首，重中之重，一切以它为核心。ERP沙盘模拟如有时为保权益要卖

掉厂房，会造成加分减少。权衡时以前者为重，不要太注重计分标准，而忽视了企业的发展。

2. 均衡合理原则

ERP 沙盘模拟如在借入短期贷款时，不要借入一大笔费用，要有节奏、有规律地隔一定时期借入，以免造成还款压力过大，不堪重负。ERP 沙盘模拟在进行其他投资时亦应量入为出按此原则去办。ERP 沙盘模拟如产品研发、市场开拓及 ISO 认证的投资也要合理地规划，循序渐进。

3. 规避竞争和勇于竞争相结合原则

谁赢得了竞争谁就会取得较大的发展，同时也会遏制竞争对手的发展，达到一箭双雕的目的。不仅要分析市场、产品，更要与其他参赛者博弈，分析对手。可以去看对方的盘面，了解对手的产品库存、生产线和市场开发等状况，估计他们的主打市场及产品，供决策时参考，这样才能“知己知彼”。市场是瞬息万变的，变化增加了竞争的对抗性和复杂性。有时则要规避竞争以保护自己。

4. 整体考虑和注意联系原则

一定要对企业的发展有一个很好的长远规划，使得企业的发展常处于主动之中。同时注意某些事务的内在联系。如产能、产品的生产周期、维修费等之间存在着内在联系，原材料的采购、厂房及生产线的购买和配置存在着内在联系等。

5. 随机应变原则

兵无定法，水无常形。ERP 沙盘模拟当竞争对手战略或战术发生变化时，我们亦对战略或战术进行调整，可多准备一些方案，以应付局面。

6. 团队认可原则

在 ERP 沙盘模拟过程中，每一个团队成员的相互信任、合作是很重要的，虽然会遇到一些难题，但都会在大家的共同协商、努力下得到解决。在选择战术或方法时，争取得到团队的认可，否则，易造成执行上的偏差或团队的瓦解；若实在不能达成一致，也得用事先商量好的决策程序解决。分工协作是非常重要的。应该在决策前从自己所负责的方面提出建议，以利于形成正确的整体对策。一旦形成决议，就要形成“执行力”。

二、ERP 沙盘模拟实战战略技巧

ERP 沙盘模拟在战略和战术上灵活多变，似乎难以捉摸，但也不是无任何规律可循，有必要对常见战略和战术加以了解和深入研究，在实战中才能有的放矢，决胜千里。在 ERP 沙盘模拟实战中，可常见如下战略：大额广告战略、小额广告战略、大额借贷战略、先屈后伸战略、突发奇兵战略、规避竞争战略、专营战略、兼营战略、临场应变战略。

1. 大额广告战略

按照 ERP 沙盘模拟游戏规则，为争夺市场领导者地位，多取得有利订单，各参赛队往往在进入某新市场时，对该市场投入大额广告费，争夺市场老大，以求达到先发制人、遏制竞争对手的目的。笔者认为采用这种方法时要注意以下三点。

第一，注意广告费投入要有一个限度。有时广告费过大会得不偿失，因为广告费和权益值是成反比关系的。

第二，要时刻注意对手的广告费投入情况。要对竞争对手的广告额有一个大概的估计，以免在投入额相同时造成两败俱伤，落得个“赔了夫人又折兵”的下场。

第三，广告费投入要考虑市场预测、产能、产品组合和现存资金等因素。要对拟得到的订单有一个大概的估计，做到有的放矢。

另外，有人说广告费用在第一年有一个“经验值”，8M～10M，笔者认为还可再高一点。表 5-43 中 F 组在第一年采用大额广告战略，夺得最大订单，开局良好，但后来没有保持住，前功尽弃。

表 5-43　F 组在第一年采用大额广告战略的广告费用

公司	A	B	C	D	E	F
广告费	5M	6M	10M	7M	1M	13M

2. 小额广告战略

与大额广告战略相反，此战略广告的投入产出比最大，但所取订单的毛利较小，容易造成产品积压，致使前期发展缓慢。表 5-43 中 E 公司采用小额广告战略，在这种情况下广告费 1M 和 4M 效果是一样的。

3. 大额借贷战略

在第一年借入大额长期贷款，以备以后各年之用。理由是以后各年权益值急剧下降，再借困难。这种战术有一定道理，采用者颇多。表 5-44 中的模拟公司即采用大额借贷战略（长期负债 120M），以保证经营中资金的需要，此公司在以后的经营中表现不俗。

表 5-44　某公司第一年资产负债表　　单位：百万元

资产	期初数	期末数	负债和所有者权益	期初数	期末数
流动资产：			负债：		
现金		72	长期负债		120
应收款			短期负债		
在制品			应付账款		
成品		12	应交税金		
原料		2	一年内到期的长期负债		
流动资产合计		86	负债合计		120
非流动资产：			所有者权益：		
土地和建筑		40	股东资本		50
机器与设备		33	利润留存		16
在建工程			年度净利		−27
非流动资产合计		73	所有者权益合计		39
资产总计		159	负债和所有者权益总计		159

4. 先屈后伸战略

前阶段谨小慎微，缩小广告投入，减慢研发速度，背地里却摩拳擦掌，多建设备，多储资金，蓄势待发；后阶段大刀阔斧，突飞猛进，后发制人。这种战术颇有道理，符合市场订单前期量小、后期量大的特点，往往能产生石破天惊的奇效，体现了老谋深算，欲先取之，必先予之的儒家思想，但要注意掌握好转折的时机和注意维持前段的存活空间。

5. 突发奇兵战略

前段平淡无奇，相貌平平，最后一两年突发奇兵，如占领国际市场，卖出大量产品或开发和生产出高价产品等，从而大幅度提高权益。此法可麻痹敌人，使其产生错误判断，放慢脚步，裹足不前，而我们则出奇制胜，毕其功于一役。此战略体现了"实则虚之，虚则实之"的孙子兵法思想，但只是短期冲高，上扬幅度有限，且若遇同样战术者必然两败俱伤。表 5-45 中 A 公司即采用此战略，在第五年占领国际市场，从而在第六年权益值超过对手夺魁。

表 5-45　突发奇兵战略　　单位：百万元

公司 \ 权益 \ 年份	起始年	1	2	3	4	5	6
A	66	39	26	23	47	74	126
B	66	39	21	40	60	82	98
C	66	44	24	40	44	56	111

6. 规避竞争战略

此战略尽量减少两军相争，人弃我取，忍气吞声。如别人不要国际市场，则我们占领之；别人不生产某产品，如P4产品，则我们生产。此战略有可取之处，但缺少对竞争对手的遏制，且我们开发的是非主流市场或产品，开发时不是费用大就是周期长，因此也会步履艰难。参见以下专营战略中的例子。

7. 专营战略

以一种产品为主进行生产，可减少开发费用以及其他开销。此战略可集中全力，但竞争面狭窄，没有考虑产品的生长周期和市场的需求量等因素，不易取得市场领导者的地位。表5-46是某公司历年订单汇总表，前三年专营P1产品，后三年专营P3产品，历年收入总额太少，苟延残喘。

表5-46 某公司历年订单汇总表　　单位：百万元

年份	P1			P2			P3			P4		
	收入	数量	成本	收入	数量	成本	收入	数量	成本	收入	数量	成本
1	6	1	2									
2	20	4	8									
3	23	5	10									
4							34	4	16			
5							53	6	24			
6							38	4	16			

8. 兼营战略

与专营战略相反，此战略较为稳妥，但会增加开发费用和其他费用开支。表5-47是一兼营战略例子，P1的转产、P2的开发和P3的开发逐步完成，错落有序，在实战中成绩斐然。

表5-47 兼营战略例子　　单位：百万元

年份	P1			P2			P3			P4		
	收入	数量	成本	收入	数量	成本	收入	数量	成本	收入	数量	成本
1	16	3	6									
2	19	4	8	15	2	6						
3	15	3	6	64	7	21	47	6	24			
4				66	8	24	37	4	16			
5				84	11	33	41	5	20			
6				38	6	18	87	10	40			

9. 临场应变战略

临场应变即指事先不作规划，只靠临时根据竞争对手的情况而采取相应的对策。在实战中，临场应变非常重要，但事先不作规划、没有长远打算，容易产生较大失误。

三、ERP 沙盘模拟实战战术技巧

ERP 沙盘不仅在战略上值得推敲，战术上亦有诸多奇巧之处，常见的战术有中途转产战术、卖大厂房救急战术、手工线救急战术、少拿订单战术和速卖手工生产线战术。

1. 中途转产战术

转产法是指在一种新产品研制出来后，原来生产某产品的设备转产这种新产品，以提高单机生产率。这种战术体现了经营上灵活多变的特点，可以使权益值提高一些，不失为一种好的战术。此战术最好应用在柔性和手工设备上，因其不需转产费用和转产期。在其他设备上亦可施行，只要从长远看有利可图即可。

2. 卖大厂房救急战术

运营时会有现金支出远远大于现金流入，并且借贷额度不够，筹资困难的情况。为避免资金枯竭而死亡，可考虑变卖大厂房，这也是一种资金来源。需要注意的是：要立即得到现金，要进行贴现发生贴现费用，之后还要租赁厂房支付租金以维持生产，这些费用约 10M，直接拉低权益值。

3. 手工线救急战术

为了扩大销售，有时企业会多拿订单，在产能小于订单上的产品数量且无产成品存货时，有交不上货被罚的危险，这时可紧急购入手工生产线，立即生产，到第三期时卖掉，这样可减少折旧费用和设备维护费用。需要注意的是此法对利润较大的产品适用，同时还要保证原料的事先储备。

4. 少拿订单战术

到后期由于产能增大，再加之生产线繁多，忙乱之中难免出现错记、漏记的情况，为避免完不成任务，可少拿一些订单减少失误的发生，但还是准确计算为好。

5. 速卖手工生产线战术

在第一年拿到的订单少于三个的情况下，可立即将三个手工生产线卖掉。这样可减少折旧费用和维修费用，在增加设备数不多于 5 个时不必过早考虑租入或购入小厂房的问题，这样也缓解了早期各项经营中资金不足的问题。但要注意卖出手工生产线时应立即上马新的生产线，以补充总产能的不足。表 5-48 综合费用表（节选）中“其他”项为 3M 表明第一年卖掉三个手工生产线，设备维护费只需 1M。这样就节约了资金，为以后的经营打下了良好的基础。

表 5-48　综合费用表　　单位：百万元

年份	设备维护费	其他
1	1M	3M

以上战略和战术各有千秋，都有闪光之处，在 ERP 沙盘模拟实战时可根据实际情况灵活采用。企业经营永远也没有固定的模式。只有不断创新，勤于探索，才能在沙盘鏖战中立于不败之地。

复习思考题

1. ERP 沙盘模拟战略战术选用原则有哪些？
2. ERP 沙盘模拟实战战略技巧有哪些？
3. ERP 沙盘模拟实战战术技巧有哪些？
4. 如何才能在 ERP 沙盘模拟鏖战中立于不败之地。

管理游戏

自我创新的“头脑风暴”

[游戏目的]

使参与者有机会参加到创造性地解决问题的练习中来。

[游戏介绍]

头脑风暴这一讨论方法就是一个可以让参加者习惯于开启创造性思维之门的例子，集思广益的讨论的基本原则是：

1. 不允许有批评性意见。

2．欢迎随心所欲地思考（即越疯狂的想法越好）。

3．要求的是数量而不是质量。

4．寻求各种观点的结合和提高。

了解了这四个基本原则后，将参加者分成 4～6 人的小组。60 秒钟内他们的任务是想到使用回形针的尽可能多的方法。每组派一个人专门记录想法的数量，但不一定要记录这些想法的内容。一分钟后，让每组首先汇报他们提出的想法的数量，然后举个例子说明一些看似“疯狂”或“极端”的主意。提醒他们有时这些“愚蠢”的想法很有可能变成行之有效的想法。

[其他可供选择的方法]

问题可以是提出一些改进标准铅笔的方法。

[讨论题]

1．你对这个方法有什么保留意见？

2．头脑风暴法适用于哪些问题？

3．你认为集思广益在工作中有哪些可能的用途？

[总结与评估]

研究表明可以用简单实用的练习来培养创造力，然而创新思维的火花往往被一些致命性的说法所熄灭，如“我们去年已经试过这种方法了”“我们一直是那么做的”以及大量类似的评论。

第六章 ERP 沙盘模拟经营管理分析与评价

章前导读

只有善于思考和总结的人，才能获得最大的收获与提高。

成长在于积累。笔记是积累的一种方式，这种方式最笨，也最聪明。它记录了你的发现、你的成长、你的感悟。把它们收集起来，这是你的财富，也是你永久的珍藏。

总结，是对过去一定时期的工作、学习或思想情况进行回顾、分析，并做出客观评价的书面材料。评价是一个非常复杂的过程。它本质上是一个判断的处理过程。Bloom 将评价作为人类思考和认知过程的等级结构模型中最基本的因素。评价就是对一定的想法（Ideas）、方法（Methods）和材料（Material）等做出的价值判断的过程。它是一个运用标准（Criteria）对事物的准确性、实效性、经济性以及满意度等方面进行评估的过程。评价（Evaluation）是指通过评价者（Evaluators）对评价对象的各个方面，根据评价标准进行量化和非量化的测量过程，最终得出一个可靠的并且逻辑的结论。

教学目标

本章主要学习 ERP 沙盘模拟经营管理分析与评价。主要了解和掌握 ERP 沙盘模拟经营管理分析，ERP 沙盘模拟经营的综合评价等内容。

知识要点

ERP 沙盘模拟经营管理分析与评价　ERP 沙盘模拟经营管理分析　ERP 沙盘模拟经营综合评价

第一节 ERP 沙盘模拟经营管理分析

ERP 沙盘模拟是对企业经营管理的全方位展现，通过学习，可以培养学生的战略管理、营销管理、生产管理、财务管理、人力资源管理等各方面的能力。在一定的时间内，企业只能做有限的事，因此目标一定要明确。企业的经营管理分析与评价是揭示企业内在价值和提供创造价值途径的行为，因而企业经营管理分析与评价有明显的导向性。几年经营下来，大家一定都很关注自己的业绩。本节主要对 ERP 沙盘模拟市场需求预测分析、ERP 沙盘模拟的财务分析、ERP 沙盘模拟的生产与运作分析等进行分析与评价。

一、ERP 沙盘模拟市场需求预测分析

在 ERP 沙盘模拟实训中，营销总监的任务包括广告费用的投入、市场趋势的预测、新产品研发的分析、市场开拓分析等方面。

谁拥有市场，谁就拥有主动权。市场的获得又与各企业的市场分析与营销计划相关。市场预测和竞争对手分析是非常重要的，营销策划在“ERP 沙盘模拟实践”课程中集中体现在广告费用的投放上，因此从市场预测、广告投入产出分析和市场占有率分析三个方面可以部分地评价企业的营销策略。

1. 市场预测与分析

（1）市场预测。市场预测由著名的咨询公司做出的市场预测作为参考，可以根据市场的预测安排经营战略，如图 6-1 所示。

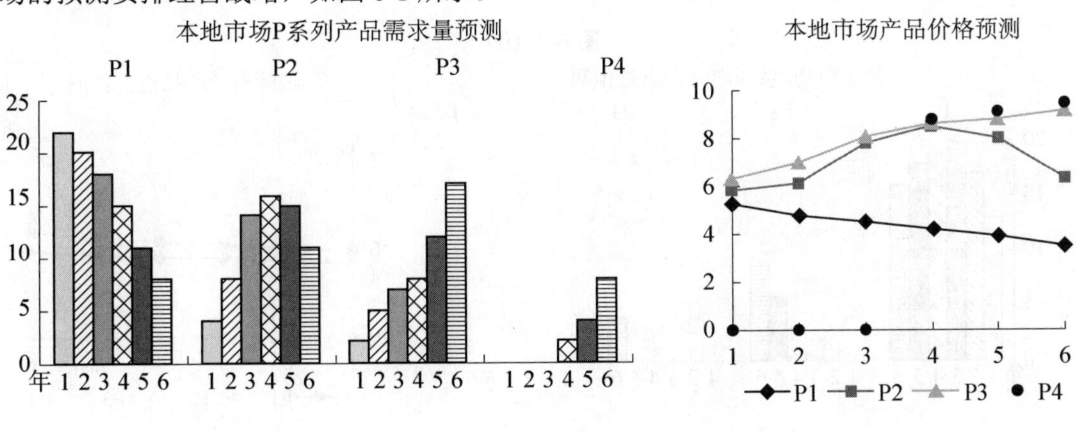

图 6-1（a）

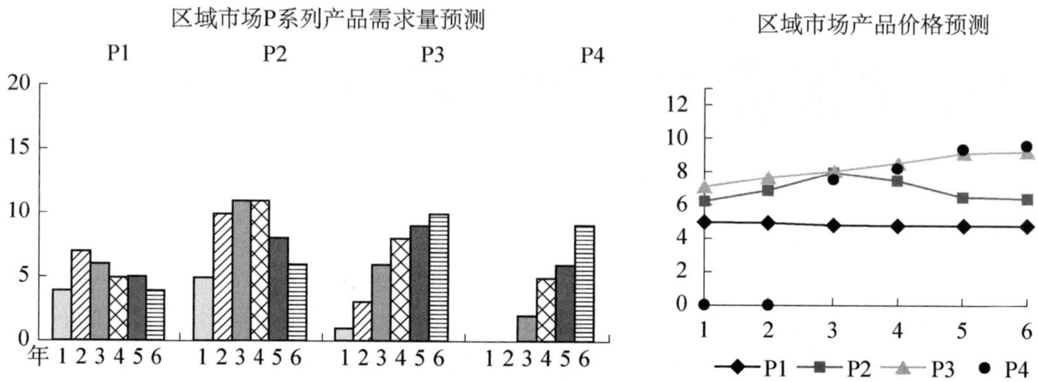

图 6-1（b）

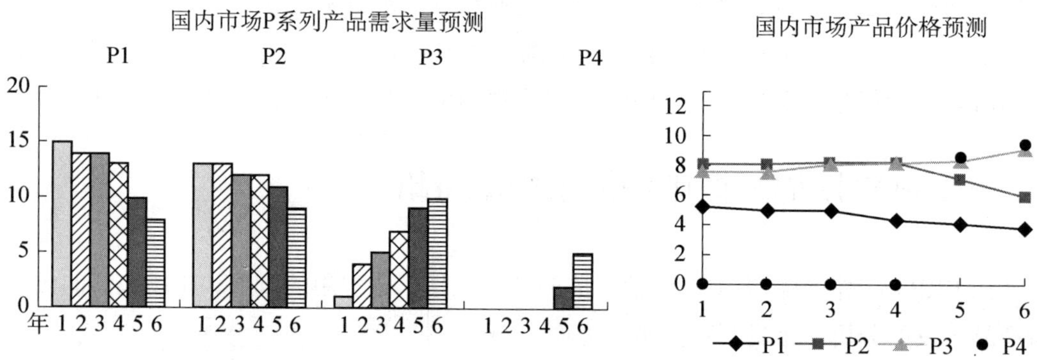

图 6-1（c）

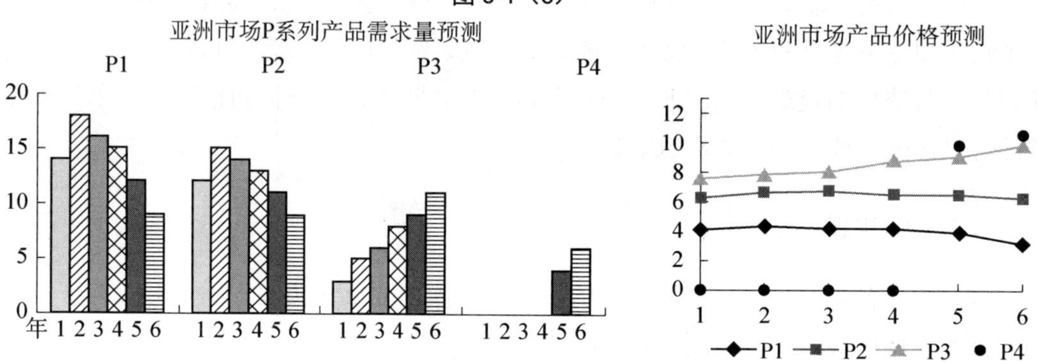

图 6-1（d）

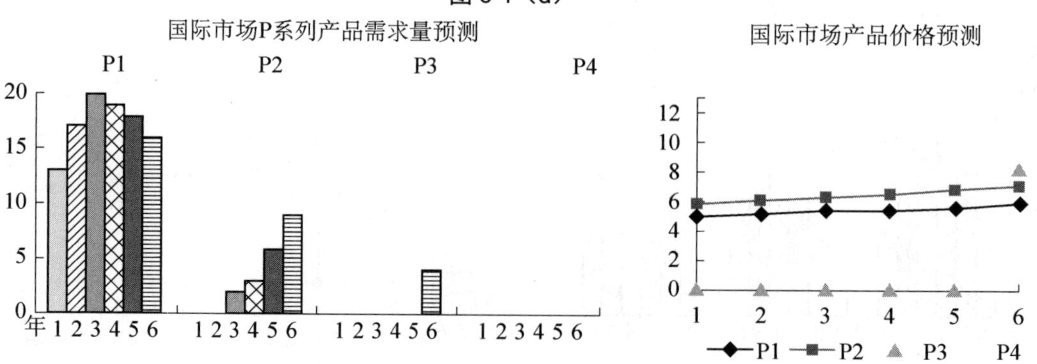

图 6-1（e）

这是由一家权威的市场调研机构对未来 6 年里各个市场的需求的预测，应该说这一预测有着很高的可信度。但根据这一预测进行企业的经营运作，其后果将由各企业自行承担。

P1 产品是目前市场上的主流技术，P2 作为对 P1 的技术改良产品，也比较容易获得大众的认同。

P3 和 P4 产品作为 P 系列产品里的高端技术，各个市场上对他们的认同度不尽相同，需求量与价格也会有较大的差异。

本地市场将会持续发展，客户对低端产品的需求可能要下滑。伴随着需求的减少，低端产品的价格很有可能会逐步走低。经过几年，随着高端产品的成熟，市场对 P3、P4 产品的需求将会逐渐增大。同时随着时间的推移，客户的质量意识将不断提高，几年后可能会对厂商是否通过了 ISO 9000 认证和 ISO 14000 认证有更多的要求。

区域市场的客户对 P 系列产品的喜好相对稳定，因此市场需求量的波动也很有可能会比较平稳。因其紧邻本地市场，所以产品需求量的走势可能与本地市场相似，价格趋势也应大致一样。该市场的客户比较乐于接受新的事物，因此对于高端产品也会比较有兴趣，但由于受到地域的限制，该市场的需求总量非常有限，并且这个市场上的客户相对比较挑剔，因此在几年后客户会对厂商是否通过了 ISO 9000 认证和 ISO 14000 认证有较高的要求。

因 P1 产品带有较浓的地域色彩，估计国内市场对 P1 产品不会有持久的需求。但 P2 产品因为更适合于国内市场，所以估计需求会一直比较平稳。随着对 P 系列产品新技术的逐渐认同，估计对 P3 产品的需求会发展较快，但这个市场上的客户对 P4 产品却并不是那么认同。当然，对于高端产品来说，客户一定会更注重产品的质量保证。

亚洲这个市场上的客户喜好一向波动较大，不易把握，所以对 P1 产品的需求可能起伏较大，估计 P2 产品的需求走势也会与 P1 相似。但该市场对新产品很敏感，因此估计对 P3、P4 产品的需求会发展较快，价格也可能不菲。另外，这个市场的消费者很看重产品的质量，所以在后几年里，如果厂商没有通过 ISO9000 和 ISO14000 的认证，其产品可能很难销售。

进入国际市场可能需要一个较长的时期。有迹象表明，目前这一市场上的客户对 P1 产品已经有所认同，需求也会比较旺盛。对于 P2 产品，客户将会谨慎地接受，但仍需要一段时间才能被市场所接受。对于新兴的技术，这一市场上的客户将会以观望为主，因此对于 P3 和 P4 产品的需求将会发展极慢。因为产品需求主要集中在低端，所以客户对于 ISO 的要求并不如其他几个市场那么高，但也不排除在后期会有这方面的需求。

（2）市场开拓分析。在 ERP 沙盘实训课程中，市场开拓应该和产品研发分析同时进行。因为产品是随着市场变化而变化的，如果只研发了产品却没有开拓市场，那么产品不能在该市场销售，新产品研发的功效就要大打折扣（第一年的本地市场除外）。

在市场开拓过程中不能采取“全面开花”的模式，应该根据企业及市场情况选择最佳的市场，这样可以减少企业的成本开支，同时在市场上又有突破。在市场选择上，营销总监应该时刻关注市场竞争状态，避免过于激烈的市场竞争，占领竞争压力小的市场不失为一个好决策。

在市场开发时，是集中开发还是全面铺开？根据“拳头总比巴掌有力”这一浅显道理，笔者认为，模拟企业应该进行集中开发，这样可以集中有限的资金，取得突破。

夺取主流市场还是非主流市场？例如本地市场是兵家必争之地，企业可以参与竞争，也可以人弃我取，占领非主流市场（如国际市场），因为进入非主流市场后，几乎没有竞争对手，企业可以金瓯无缺。在模拟企业的实战中有很多出其不意的经营之道，不乏后来者居上的实例。

（3）产品研发分析。在产品研发上，根据对市场产品的预测分析，用产品生命周期理论分析各产品的生命周期可看出，可以知道在经营的开始阶段，P1 产品处于衰退期，P2 产品处于成熟期，P3 产品处于成长期，P4 产品处于介绍期。根据波士顿矩阵分析可知，P1 产品市场增长率为负值，正在走下坡路，为鸡肋产品，即不可能成为大量现金的源泉，不应追加投入，从长远来看应淘汰。P2 产品在市场增长率上已无太多潜力可挖，但卖价较高，有望成为牛势产品，即能为企业提供较多现金，可用来支持其他产品的研发与生产。P3 产品的市场增长迅速，卖价很高，有望成为明星产品，但企业必须投入大量资金以支持其研发。P4 产品必须投入巨资进行研发，且市场需求小，但卖价尚可，几乎没有竞争压力，按照“人弃我取”的原则，模拟企业根据实际情况也可考虑。通过对以上的分析，营销总监可以根据各方面的信息做出决策。

（4）订单分析。订单的好坏直接关系到企业销售状况，也关系到企业还贷、扩大生产等经营管理活动。

在订单会上企业的唯一目标是多拿单，拿好单。在拿单时，要注意以下几点：① 做好前期铺垫，如市场开拓、产品研发、资金筹措和产能扩大等工作；② 分析竞争对手的情况，如处于劣势就要避免与之竞争，分析对手，本着“人弃我取”的原则；③ 预算要精准。

在订单选择时，当鱼和熊掌不能兼得时，模拟企业的经营者们可考虑的原则有：① 选取总额最大的订单，当订单中的产品数量较多时采用；② 选取单位毛利最大的订单，当订单中的产品数量较少时采用；③ 选取账期最短的订单，当模拟企业的资金紧张时可采用。

总之，订单的选取要根据模拟企业的具体情况，做出最有利的决策。

2. 广告产出比分析

营销总监的任务是做好广告费的投入和投向的分析，必须事先搞好市场开拓，以期拿好单，多获利。

（1）广告投放。在实训过程中，很多学生为了争取市场老大而盲目地投入广告费用，而最后却没有取得好的经济效果。所以，作为营销总监，应该冷静思考，好好分析市场，使投入产出达到最佳效果。

广告费用要冲减毛利，降低企业的权益值，因此，广告费用投入过多没有益处。

在进行广告费用投入的时候应该考虑企业的生产能力、企业现金状况等多方面的因素。

掌握其他企业经营状况的信息非常重要，可以起到事半功倍的作用，因为了解其他企业的现金状况、生产能力、市场研发等信息，营销总监就可以大致判断他们的市场投入情况，从而使自己的投入做到有的放矢。

广告费的投放绝不是越多越好，也不是越少越好，要恰到好处，能使投入产出比达到最高为最好。

① 广告数额

广告费要冲减毛利，降低企业的权益值，因此多则无益。广告数额最好与产品数量有一个比例，笔者认为这个比例可在 0.5～1.5。如某一期产能为 10 个产品，则广告费可以是 5～15M。在广告投放时，要和市场开拓结合起来，做到人弃我取，从而达到“投滴水，获涌泉”的最佳效果。

② 市场领导者问题

在比赛规则中规定，前五年每年都有一个新的市场开放，每个模拟企业都存在着争夺市场领导者的决策问题。市场老大要不要争？这历来是困扰学习者的一个难题。获得市场老大后，可以获得在该市场以后年度竞单中优先选单的特权，在实际模拟时，各个模拟企业往往争得头破血流，多败俱伤。在实战中，甚至出现有的模拟企业在某市场开放之际，一下投入 20M 广告费来争夺市场老大地位的情形。

广告费的投入一定要有一个金额的限制，超过限额则风险较大，若得到市场老大尚可，若得不到，则会在开始就落后于他人，处于不利境地。如第一年的广告费投入以 10M 为宜，或者亦可用获市场老大后订单毛利扣减企业已投入的广告费的差额与其他企业订单毛利扣减其广告费的差额相比较，以相差不大为宜。

取得市场老大的模拟企业，在以后经营年度内，还存在着如何保持该地位的问题，因为按比赛规则规定，计算比赛结果时第五年的市场老大才有加分。如果估计其他模拟企业广告投入较高，本企业可采用少投广告费，不争市场老大的地位，保存企业实力的策略，以坐收渔翁之利。

（2）广告投入产出分析。广告投入产出分析，是评价广告投入收益率的指标，其计算公式为：

广告投入产出比=订单销售总额/广告投入

广告投入产出分析用来比较各企业在广告投入上的差异。这个指标告诉经营者：本公司与竞争对手之间在广告投入策略上的差距，以警示营销总监深入分析市场和竞争对手，寻求节约成本，策略取胜的突破口。

图6-2中比较了第五年A～F六个企业的广告投入产出比，从中可以看出，C企业每1M的广告投入可以为它带来17M的销售收入，因此广告投入产出比胜过其他企业。通过相关数据分析原因，我们发现E团队打广告较为均衡，且避开了竞争较为激烈的市场，产品种类多，而E团队在打广告上的失误是没有充分分析市场，没有注意到技术认证的重要性，造成了产品的积压，在这里，E企业应该认真分析自己与C企业在广告策略上的差距，不断地取长补短。

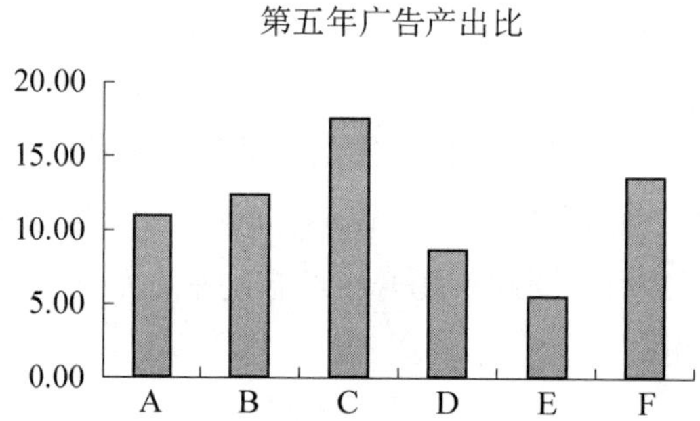

图6-2　广告投入产出比

图6-3中展示了各企业六年的累计广告产出比。从中可以看出，经过六年的经营，A企业在分析市场、制订营销计划上已经有了长足的进步，其广告投入产出比已经遥遥领先于其他企业。

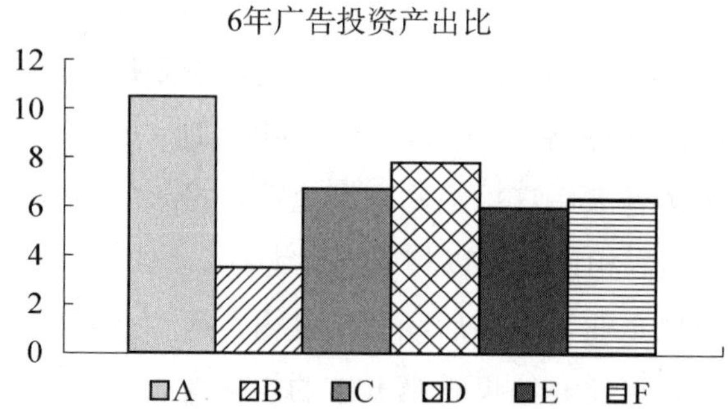

图6-3　6年各企业累计广告投入产出比

3. 市场占有率分析

市场占有率是企业能力的一种体现，企业只有拥有了市场才有获得更多收益的机会。

市场占有率指标可以按销售数量统计，也可以按销售收入统计，这两个指标综合评定了企业在市场中销售产品的能力和获取利润的能力。

（1）综合市场占有率分析。综合市场占有率是指某企业在某个市场上全部产品的销售数量（收入）与该市场全部企业全部产品的销售数量（收入）之比。

某市场某企业的综合市场占有率=该企业在该市场上全部产品的销售数量（收入）/全部企业在该市场上各类产品总销售数量（收入）×100%

（2）产品市场占有率分析。了解企业在各个市场的占有率仅仅是第一步，如果能够进一步确知企业生产的各类产品在各个市场的占有率，对企业分析市场，确立竞争优势也是非常必要的。

某产品市场占有率=该企业在市场中销售的该类产品总数量（收入）/市场中该类产品总销售数量（收入）×100%

市场占有率分析可以在两个方向上展开：一是横向分析；二是纵向分析。横向分析是对同一期间各企业市场占有率的数据进行对比，用以确定某企业在本年度的市场地位。纵向分析是对同一企业不同年度市场占有率的数据进行对比，由此可以看到企业历年来市场占有率的变化，这也从一个侧面反映了企业成长的历程。

二、ERP 沙盘模拟实训中的财务分析

企业在经营中遇到的最多的问题莫过于财务问题，企业常常因为财务问题而陷入经营困境。所以模拟企业如何避免陷入困境或从困境中走出来，自然成为模拟实训课程中学生必须学习的内容。

1. 资金分析

企业在运营中，资金是一个非常重要的因素。资金安排不当，轻则造成浪费，将盈利拱手让人，重则造成企业的破产，多年的苦心经营毁于一旦。如果一家企业的现金流总是入不敷出，它最终将会因财务困境而倒闭。在现实企业经营中，也往往会出现企业不是因为亏损而倒闭，而是由于资金断流而破产的现象。要维持企业的长期生存，一个重要的因素是要看经营人员能否做出有效决策以保持足够的现金。

创造利润自然有利于生成现金，但值得注意的是，只有那些能迅速变现的资产，才能解企业燃眉之急。因为不论偿还债务还是纳税，需要的都是现金，而不是利润。

在企业经营中，同时还要注意另一个极端，即资金过剩，资金长期闲置不用，这些现金在企业经营中有着如此重要的地位，那么解决的办法就是“开源节流，精打细算”。

财务总监要进行严格的现金管理。可在每年拿到订单之后做现金预算表，以达到现金管理的目的。企业经营者在进行现金管理时，要考虑到现金的管理目标。现金管理有以下三个目标。

（1）必须持有足够的现金以便支付各种业务往来的需要。

（2）将闲置现金减少到最低限度。

（3）在资金短缺时，用最少的代价筹集到所用资金。

模拟企业的经营者，同时要注意资金的货币时间价值问题，期初的 1M 有可能相当于后期经营的 2～3M，因此对期初资金尤其要精打细算，做好充分的预算，管理好资金的使用。

2. 企业融资分析

在企业运营过程中，对资金的需求量非常大，财务总监应该对企业的现金流状况有着清醒的认识。在企业现金不足的情况下，如何有效地利用融资渠道获取企业发展所需要的资金，并发挥资金的最大功效，这是财务总监应该考虑的。

财务总监应根据生产总监提供的生产计划、产品研发投资计划、营销总监的市场开拓计划、销售计划及新产品研发计划、企业的盈利能力、企业负债情况等各方面的信息综合分析，计算出企业正常生产经营所需要的资金规模。

ERP 沙盘模拟实训提供了长期、短期和高利贷三种银行放贷形式。因而，作为企业的财务主管就必须清楚三种融资渠道的优劣，并依据企业的还贷能力、负债情况、生产能力等情况，决定是否采取单一的融资方式还是多渠道相组合的形式进行融资。

（1）长期贷款。长期贷款的优点：① 贷款期限长，贷款期限是 1 年以上，最长为 5 年；② 长期贷款是在每年年末支付利息，到期还本。

长期贷款的缺点：① 贷款只能在年末进行，获取贷款的机会有限；② 贷款成本比短期贷款高，一般长贷利息为 10%。

（2）短期贷款。短期贷款的优点：① 获得短期贷款的机会多，每季度初都可以贷款；② 贷款成本比较低，利息为 5%。

短期贷款的缺点：① 短期贷款期限短，只有 1 年；② 短期贷款在每年到期时必须一次性规划本金，同时还需交付利息。

（3）高利贷。高利贷的优点：贷款时间灵活，一年中任何时候都可以贷款。

高利贷的缺点：① 贷款期限短，只有一年，利随本清；② 贷款利息比长期贷款、短期贷款高，为 20%。

在对以上三种筹资渠道进行分析之后，财务总监就应该根据企业自身的实际情况决定筹资的方式。例如，企业如果急需资金，同时自己又有一部分快到期的应收账款（最好是在 3 个账期内），这个时候可以根据现金额、应收账款数、正常经营所需成本等信息，向银行进行短贷。这样可以及时得到经营所需资金，同时在还款期内又有还款保证。如果企业需要扩大生产，例如购买生产线，扩大经营规模或者研发新产品、市场开拓等长期投资，这时所需要的资金最好是用长期贷款筹集的资金投入为佳。因为这些长期投资，其经济效益要在很长的时间后才可以体现出来。如果用短期贷款做长期投资，容易使企业陷入因不能按时还款而导致倒闭的危险境地。当然，企业还可以采取长期和短期贷款相结合的方式解决企业资金短缺问题。

（4）其他融资渠道。ERP 沙盘模拟实训还提供了应收账款贴现的融资方式。贴现比例是 6∶1，我们在实际执行的是以 7∶1（相当于 12.5%的利率）的比率进行贴现。这样给实训课程学生较为宽松的融资环境，有利于模拟企业经营。

3. 企业偿债能力分析

企业偿债能力反映的是企业对长、短期贷款等债务在某一个时点所具有的还本付息的能力。

短期偿债能力主要是指对短期贷款和高利贷两种短期负债的偿还能力的分析。短期偿债能力在财务上是用流动比率、速动比率和现金比率来反映。

（1）流动比率。流动比率是流动资产除以流动负债的比值，其计算公式为

$$流动比率=流动资产\div流动负债$$

在 ERP 实训中涉及的流动资产主要有现金、应收账款、存货三项，流动负债有短期贷款、高利贷、应交税金三项。流动比率反映的是企业到期能否偿还流动负债的本金和利息。

（2）速动比率。速动比率是从流动资产中扣除存货部分的流动比率，速动比率的计算公式为

$$速动比率=（流动资产-存货）\div流动负债$$

速动比率比流动比率更能反映企业短期偿债能力。因为在流动比率中，流动资产中有一部分存货，它的变现能力很差，因而以该公式反映的偿债能力有虚夸的现象。而在速动比率中，存货被从流动资产中剔除，这样反映的偿债能力更真实。通常认为正常的速动比率为 1，低于 1 的速动比率往往被认为是短期偿债能力偏低。当然，这只是理论的数据，它还需根据企业的不同情况而定。

（3）现金比率。现金比率是企业现金类资产与流动负债的比率，现金类资产包括企

业所拥有的货币性资金和持有的有价证券，它是速动资产扣除应收账款后的余额。

现金比率=（流动资产−存货−应收账款）÷流动负债

从公式中很明显地可以看出，现金比率反映的是企业利用现金偿债的能力。

长期偿债能力分析关注的是企业对长期负债的能力分析，主要是指对长期贷款的偿债能力分析。

（1）资产负债率。资产负债率是负债总额与资产总额的比例关系。

资产负债率−负债总额÷资产总额×100%

资产负债率反映的是债权人提供的资本在企业资本总额的比例。对于债权人而言，他关心的是企业还款能力；而对于债务人而言，他关心的是能否利用该借款获得超额回报。在这两者之间要取得平衡，必须保持企业一个合理的资产负债率。

（2）产权比率。产权比率是负债总额与股东权益总额之比，也叫债务股权比率，其计算公式为

产权比率=（负债总额÷股东权益）×100%

产权比率反映的是债权人提供的资本和股东提供的资本的相对关系，反映企业资本结构是否稳定。产权比率高，是高风险、高报酬的财务结构；反之，则是低财务结构。

（3）已获利息倍数。已获利息倍数是企业息税前利润与利息费用的比率（息税前利润是指损益表中未扣除利息费用和所得税之前的利润。它可以用税后利润加所得税再加利息费用计算得出），用以衡量企业偿付借款利息的能力。其计算公式为

已获利息倍数=息税前利润÷利息费用

已获利息倍数指标反映企业息税前利润为所支付的债务利息的多少倍。只要已获利息倍数足够大，企业就有充足的能力偿付利息。

4. 营运能力分析

营运能力反映的是企业在资产管理方面效率的高低，这方面的财务指标有应收账款周转率、存货周转率、资产周转率等。

（1）应收账款周转率。应收账款周转率是反映应收账款周转速度的指标，也就是年度内应收账款转为现金的平均次数，它说明应收账款流动的速度。其计算公式为

应收账款周转率=销售收入÷平均应收账款

一般来说，应收账款周转率越高，平均收现期越短，说明应收账款的收回越快。如ERP沙盘模拟实践训练的初始年度的销售收入为32M，应收款的期初数为15M，期末为0，计算出的应收账款周转率为4.27，即应收账款的平均周转天数为84.31（360÷4.27=84.31）天。该指标和企业在每个年度初期所获得的订单的账期密切相关。

（2）存货周转率。存货周转率是衡量和评价企业购入存货、投入生产、销售收回等各环节管理状况的综合性指标。它是销售成本被平均存货所除而得到的比率。其计算公式为

存货周转率=销售成本÷平均存货

一般来讲，存货周转率速度越快，存货的占有水平越低，流动性越强，存货转化为现金、应收账款的速度越快。如 ERP 沙盘模拟实践训练的初始年度的销售成本为 12M，存货的期初数为 17M，期末为 16M，计算出的存货周转率为 0.72，即存货的平均周转天数为 500（360÷0.72=500）天。存货周转率的期初数据反映出存货的周转速度是很慢的。这可能和企业初始经营时候的生产线大多为手工生产线有极大关系（用手工生产线进行生产，从原料到产成品，至少都要一个年度的时间），另外，初期的订单量较少也是原因之一（足够的订单才能够让产成品转化为应收账款或者现金）。

（3）资产周转率。资产周转率是销售收入与平均资产总额的比值。其计算公式为

资产周转率=销售收入÷平均资产总额

该项指标反映资产总额的周转速度。周转越快，反映销售能力越强。如 ERP 沙盘模拟实践训练的初始年度的销售收入为 32M，资产的期初数为 105M，期末数为 107M，计算出的资产周转率为 0.30，资产周转率的期初数据反映出企业总资产的周转速度是很慢的。当然，周转慢的原因是在企业经营初始年，市场开拓、产品研发以及生产能力等都处于投入期，企业的销售量很低，从而决定资产周转率较低也是符合企业的生命周期的，但如果企业在经营的以后年度中该指标没有得到改善的话，企业的经营状况必然会恶化。

5. 成本结构变化分析

企业经营的本质是获取利润，获取利润的途径是扩大销售或降低成本。企业成本由多项费用要素构成，了解各费用要素在总体成本中所占的比例，分析成本结构，从比例较高的那些费用支出项入手，是控制费用的有效方法。

在 ERP 沙盘模拟实践课程中，从销售收入中扣除直接成本、综合费用、折旧、利息后得到税前利润。明确各项费用在销售收入中的比例，可以清晰地指明工作方向。

成本分析从以下两个方面着手，通过计算各项费用占销售的比例揭示成本与收入的关系；通过成本变化趋势发现企业经营过程中的问题。企业成本由多项费用要素构成，了解各费用要素在总体成本中所占的比例，分析成本结构，从比例较高的那些费用支出项入手，分析发生的原因，提出控制费用的有效方法。

费用比例的计算公式为：费用比例=费用/销售收入。我们通过图 6-4 的数据进行分析：

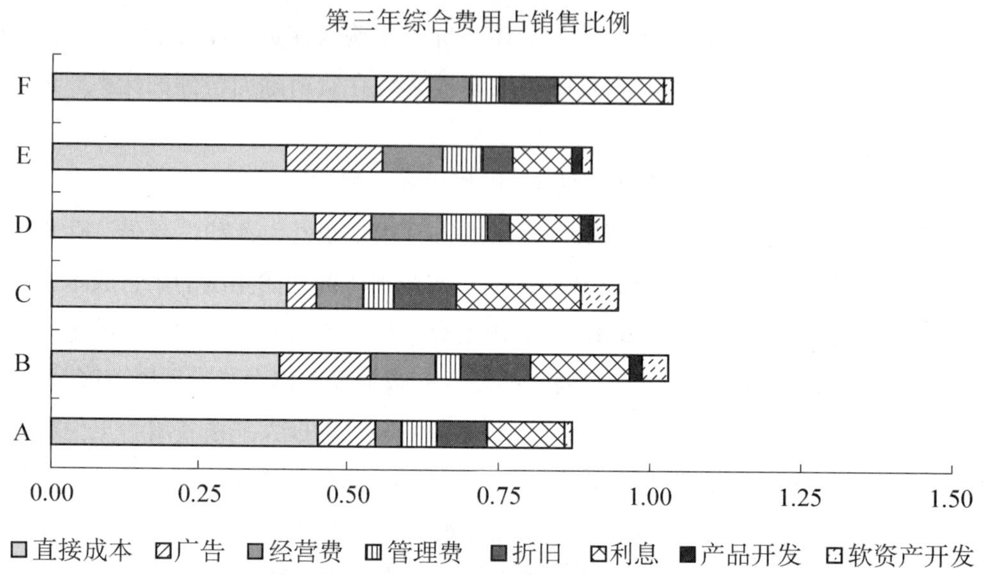

图 6-4　综合费用分析图

我们将各费用比例相加，再与 1 相比，则可以看出总费用占销售比例的多少，如图 6-4 所示，B 企业和 F 企业超过 1，说明支出大于收入，企业亏损，并可以直观地看出亏损的程度。

如果将各费用比例相加，再与 1 相比，则可以看出总费用占销售比例的多少，如果超过 1，则说明支出大于收入，企业亏损，并可以直观地看出亏损的程度。

提示：

经营费由经常性费用组成，即扣除开发费用之外的所有经营性支出，按下式计算：

经营费=设备维修费+场地租金+转产费+其他费用

如果将企业各年成本费用变化情况进行综合分析，就可以通过比例变化透视企业的经营状况。

尽管分摊的方法有一定的偏差，但分析的结果可以说明哪些产品是赚钱的产品，值得企业大力发展的，哪些产品赚得少或根本不赚钱。企业的经营者可以对这些产品进行更加仔细的分析，以确定企业发展的方向。

通过观察，我们发现，B 企业的广告、利息和折旧都较大，而 B 企业今年的销售额很大，说明 B 企业可能前期上的生产线较多，后期折旧就大，由于盲目投资，过度借贷，导致现金周转不灵，只能利用资金贴现或者高利贷来维持企业运营。这就要求 B 企业在下一年的运营中要做好广告策略，节省开支，做好筹资投资决策和财务预算。

企业经营是持续性的活动，由于资源的消耗和补充是缓慢进行的，所以单从某一时间点上很难评价一个企业经营的好坏。例如，广告费用占销售的比例，单以一个时点来评价，无法评价好坏。但在一个时点上，可以将这个指标同其他同类企业横向来比，评价该企业在同类企业中的优劣。在企业经营过程中，很可能由于在某一时点出现了问题，而直接或间接地影响了企业未来的经营活动，所以不能轻视经营活动中的每一个时点的指标状况。那么如何通过每一时点的指标数据发现经营活动中的问题，引起我们的警惕呢？在这里，给出一个警示信号，这就是比例变化信号，如图6-5所示。

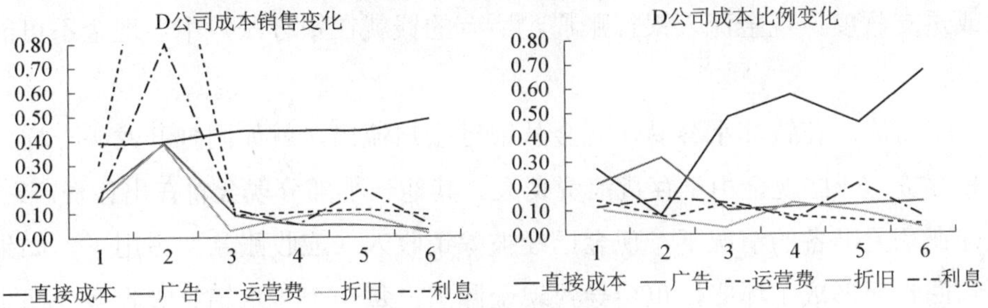

图6-5 成本分析图

从图6-5我们可以看出，D企业前三年的各费用比率指标均有很大的变化，说明该企业的经营遇到了问题，经营的环境正在发生变化，这个信号提醒管理者格外注意各种变化情况，及时调整经营战略和策略。从第三年以后，D企业各种费用指标趋于平稳，证明企业运营走上了正常的轨道。

6. 资金周转分析

财务管理的目标主要与筹资管理、流动性管理及风险管理有关，其目标是：（1）确保满足企业预期经营规模的资金需求；（2）保持充分的流动性；（3）将信用风险、外汇风险及利率风险控制在可接受的范围内；（4）利用过剩的现金进行投资为企业盈利。所有这些均与现金流量相关。现金流对企业来说至关重要。企业为了生存，必须获取现金以便支付各种商品和服务的开销。理解公司现金如何循环，不仅对老板非常重要，对职员也一样。即使在非常小的公司里，如果想使其他资产占用的现金最小化，老板也需要职员的配合。图6-6的水箱图以工程师的语言表明了公司如何使用现金。现金循环就像水流过水箱系统，部分依靠重力，部分依靠水泵。

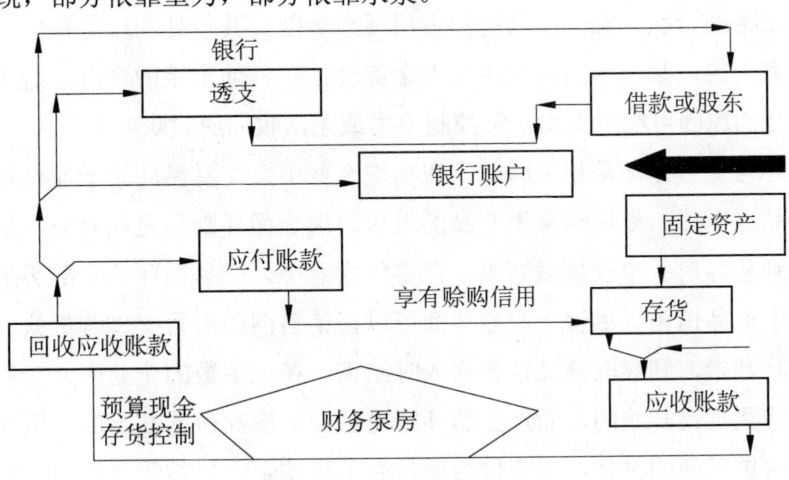

图6-6 水箱图

从水箱图中可以看出以下几方面。

（1）现金来源于何处。在公司经营初期，所有者向公司投入股本，银行也向公司提供贷款或透支额度。现金流入银行账户，所有的钱就在银行账户中。现金不可能来源于其他地方。

（2）重力流。花钱非常容易，现金从银行账户流出，就如同打开龙头一样，流向固定资产和存货。一些现金由于存货浪费丧失。其他一小部分现金将在出售资产时收回。

也许在毫无准备的情况下，现金已经被赊销收入（应收账款）占用了。如果应收账款得不到回收而形成了坏账，也会导致现金漏出。每一个“水箱”吸收多少现金取决于如何经营公司。

（3）毛利。销售成本是指花费在生产产品或提供服务方面的现金。销售成本加上毛利就得出资产负债表中的应收账款。毛利只增加了应收账款，并没有增加公司实际持有的现金。

（4）泵房收回现金。当现金流通过财务控制泵房时，现金开始流回公司。泵房的动力来源于预算、现金流量预测、存货控制等。

（5）应收账款收回现金。现金流在收回应收账款水箱临时停留。该水箱强调：只有应收账款收回时，销售收入才能变成现金。该水箱的现金将用于费用支出和填满其他水箱。

（6）应付账款。如果你有规律地向供应商付款，应付账款将持续为存货提供融资。但是如果来源于应收账款的现金一旦中断，该水箱就会因为债权人撤销信用而很快枯竭。

（7）银行账户。最后，银行账户水箱被补充，共有三个供应来源：①留存收益；②所有者的资本；③银行透支或其他的贷款。

如果所有者和银行有能力而且愿意继续向公司提供额外的资金，银行和所有者水箱会得到定期补充。这些资金主要用于满足因通货膨胀造成的存货价格上涨等，对于公司扩张的需要则不予考虑。

（8）不正常的情况。某一水箱超额占用现金会削弱其他处的现金供应。由于公司的现金供应是有限的，某一水箱超额占用现金都会抽干其他水箱的现金，造成现金短缺。超额占用现金的原因可能是支出决策控制不力或无法收回应收账款。

现金循环与交易循环是相关联的。在制造企业中，交易循环始于原材料购买，在经过生产和产品入库后，最后结束于产品的销售。现金循环则与之相对应，从付款购买原材料开始，到从客户手中收款后结束。在零售企业中，交易循环始于购买用于再销售的商品，结束于商品销售。尽管一些零售商可以在销售商品后再支付购货款，但现金循环还是应从付款开始，到收取商品销售收入时结束。在大多数的企业中，交易循环是从向外部供应商购买货物开始的，而现金循环则是从向供应商付款开始的。然而，仍存在许多不是支付给供应商的付款，如支付给雇员的工资薪金、日常管理费用，包括支付的租金、利息、电话费、咨询费、广告费等。在这些项目中，也存在着现金循环，因为在支付费用和取得销售收入之间有一定的时间间隔。现金循环如图 6-7 所示。

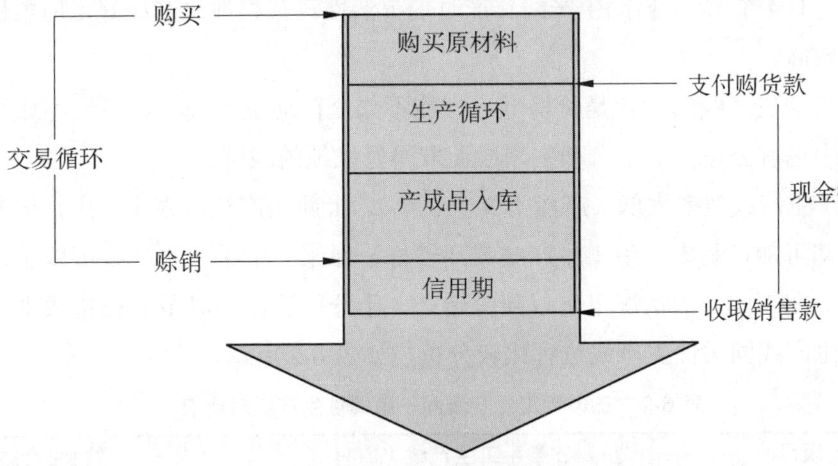

图 6-7 现金循环

现金管理要解决的问题：一是尽快取得现金收入并缩短现金循环的周期；二是保证有足够的现金来偿还到期的支出款项，并且妥善利用销售收入。

三、ERP 沙盘模拟的生产与成本分析

沙盘模拟实践前期看资金，后期看产能。在扩大产能时会遇到一些选择问题。如上新生产线就会遇到上哪种生产线更好一些的问题；用新生产线生产什么产品的问题；同时还会遇到产能达到多少为宜的问题，如此等等。

1. 生产线选择问题

不同类型生产线的主要区别在于生产效率和灵活性。生产效率是指单位时间生产产品的数量，用产能表示；灵活性是指转产生产新产品时设备调整的难易性，主要看转产费用的高低和转产周期的长短。我们根据表 6-1 对各种生产线进行比较分析。

表 6-1 生产线对比表

生产线类型	购买价格	安装周期	生产周期	转产周期	转产费用	维修费	残值
手工生产线	5M	无	3Q	无	无	1M/年	1M
半自动生产线	8M	2Q	2Q	1Q	1M	1M/年	2M
全自动生产线	16M	4Q	1Q	2Q	4M	1M/年	4M
柔性生产线	24M	4Q	1Q	无	无	1M/年	6M

从表 6-1 中，我们可以分析如下。

（1）产能较高的是全自动和柔性生产线，4 个 / 年（产能=4 / 生产周期，如全自动生产线产能=4 / 1=4 个）。全自动生产线转产时的灵活性没有柔性生产线好，但柔性生产线的购买价格较高。

（2）半自动生产线的优点是价格低，产能不如全自动生产线，灵活性不如柔性生产线。在实战中也有公司多上半自动生产线而取得好成绩的战例。

（3）手工生产线效率太低（产能 1.3 个 / 年），上新生产线时很少考虑，但原有三个手工生产线却可加以利用。手工生产线灵活性好，原来三个手工生产线可以看作是一个柔性生产线，在不卖掉的情况下可以随时转产，十分便捷，同时节省投资成本。现我们将三条手工生产线同柔性生产线进行比较分析，如表 6-2 所示。

表 6-2　三条手工生产线同一条柔性生产线对比表

项目	三条手工生产线（原有）	一条柔性生产线
建设资金（M）	无	24
安装周期（期）	无	4
转产周期（期）	无	无
转产费（M）	无	无
占用机位数（个）	4	1
每年维修费（M）	4	1
折旧费多少	少	多
第二年是否能生产出 P2 或 P3	不能	能

（4）要考虑机位和维修费问题。如两台半自动生产线从价格和产能上看与一台全自动生产线等价，且有安装周期短和可分两次投资的特点。但前者要多占一个机位和每年多交 1 M 的维修费（在租用小厂房有多余机位时和资金紧张时另当别论）。现在我们将两条半自动生产线和一条全自动生产线进行比较分析，如表 6-3 所示。

表 6-3　两条半自动生产线同一条全自动生产线对比表

项目	两条半自动生产线	一条全自动生产线
建设资金（M）	16	16
安装周期（期）	2	4
转产周期（期）	1	2
转产费（M）	2	1
占用机位数（个）	2	1
每年维修费（M）	2	1
第二年是否能生产出 P2 或 P3	不能	能

用新生产线生产不同产品的分析。用新投资的柔性生产线生产 P1 产品，合理吗？在

进行生产线投资决策时，往往会遇到此类问题。依照游戏规则，我们可以从设备的投资回收期去考虑。表 6-4 是用各种设备生产不同产品的投资回收期计算表。

表 6-4　投资回收期计算表

生产线	产品	投入（M）	安装时间（年）	产出数量（个）/年	预计单价（M）	单位成本（M）	毛利（M）	维修费（M）	利息（M）	回收期（年）
手工	P1	5	—	1	4	2	2	1	0.2	6.7
半自动	P1	8	0.5	2	4	2	4	1	0.4	3.6
全自动	P1	16	1	4	4	2	8	1	0.8	3.6
柔性	P1	24	1	4	4	2	8	1	1.2	5.1
手工	P2	5	—	1	7	3	4	1	0.2	2.2
半自动	P2	8	0.5	2	7	3	8	1	0.4	1.7
全自动	P2	16	1	4	7	3	16	1	0.8	2.1
柔性	P2	24	1	4	7	3	16	1	1.2	2.7
手工	P3	5	—	1	8	4	4	1	0.2	2.2
半自动	P3	8	0.5	2	8	4	8	1	0.4	1.7
全自动	P3	16	1	4	8	4	16	1	0.8	2.1
柔性	P3	24	1	4	8	4	16	1	1.2	2.7
手工	P4	5	—	1	9.5	5	4.5	1	0.2	4
半自动	P4	8	0.5	2	9.5	5	9	1	0.4	1.6
全自动	P4	16	1	4	9.5	5	18	1	0.8	2
柔性	P4	24	1	4	9.5	5	18	1	1.2	2.5

从表 6-4 分析可以看出，投资手工生产线生产 P4，投资多种类型生产线生产 P1，投资回收期都较长，是不可取的。另外，用柔性生产线生产所有产品投资回收期和全自动、半自动生产线的投资回收期相比，都显得稍长一些。

因此，柔性生产线不宜上得太多，有人认为一到两个为宜。

2. 产能总量的分析

产能要达到多少才算合适？这也是一个重要的问题。这一点，可从每年各产品需求量来考虑。下面是根据每种产品（不包括 P4 产品）的逐年需求量做出的统计表，如表 6-5 所示（表中数据根据附录中预测表中图示整理而成）。

表 6-5　每年产能需求量计算表

年份	P1（个）	P2（个）	P3（个）	合计（个）	合计/6（个）	调整后数字（个）
1	23			23	3.8	4
2	27	18	8	53	8.8	9
3	38	38	18	94	15.7	16

续表

年份	P1（个）	P2（个）	P3（个）	合计（个）	合计/6（个）	调整后数字（个）
4	33	55	31	119	19.8	20
5	39	45	40	124	20.7	21
6	29	36	51	116	19.3	20

产能的设置可参考表中调整后的数字列，即从第一年到第六年依次为4个、9个、16个、20个、21个和20个，设置时可略高于这组数字。

非正式比赛可以只看权益值多少来决定比赛的名次，正式比赛时要计分（计分规则见附录），其公式为：总分=所有者权益×（1+企业综合发展潜力／100）。计分的主要作用是综合考虑企业的发展潜力，避免短期行为。根据以前的比赛结果，总分一般为所有者权益的3.5倍，高者为4倍左右。

按计分制来决定胜负时，要考虑加减分问题。总的来说，就是尽量少扣分，努力多加分。具体来说，就是：年报按时交、减少借高利贷的次数、不违规操作和将计分规则吃透。

3. 成本分析

我们利用表6-6进行成本分析。

表6-6 成本分析表

项　　目	成本（M）	分值（分）	权益为100 M时的加分总分值（分）
大厂房		+15/每厂房	+15
小厂房	30	+10/每厂房	+10
手工生产线	5	+5/条	+5/条
半自动生产线	8	+10/条	+10/条
全自动/柔性线	16/24	+15/条	+15/条
区域市场开发	1	+10	+10
国内市场开发	2	+15	+15
亚洲市场开发	3	+20	+20
国际市场开发	4	+25	+25
ISO 9000	2	+10	+10
ISO 14000	3	+10	+10
P2产品开发	6	+10	+10
P3产品开发	12	+10	+10
P4产品开发	18	+15	+15
本地市场地位		+15/第五年市场第一	+15
区域市场地位		+15/第五年市场第一	+15

续表

项　目	成本（M）	分值（分）	权益为 100 M 时的加分总分值（分）
国内市场地位		+15/第五年市场第一	+15
亚洲市场地位		+15/第五年市场第一	+15
国际市场地位		+15/第五年市场第一	+15
高利贷扣分		每次扣分 15 分	−15
其他扣分			

比赛最后是否卖生产线问题：

在计分比赛时经常遇到权衡的问题。如到了第六期手工生产线是否卖掉，因为若卖之期末可免交维修费，进而避免降低权益值，也避免了最终分值的降低。但同时，损失了计分倍乘系数 0.05 倍，在最后计算分值时也会使总分值降低。卖掉其他生产线也有类似问题，并且还有折旧问题。

对于折旧已提完的生产线，用数学方法导出如下公式，可用如下公式计算出临界权益，实际权益（实际权益是指不卖该生产线计算出的权益）大于临界权益则不卖，小于临界权益则卖之。

临界权益=倍乘常数×（1+排除本生产线的企业综合发展潜力总和/100）

所谓倍乘常数，是用数学方法导出的，根据生产线的不同而不同，手工生产线为 20，半自动生产线为 10，全自动生产线和柔性生产线为 7。

为了简化运算可使用经验数据和估测数据，（1+排除本生产线的企业综合发展潜力总和/100）的数值为 3～4，可估测一下选用一个数字即可。例如，取 3.5，那么，手工生产线的临界权益的计算为：临界权益=20×3.5=70 M，即实际权益大于 70 M 时不卖手工生产线，小于 70 M 时则可卖之。假设有一已提完折旧的手工生产线，在第六年实际权益预计为 80M，大于根据公式计算出的临界权益为 70M，结论为不卖为宜。

以上的结论可用实际数据代入计分公式验证。若不卖手工生产线，系数加 0.05。总成绩计算为：总成绩=80×（3.5+0.05）=284 分；若卖掉手工生产线，可省 1M 维修费，致使权益值多 1。总成绩计算为：总成绩=81×3.5=283.5 分。证明以上公式是对的。

对于期末还有折旧可提的生产线，因为卖掉后还可免提折旧，但同时会产生净值−残值的差额损失，卖和不卖权益值差得大一些，其临界权益公式如下：

临界权益=倍乘常数×（1+排除本生产线的企业综合发展潜力总和/100）×（1+本生产线期末应提折旧额−净值与残值之差）

倍乘常数，与前述公式一样，即手工生产线为 20，半自动生产线为 10，全自动生产线和柔性生产线为多少？

仍用估测数据计算：假设有一全自动生产线，净值为11M，期末应提折旧额为3M，实际权益为80M，该全自动生产线的临界权益的计算为：临界权益=7×3.5[1+3−（11−4）]=−73.5M，由于实际权益80M大于临界权益−73.5M，故不卖之得分较多。

以上的结论亦可用计分公式验证之。若不卖此全自动生产线，系数加0.15。总成绩计算为：总成绩=80×（3.5+0.15）=292分；若卖掉此全自动生产线，可省1M维修费，致使权益值多1M，另外，可免提3M折旧，但同时产生7M（即11M−4M）的固定资产损失，总权益为77M。总成绩计算为：总成绩=77×3.5=269.5分。证明以上公式是对的，即不卖之可多得分。

一般来说，对于净值较多的生产线，以不卖为宜。

从本章分析可以看出，ERP沙盘比赛要考虑的四大要素是：权益、资金、产能和订单。

在沙盘比赛中若想拿到好成绩的秘诀是：保权益、挖资金、提产能、多拿单、找冷门。

第二节 ERP沙盘模拟经营的综合评价

一、ERP沙盘模拟经营综合评价概述

综合业绩评价制度将结果（如利润或现金流量）与原因（如顾客或员工满意）联系在一起。财务是最终目标，顾客是关键，企业内部业务流程是基础，企业学习与成长是核心。只有企业学习与成长了，才能持续改善企业内部业务流程，更好地为企业的顾客服务，从而实现企业最终的财务目标。

经营业绩的综合评价主要目的是与行业或特定的对手相比，发现自己的差距，以便在日后的经营中加以改进。在模拟训练中，一般参加训练的多个公司是同一个行业，所进行的分析可以理解为同行业中的对比分析，以发现自己公司与行业的平均水平之间的差别。

在“ERP沙盘模拟实践”课程中，企业评价如何接近企业的真实价值，并且反映企业未来的发展和成长性，需要集中体现在总成绩计算算法中。在综合考虑各方面因素的基础上，定义了企业决胜的算法：

总成绩=所有者权益×（1+企业综合发展潜力/100）

企业综合发展潜力要综合考虑企业目前的资产状况、产品研发水平、市场、所取得

的认证资格等。

企业盈利能力就是企业赚取利润的能力。盈利不但体现了企业的出发点和归宿，而且可以概括其他目标的实现程度，并有助于其他目标的实现。

二、ERP 沙盘模拟经营综合评价方法

1. 平衡计分卡

传统的基于财务报表的业绩评价制度，大多数离不开对财务指标的分析。虽然他们有助于认识企业的控制能力、获利能力、偿债能力、成长能力，但它们只能发现问题而不能提供解决问题的思路，只能做出评价而难以改善企业的状况。在现代市场竞争环境下，各种不确定因素对企业前景有着众多影响，仅仅对一些财务指标分析，已经难以满足企业经营管理需要。为了使企业能够应对顾客、竞争和变化，对企业经营业绩的评价必须突破单一的财务指标，采用包括财务指标和非财务指标相结合的多元化指标体系。由此，引发了对企业综合业绩评价制度的强势需求。

综合业绩评价制度 BSC（The Balanced Score Card，平衡计分卡）是 Kaplan 和 Norton 等人从 1990 年开始进行的一个实地研究项目，目前已经在美国很多企业、政府和军事机构中得到应用。平衡计分卡包括四个角度，即财务、客户、业务流程以及学习与成长，通过这四个方面的协调及相互影响，能引导企业管理层对企业发展战略作全方位的思考，确保日常业务运作与企业远景和经营战略保持一致，如图 6-8 所示。

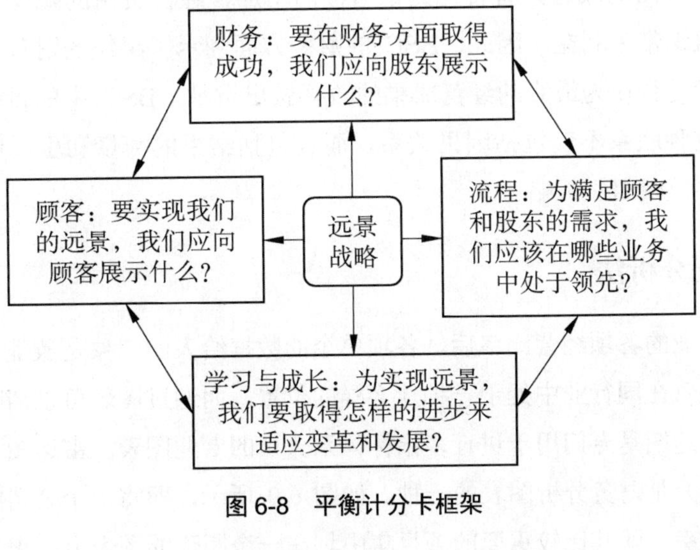

图 6-8　平衡计分卡框架

简单概括地说，平衡计分卡就是将传统的财务评价与非财务方面的经营评价结合起

来，从与企业经营成功关键因素相关联的方面建立绩效评价指标的一种综合管理控制系统和方法。

平衡计分卡的核心思想就是通过财务、客户、内部流程及学习与发展四个方面的指标之间的相互驱动的因果关系展现组织的战略轨迹，实现绩效考核—绩效改进以及战略实施—战略修正的战略目标过程。它把绩效考核的地位上升到组织的战略层面，使之成为组织战略的实施工具。

平衡计分卡反映了财务和非财务衡量方法之间的平衡、长期目标与短期目标之间的平衡、外部和内部的平衡、结果和过程的平衡、管理业绩和经营业绩的平衡等多个方面。所以能反映组织综合经营状况，使业绩评价趋于平衡和完善，利于组织长期发展。

平衡计分卡中的目标和评估指标来源于组织战略，它把组织的使命和战略转化为有形的目标和衡量指标。BSC 中客户方面，管理者们确认了组织将要参与竞争的客户和市场部分，并将目标转换成一组指标。如市场份额、客户留住率、客户获得率、顾客满意度、顾客获利水平等。BSC 中的内部经营过程方面，为吸引和留住目标市场上的客户，满足股东对财务回报的要求，管理者需关注对客户满意度和实现组织财务目标影响最大的那些内部过程，并为此设立衡量指标。在这一方面，BSC 重视的不是单纯的现有经营过程的改善，而是以确认客户和股东的要求为起点、满足客户和股东要求为终点的全新的内部经营过程。BSC 中的学习和成长方面确认了组织为了实现长期的业绩而必须进行的对未来的投资，包括对雇员的能力、组织的信息系统等方面的衡量。组织在上述各方面的成功必须转化为财务上的最终成功。产品质量、完成订单时间、生产率、新产品开发和客户满意度方面的改进只有转化为销售额的增加、经营费用的减少和资产周转率的提高，才能为组织带来利益。因此，BSC 的财务方面列示了组织的财务目标，并衡量战略的实施和执行是否在为最终的经营成果的改善做出贡献。BSC 中的目标和衡量指标是相互联系的，这种联系不仅包括因果关系，而且包括结果的衡量和引起结果的过程的衡量相结合，最终反映组织战略。

2. 雷达图分析法

计算出了企业的各项经营比率后，各项单个的数据给人的印象是散乱的，我们无法判断企业整体的经营在同行业中处于一种什么样的位置。而通过图表可以清晰地反映出数据的各种特征，雷达图是专门用于进行多指标体系分析的专业图表。雷达图（又可称为戴布拉图、蜘蛛网图）是财务分析图表的一种。如图 6-9 所示，即将一个公司的各项财务分析所得的数字或比率，就其比较重要的项目集中划在一个圆形的图表上，来表现一个公司各项财务比率的情况，使用者能一目了然地了解公司各项财务指标的变动情形及其好坏趋向。

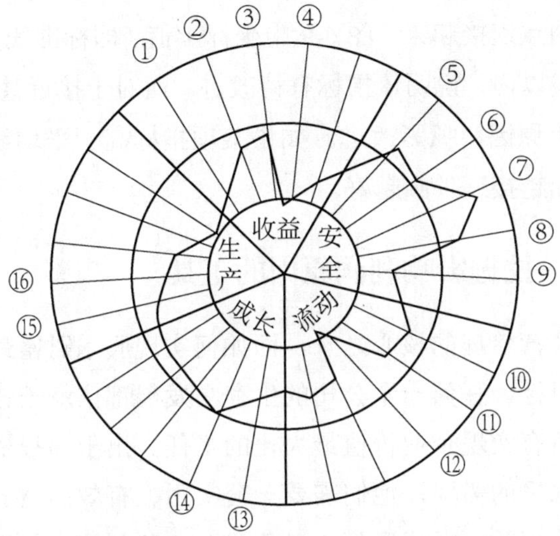

图 6-9　企业能力雷达图

雷达图主要应用于企业经营状况——收益性、生产性、流动性、安全性和成长性的评价。上述指标的分布组合在一起非常像雷达的形状，因此而得名。雷达图的绘制方法是：先画 3 个同心圆，把圆分为 5 个区域（每个区为 72°），分别代表企业的收益性、生产性、流动性、安全性和成长性。同心圆中最小的圆代表同行业平均水平的 1/2 值或最差的情况；中心圆代表同行业的平均水平或特定比较对象的水平，称为标准线（区）；大圆表示同行业平均水平的 1.5 倍或最佳状态。在 5 个区域内，以圆心为起点，以放射线的形式画出相应的经营比率线。然后，在相应的比率线上标出本企业决算期的各种经营比率。将本企业的各种比率值用线联结起来后，就形成了一个不规则闭环图。他清楚地表示出本企业的经营态势，并把这种经营态势与标准线相比，就可以清楚地看出本企业的成绩和差距。雷达图的分析方法是：如果企业的比率位于标准线以内，则说明企业比率值低于同行业的平均水平，应认真分析原因，提出改进方向；如果企业的比率值接近或低于小圆，则说明企业经营处于非常危险的境地，急需推出改革措施以扭转局面；如果企业的比率值超过了中圆或标准线，甚至接近大圆，则表明企业经营的优势所在，可予以巩固和发扬。如果把雷达图应用于创新战略的评估，就演变成为戴布拉图。实际上戴布拉图与雷达图的绘制与分析方法完全相同，但是，戴布拉图是用企业内部管理责任：协作过程、业绩度量、教育与开发、分布式学习网络和智能市场定位，以及外部关系：知识产品/服务协作市场准入、市场形象活动、领导才能和通信技术等两个基本方面 10 个具体因素来替代经营雷达图的 5 个因素。

雷达图通常由一组坐标轴和三个同心圆构成。每个坐标轴代表一个指标。同心圆中最小的圆表示最差水平或是平均水平的 1/2；中间的圆表示标准水平或是平均水平：最大的圆表示最佳水平或是平均水平的 1.5 倍。其中中间的圆与外圆之间的区域称为标准区，如图 6-9 所示。在雷达图上，企业的各项经营指标比率分别标在相应的坐标轴上，并用线段连接将各坐标轴上的点连接起来。图6-9中坐标1值（即标准线）为行业的平均值，如果某项指标位于平均线以内，说明该指标有待改进。而对于接近甚至低于最小圆的指标，则是危险信号。应分析原因，抓紧改进。如果某项指标高于平均线，说明该企业相应方面具有优势。各种指标越接近外圆越好。

3. 杜邦分析——挖掘影响利润原因的工具

财务管理是企业经营管理的核心之一，而如何实现股东财富最大化或公司价值最大化是财务管理的中心目标。任何一个公司的生存与发展都依赖于该公司能否创造价值。公司的每一个成员都负有实现企业价值最大化的责任。出于向投资者（股东）揭示经营成果和提高经营管理水平的需要，他们需要一套实用、有效的财务指标体系，以便据此评价和判断企业的经营绩效、经营风险、财务状况、获利能力和经营成果。杜邦财务分析体系就是一种比较实用的财务比率分析体系。这种分析方法最早由美国杜邦公司使用，故名杜邦分析法。

杜邦分析法利用几种主要的财务比率之间的关系来综合地分析企业的财务状况，用来评价公司盈利能力和股东权益回报水平。它的基本思想是将企业净资产收益率（ROE）逐级分解为多项财务比率乘积，这样有助于深入分析比较企业经营业绩，如图6-10所示。

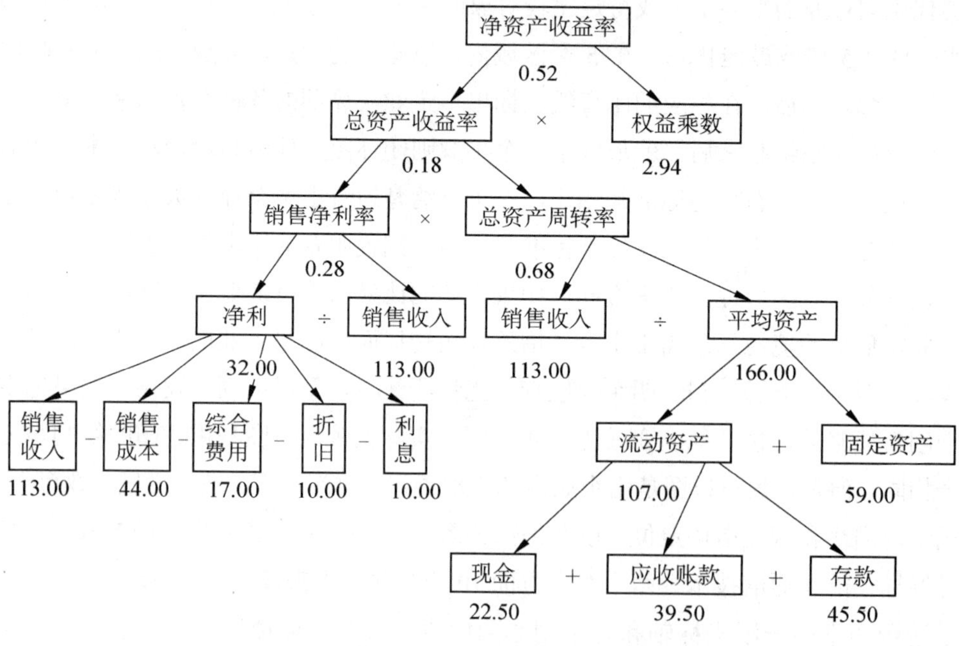

图6-10 杜邦分析图解

杜邦分析法从两个角度分析了财务状况：一是对内部管理因素进行了分析；二是对资本结构和风险进行了分析，反映了一些财务指标之间的关系。

净资产收益率=总资产收益率×权益乘数

总资产收益率=销售净利率×总资产周转率

销售净利率=净利润 / 销售收入

总资产周转率=销售收入 / 总资产

权益乘数=1/（1−资产负债率）

资产负债率=负债总额 / 总资产

净资产收益率是一个综合性最强的财务比率，是杜邦分析系统的核心。它反映所有者投入资本的获利能力，同时反映企业筹资、投资、资产运营等活动的效率。决定净资产收益率高低的因素有三个方面：权益乘数、销售净利率和总资产周转率。权益乘数、销售净利率和总资产周转率三个比率分别反映了企业的负债比率、盈利能力比率和资产管理比率。

资产净利率是一个综合性的指标，也是一个重要的财务比率，综合性也较强。它是销售净利率和总资产周转率的乘积，因此，要进一步从销售成果和资产营运两方面来分析。销售净利率反映了企业利润总额与销售收入的关系，从这个意义上看提高销售净利率是提高企业盈利能力的关键所在。要想提高销售净利率：一是要扩大销售收入；二是降低成本费用。而降低各项成本费用开支是企业财务管理的一项重要内容。通过将制造费用、管理费用、财务费用、销售费用等各项成本费用开支列支出来，有利于企业进行成本费用的结构分析，加强成本控制，以便为寻求降低成本费用的途径提供依据。要提高总资产周转率，则需要提高资产的利用效率，减少资金闲置，加速资金周转。

权益乘数反映企业的负债能力。这个指标越高，说明企业资产总额中的大部分是通过负债形成。给企业带来较多的杠杆利益，同时也给企业带来了较多的风险。而这个指标低，说明企业的财务政策比较稳健，较少负债，风险也小，但获得超额收益的机会也不会很多。

杜邦分析既涉及企业获利能力方面的指标（净资产收益率、销售利润率），也涉及营运能力方面的指标（总资产周转率），同时还涉及举债能力指标（权益乘数），可以说杜邦分析法是一个三足鼎立的财务分析方法。

图 6-10 杜邦分析图解告诉我们，净资产收益率是杜邦分析的核心指标，这是因为任何一个投资人投资某一特定企业，其目的都在于希望该企业能给他带来更多的回报。因此，投资人最关心这个指标，同时，这个指标也是企业管理者制定各项财务决策的重要参考依据。通过杜邦分析，将影响这个指标的三个因素从幕后推向前台，使我们能够目睹他们的庐山真面目。所以在分析净资产收益率时，就应该从构成该指标的三个因素分析入手。

为了找出销售利润率及总资产周转率水平高低的原因，可将其分解为财务报表有关项目，从而进一步发现问题产生的原因。销售利润率及总资产周转率与财务报表有关项目之间的关系可从杜邦分析图中一目了然。有了这张图，可以非常直观地发现是哪些项目影响了销售利润率，或者是哪个资产项目扯了资产周转率的后腿。

总资产收益率水平高低的原因可类似进行指标分解。总资产收益率低的原因可能在于销售利润较低，也可能在于总资产周转率较低。如果属于前一种情况，则需要在开源节流方面挖掘潜力；倘若属于后一种情况，则需要提高资产的利用效率，减少资金闲置，加速资金周转。

复习思考题

1. 如何进行ERP沙盘模拟经营管理分析？
2. 简述ERP沙盘模拟市场需求预测分析的内容。
3. 简述ERP沙盘模拟实训中的财务分析的内容。
4. 简述ERP沙盘模拟的生产与运作分析的内容。
5. 简述ERP沙盘模拟经营的综合评价的内容。
6. ERP沙盘模拟经营综合评价方法有哪些？

管理游戏

超级三人组

一个团队中的成员来自四面八方，他们有着不同的文化背景、丰富各异的个性，而且各有所长，但是他们亦不乏共同和共通之处。一个真正富有竞争力的团队正是恰到好处地融合了他们的同与异。

游戏目标：了解团队成员的异同点，思考如何充分发挥成员的才能。

游戏时间：30～40分钟。

游戏人数：12～18人，最好是3的整数（也可安排4人一组）。

游戏教具：每人一张纸和一枚别针。

游戏过程：

1．游戏准备：让所有学员造句，句型：我是一位________________。

要求：完成十句完全不同的造句。将答案写在纸上，并用别针将纸固定于自己的衣服上。

2. 游戏开始

（1）学员自由组合，三人一组。

游戏要求：小组成员所造句子的相同点要尽可能多。

游戏时间：3 分钟。

游戏总结：其实人们之间的共同点要比我们看到的多。

（2）学员自由组合，三人一组。

游戏要求：小组成员所造句子的不同处尽可能多。

游戏时间：3 分钟。

游戏总结：即使在差异最大的小组中还是存在某些共同点。

如果有小组其成员没有一句是相同的（虽然此种可能性很小），可邀请所有人集体讨论，一起总结出至少十点相似处。

（3）学员们随意进行三人组合。

游戏要求：共同提出一个有创新精神的创业计划，开办一家公司。要求最大限度地挖掘小组成员的不同能力，充分利用三个人的智慧。以下一份计划可供参考：

我们团队的计划是开展用录像带进行英语培训的项目，对象是那些以英语为第二语言的印度籍人。因为我对印度比较熟悉，我也有进行教育设计的经验。霍华德可以利用他在录像带制造上的技能和他柔和的中西部口音，再加上爱达教授英语的经验和女性特有的细心，相信这个计划会非常成功。

游戏时间：5 分钟。

（4）每个小组详细阐述他们的创业计划。最后大家投票选举最佳创业计划。

游戏总结：善于融合不同的智慧可以使整体在激烈的竞争中始终处于领先地位。

参考文献

[1] 王新玲. ERP沙盘模拟实训教程[M]. 北京：清华大学出版社，2017.

[2] 何晓岚. ERP沙盘模拟实用教程[M]. 第三版. 北京：北京航空航天大学出版社，2014.

[3] 高市，柳荣，李玉明. ERP沙盘高级实训教程[M]. 北京：中国铁道出版社，2008.

[4] 苗雨君. ERP沙盘模拟实践教程[M]. 哈尔滨：哈尔滨工程大学出版社，2009.

[5] 高市，王晓霜，宣胜瑾. ERP沙盘实战教程[M]. 大连：东北财经大学出版社，2008.

[6] 丁桂平，陈欣. ERP沙盘模拟对抗实训教程[M]. 北京：北京理工大学出版社，2008.

[7] 刘平. 用友企业经营沙盘模拟实训手册[M]. 第三版. 大连：东北财经大学出版社，2010.

[8] 王新玲，杨宝刚，柯明. ERP沙盘模拟高级指导教程[M]. 北京：清华大学出版社，2006.

[9] 陈冰. ERP沙盘实战：预算决策法[M]. 第3版. 北京：经济科学出版社，2013.

[10] 何炳华. ERP沙盘模拟教程[M]. 北京：中国铁道出版社，2010.

[11] 何晓岚，金晖. 商战实战平台指导教程[M]. 北京：清华大学出版社，2012.

[12] 叶剑明. ERP沙盘模拟实战[M]. 北京：中国财政经济出版社，2011.

[13] 苗雨君. ERP沙盘模拟教程[M]. 北京：清华大学出版社，2013.

[14] 张占军，徐利飞. 企业新商战沙盘实训教程[M]. 大连：东北财经大学出版社，2016.

[15] 逄卉一，李芳懿. ERP沙盘模拟[M]. 第2版. 北京：清华大学出版社，2015.